Viktor Parma, Werner Vontobel

Schurkenstaat Schweiz?

Viktor Parma
Werner Vontobel

Schurkenstaat Schweiz?

Steuerflucht: Wie sich der größte Bankenstaat der Welt korrumpiert und andere Länder destabilisiert

C. Bertelsmann

FSC
Mix
Produktgruppe aus vorbildlich
bewirtschafteten Wäldern und
anderen kontrollierten Herkünften

Zert.-Nr. SGS-COC-1940
www.fsc.org
© 1996 Forest Stewardship Council

Verlagsgruppe Random House FSC-DEU-0100
Das für dieses Buch verwendete FSC-zertifizierte
Papier *Munken Premium* liefert
Arctic Paper Munkedals AB, Schweden.

1. Auflage

Umschlaggestaltung: R·M·E Roland Eschlbeck
und Rosemarie Kreuzer
Satz: Uhl + Massopust, Aalen
Druck und Bindung: GGP Media GmbH, Pößneck
Printed in Germany
ISBN 978-3-570-01083-9

www.cbertelsmann.de

Inhalt

Vorwort

Des Bruders Auge

Der Schweizer Finanzminister, Hans-Rudolf Merz, erleidet auf dem ersten Höhepunkt der Weltfinanzkrise, im Herbst 2008, einen Herz-Kreislauf-Kollaps. Sein Leben ist in Gefahr. Doch er hat Glück im Unglück. Er wird sofort ins Spital gebracht, operiert und gerettet. Schon nach sechs Wochen nimmt er seine Arbeit wieder auf. Seine erste Amtshandlung: Er lädt für neun Uhr vormittags die Medien in den »Bernerhof«, den Sitz des Finanzministeriums, und tadelt seinen deutschen Amtskollegen. Er hält Peer Steinbrück ein Bibelwort vor: »Den Splitter im Auge deines Bruders, den siehst du! Aber den Balken in deinem eigenen Auge, den nimmst du nicht wahr!«

Unter Berufung auf die Bergpredigt Jesu weist Merz die deutsche Kritik am Steuerparadies Schweiz schlankweg zurück. Deutschland heize doch selbst den internationalen Steuerwettbewerb an, etwa durch seine per 1. Januar 2009 eingeführte Abgeltungssteuer; diese zeichne sich durch niedrige Sätze und großzügige Umgehungsmöglichkeiten aus. Er, Merz, werde darüber mit Finanzminister Steinbrück »in aller Freundschaft« diskutieren, fügt er hinzu – nicht ohne Ironie. Beim Wort »Freundschaft« brechen Journalisten in Gelächter aus. Die Szene im prachtvollen Leuchtersaal des »Bernerhofs«, eines Juwels klassizistischer Architektur, markiert einen neuen Tiefpunkt im Verhältnis zwischen den benachbarten Demokratien.

Welch ein Kontrast zum Bankett, das derselbe Saal einstmals zu Ehren eines deutschen Kaisers erlebte! Wilhelm II.

wurde bei seinem Staatsbesuch 1912, am Vorabend des Ersten Weltkriegs, von der offiziellen Schweiz im »Bernerhof« mit einem glanzvollen Festessen geehrt und von der Bevölkerung im ganzen Land mit einmaliger Begeisterung und Gastfreundschaft empfangen. Die Alpenrepublik stand während des vier Tage dauernden Kaiserbesuchs förmlich kopf. Nie wieder hat sie ein fremdes Staatsoberhaupt mit solcher Freude und Ehrerbietung aufgenommen.[1]

Dem Monarchen freilich ging es um die Sicherung der Südgrenze seines Reichs. Begleitet von der deutschen Heeresleitung, besuchte er im Kanton St. Gallen die Herbstmanöver. Majestät wollte sich von der Kampfkraft der Schweizer Armee ein unverfälschtes Bild machen. Wilhelm überzeugte sich von der Fähigkeit der Eidgenossen, ihre Neutralität zu verteidigen, auch gegen einen französischen Durchmarsch.[2]

Die damaligen Weichenstellungen prägten das Schicksal der modernen Schweiz entscheidend, bis auf den heutigen Tag. Wäre sie in den Weltkriegen nicht unversehrt geblieben, wäre auch aus ihrem Finanzplatz nicht viel geworden. Die Schweiz vergalt es ihren Nachbarländern jedoch schlecht. Sie ist im 20. Jahrhundert zum sicheren Hafen für die grenzüberschreitende Steuerflucht geworden. Heute gerät der Bankenstaat unter Druck wie noch nie – nicht nur aus Deutschland und Frankreich, auch aus Amerika. Für führende Politiker der westlichen Welt sind Steueroasen wie die Schweiz mitschuldig am jüngsten Crash.

Jetzt versteht die Schweiz die Welt nicht mehr. Salbungsvoll wäscht Hans-Rudolf Merz, Bundespräsident des Jahres 2009, seine Hände in Unschuld. Doch versteht die Welt die Schweiz auch nicht mehr. Die »Frankfurter Rundschau« titelte im Herbst 2008: »Die Schweiz mutiert zum Schurkenstaat«. Das wäre um die alte Demokratie im Herzen Europas aber schade. Unsere Meinung: Die Sorge um die Schweiz ist, leider, nicht unbegründet. Das Land muss, um seiner selbst willen, seine Politik ändern.

Einleitung

Der Schurke in diesem Stück

Das Stück heißt »Standortwettbewerb«. Wer in diesem Stück der Schurke ist, hängt folglich vom Standort des Betrachters ab. Fragen wir zunächst die »Neue Zürcher Zeitung« (NZZ), das Zentralorgan des Finanzstandortes Schweiz. Für sie ist der Schurke das »internationale Steuerkartell«, und sie weiß auch ganz genau, mit welchen Waffen der Schurke kämpft – mit Netz und Schlinge.

»Das Bankgeheimnis«, so lesen wir etwa in der Ausgabe vom 26. Juli 2008[1], »ist freilich schon seit vielen Jahren unter Beschuss. Jedenfalls existiert seit längerer Zeit eine Art internationalen Steuerkartells. Dieses bezweckt, die nationalen Fangnetze möglichst weltweit auszuwerfen, damit ins Ausland transferierte Einkommen und Vermögen der Steuerpflichtigen dem Fiskus nicht entkommen können. Ob es [das Bankgeheimnis] auch im internationalen Kontext Bestand haben kann, wo es genauso wünschenswert ist, hängt leider letztlich wohl davon ab, wie eng das internationale Steuerkartell die Schlinge um den Hals von Mutter Helvetia zieht.«

Die NZZ ist nicht allein. Die »Weltwoche« legt sich noch eifriger für die gute Sache ins Zeug. Sie nennt Ross und Reiter und fährt voll auf Angriff:[2]

»Deutschland ist ein Unrechtsstaat«, lautet der Titel eines Interviews, dessen Einleitung die Autoren Markus Somm und Roger Köppel wie folgt formuliert haben: »Der Schweizer Privatbankier Konrad Hummler über Steuerhinterziehung als

Notwehr, den Staat als mafiöse Einrichtung und die besten Strategien der Schweiz in den Auseinandersetzungen mit der EU.«

Die Suggestivfrage, die den Titel rechtfertigt, lautete so: »Überspitzt sagen Sie: Deutschlands Fiskalstaat ist ein Unrechtsstaat…«, worauf Hummel antwortet: »…genau, und deshalb ist die Kapitalflucht Notwehr.«

Der deutsche Staat als »mafiöse Einrichtung«? Doch wer den Zusammenhang kennt, weiß, dass Hummler und die »Weltwoche« bloß eine Softversion von dem liefern, was Pierre Mirabaud, immerhin Präsident der Schweizerischen Bankiervereinigung, drei Wochen zuvor im Staatsfernsehen der welschen Schweiz zum Besten gegeben hatte. Auf eine Frage zur Steueraffäre um die Stiftungen in Liechtenstein warf er den deutschen Behörden »Gestapo-Methoden« vor.

Man muss Mirabaud zugutehalten, dass er diese Entgleisung – sobald er wieder zur Besinnung gekommen war – mit dem Ausdruck des Bedauerns zurückgenommen hat. Das Gleiche lässt sich von der Volksseele leider nicht sagen. Sie kochte – einmal in Wallung gebracht – noch wochenlang weiter und machte sich in den Leserbriefspalten Luft. Typisches Beispiel aus der »NZZ am Sonntag«:[3]

»Die Äusserung von Bankierpräsident Mirabaud ist berechtigt. Was zurzeit in Deutschland abläuft, ist ›Gestapo mal Stasi‹! Die Schweiz muss jeglichen Drohungen unmissverständlich entgegentreten. Nötigenfalls sind Gegendrohungen angebracht.«

Auch die Wissenschaft lässt sich einbinden in den Kampf gegen das Böse. »Gerade weil es jedoch um nackte Machtpolitik, Goliath gegen David, geht«, ereifert sich der St. Galler Ökonomieprofessor Franz Jaeger,[4] »wäre es wichtig, dass die Willensgemeinschaft Schweiz einhellig hinter dem Bundesrat und den kantonalen Regierungen stünde.«

Zugegeben, die erwähnten Beispiele überzeichnen die Lage. Noch ist die Schweiz nicht in einem permanenten Belagerungszustand. Das David-allein-gegen-Goliath-Gefühl hat sich noch nicht in die kollektive Psyche gefressen, und nur wenige sind empfindlich genug, um zu spüren, wie sich die Schlinge des Steuerkartells um den Hals der Mutter Helvetia legt. Aber die aufgewühlten und empörten Kreise schlagen Wellen, und es ist nicht ganz einfach, eine kritisch-distanzierte Haltung zu wahren. Dazu tröpfelt doch zu viel Manna aus den Honigtöpfen der Vermögensverwaltung aufs Fußvolk herab. Das Volk weiß, wo das Geld sitzt, und die Wirtschaftsmedien können nicht verdrängen, dass ihre Einnahmen vor allem durch Finanzwerbung generiert werden.

Wir werden in diesem Buch zeigen, dass die Schweiz durch die Vorteile, die uns der Steuer- und Standortwettbewerb bringt, intellektuell korrumpiert ist. Es ist wie bei Friedrich Dürrenmatts »Besuch der alten Dame« in Güllen. Man trägt gelbe Schuhe. Wer nicht mitmacht, wird schnell einmal als ewiggestriger Patriot verächtlich gemacht. Die intellektuelle Unredlichkeit zeigt sich etwa darin, dass eine ernsthafte Diskussion um die Vor- und Nachteile des Steuerwettbewerbs und des Bankgeheimnisses nicht geführt wird – zumindest nicht in den maßgeblichen Kreisen. Man will dem »Schurken« keine Argumente liefern. Und wenn schon einmal argumentiert wird, dann oft nur im Sinne einer Rechtfertigungsideologie.

Wir haben mit dem Schurken-Spiel nicht angefangen, und es geht uns auch nicht darum, mit dem Finger auf Schuldige zu zeigen. Aber unsere Analyse macht deutlich, dass der Standort- und Steuerwettbewerb, so wie er heute betrieben wird, durchaus schurkische Konsequenzen hat, selbst wenn vielleicht keine böse Absicht dahintersteckt.

In unserer globalisierten Welt hängt der rein materielle Wohlstand eines Landes auch davon ab, wie gut sich ein Land in die Weltwirtschaft integriert bzw. wie gut es sich im Standortwettbewerb behauptet. Beim Standort- und Steuerwettbewerb gibt es Sieger und Verlierer. Es ist legitim, zu den Siegern gehören zu wollen.

Andererseits hat die Staatenwelt ein legitimes Interesse daran, den Wettbewerb auch Regeln und Beschränkungen zu unterwerfen. Steuern haben bekanntlich den Zweck, die öffentlichen Güter zu finanzieren. Und diese werden im Vergleich zu den privaten Gütern – wie etwa Ferien auf Korsika – immer wichtiger: soziale Sicherheit, Umweltschutz, Kampf gegen die Klimakatastrophe. Auch das globale Finanzsystem ist ein wichtiges öffentliches Gut – so wichtig, dass die Regierungen und Notenbanken der Industriestaaten bis zur Drucklegung dieses Buches mehr als 5000 Milliarden Euro ausgegeben und garantiert haben, um dieses System zu stabilisieren.

Diese Aufgaben können nur wahrgenommen werden, wenn die Staaten die Fähigkeit haben, Steuern zu erheben. Genau das ist aber in den vergangenen zehn, zwanzig Jahren immer schwieriger geworden, und zwar aus drei Gründen: Erstens: Die Einkommen und Vermögen konzentrieren sich in immer weniger Händen. Zweitens: Diese wenigen Vermögenden sind mobil und können sich der Besteuerung immer besser entziehen. Drittens: Die Staaten kämpfen mit immer niedrigeren Steuern um diese Reichen. Aus diesen Gründen gelingt es den Regierungen immer weniger, die vom Markt Bevorzugten zur Kasse zu bitten.

Das Ergebnis dieses Steuerwettbewerbs sind nicht »schlankere« oder »effizientere«, sondern schwächere Staaten. Die Unfähigkeit, die Reichen angemessen zu besteuern, führt zu einem Auseinanderbrechen des Sozialgefüges und zur politischen Destabilisierung – und zwar nicht nur in Entwicklungsländern. Die Folgen davon sind viel einschneidender als ein bisschen mehr oder weniger Bruttosozialprodukt. Es fängt damit an, dass gewählte Regierungen ihre Glaubwürdigkeit verlieren, und im Extremfall endet das im Bürgerkrieg.

Dieser Prozess wird von den Protagonisten des Steuerwettbewerbs und des Bankgeheimnisses zum Teil sogar bewusst vorangetrieben: Wenn der Privatbankier Hummler den »produktiven deutschen Mittelstand« zur »Notwehr« ermuntert, wiederholt sich die Geschichte. Genau wie mit dem heutigen Deutschland sprangen die Schweizer Bankiers schon mit der Weimarer Republik um. Bereits bei seiner Gründung, 1919, wurde der neue Staat von den Hummlers und Mirabauds jener Tage attackiert. Dreist kritisierte die Schweizerische Bankiervereinigung damals die Vermögensabgabe, die der deutsche Finanzminister Matthias Erzberger angekündigt hatte. Die Schweizer Geldmänner bezeichneten das Reichsnotopfer als »nachgerade konfiskatorisch«, weshalb es nur »natürlich« sei, dass sich die Betroffenen dem Zugriff des Fiskus mithilfe der Schweizer Banken zu entziehen trachteten. Und heute? Das in Zürich erscheinende Fachblatt »Finanz und Wirtschaft« schimpft den deutschen Finanzminister Peer Steinbrück einen »Volkskommissar für Konfiskation«. Die Schweizer Geldbranche kann nicht anders. Die Destabilisierung des Auslands hat System.

Zahlreiche Schweizer profitieren in beträchtlichem Maße von Bankgeheimnis und Steuerwettbewerb. Ob die Schweiz auch insgesamt profitiert, ist bereits eine andere Frage. Indizien, die wir in diesem Buch zusammengetragen haben, sprechen dagegen. Sicher ist, dass der Wettlauf um immer niedrigere Steuern für die Vermögenden, wie er nicht zuletzt von der Schweiz vorangetrieben wird, der Welt insgesamt schadet. Der Finanzmarkt benötigt andere Regeln. Das spürte die Welt beim Crash 2008 deutlich.

Die großen Wirtschaftsmächte beschlossen beim Weltfinanzgipfel in Washington erste Reformschritte. Sie vereinbarten, die Geldströme in Zukunft lückenlos zu überwachen. Steueroasen und Schlupflöcher haben in der neuen Weltfinanzordnung keinen Platz mehr. Laut Abschlusspapier sollen »alle Finanzmärkte, Produkte und Akteure reguliert oder überwacht werden«. Die Schweiz, eines der größten Steuerschlupflöcher der Welt, hätte beim Gipfel gern mitgeredet. Finanzminister Hans-Rudolf Merz scheiterte allerdings, als er sich um eine Einladung bemühte. Er wunderte sich darüber sehr. Doch hat die Welt zu oft erlebt, dass der wohlhabende Kleinstaat zwar Einfluss geltend macht, aber keine Verantwortung übernimmt.

Der Staatengemeinschaft ist aufgegeben, aus der tiefsten Krise des Kapitalismus seit 1929 herauszufinden. Auch die Schweiz – auf der Rangliste der größten Finanzplätze an siebter Stelle – muss ihren Beitrag dazu leisten. Das kann sie aber nur, wenn sie bereit ist, ihren Standort neu zu bestimmen.

Kapitel 1

Willkommen in der Welt der Steuervermeidung

Willkommen in der Welt der Steuerhinterzieher und ihrer Helfer und Helfershelfer. Sie haben nicht immer ein leichtes Leben. Das musste am 9. Mai 2008 auch Martin Liechti erfahren. Der damalige Chef des amerikanischen Privatkundengeschäfts der Schweizer Großbank UBS im Range eines Generaldirektors wollte nur schnell auf die Bahamas fliegen, um sich das Stiftungsgeschäft mit amerikanischen Superreichen anzusehen. Da es keine direkten Linienflüge zwischen Zürich und Nassau gibt, musste Liechti in Miami umsteigen. Dort machte der ehrgeizige Sohn eines Käsers einen Karrieresprung der besonderen Art: Liechti avancierte zum »Material Witness[1]« im Prozess gegen seinen ehemaligen Untergebenen Bradley Birkenfeld. Als »Rangzeichen« trug er fortan einen plombierten Sender am Fußgelenk, mit dessen Hilfe die Staatsanwaltschaft jede seiner Bewegungen verfolgen konnte. Der Pass wurde ihm abgenommen. Er durfte Miami nicht mehr verlassen.

Als Liechti Mitte August wieder in die Schweiz ausreisen durfte, war er nicht mehr Chef des US-Privatkundengeschäfts der UBS – ganz einfach, weil es dieses Geschäft nicht mehr gab. In einem spektakulären Auftritt vor dem Untersuchungsausschuss des US-Senats am 17. Juli hatte UBS-Finanzchef Marc Branson Reue gezeigt und angekündigt, dass die UBS mit sofortiger Wirkung aufhören werde, US-Kunden von der Schweiz aus zu betreuen. Im Klartext: US-Kunden werden nur noch von solchen UBS-Angestellten betreut, die dem Bankgeheimnis nicht unterliegen, also nicht mit einer Strafanzeige rechnen müssen, wenn sie Bankgeheimnisse verraten. Das war zugleich auch das Ende des Bankgeheimnisses für US-Bürger.

Dass Martin Liechti Geschichte geschrieben hat, verdankt er dem Vermögensberater Bradley Birkenfeld und dessen wichtigstem und einzigem Kunden, dem US-Immobilienmagnaten Igor Olenicoff. Als dieser in die Fänge der US-Steuerbehörden und -Gerichte geriet und 60 Millionen Dollar Nachsteuern und eine Buße bezahlen musste, war es auch um Birkenfeld und dessen liechtensteinischen Kollegen Mario Staggl geschehen. Die Anklageschrift des US-Staatsanwalts Alexander da Costa vom Southern District of Florida gibt einen Einblick in die verworrene Beziehungskiste zwischen einem Steuerflüchtling und seinen Fluchthelfern.

Olenicoffs Vermögen wird auf 1,7 Milliarden Dollar geschätzt. Rund 200 Millionen davon hat er Birkenfeld anvertraut, der mit diesem Mandat jährlich rund 3 Millionen Dollar verdient haben soll. Birkenfelds Gegenleistung bestand nicht so sehr darin, das Geld rentabel anzulegen – dafür wären 3 Millionen ein viel zu hoher Preis gewesen –, sondern es der Steuer zu entziehen. Von dieser Beute wollte Birkenfeld seinen Anteil.

Steuerhinterziehung, nicht Anlageberatung, war auch der Grund, warum Birkenfeld mit dem Vermögen von Olenicoff 2001 von der britischen Barclays Bank zur UBS wechselte. Der Grund: Barclays hatte damals mit den US-Steuerbehörden ein Qualified-Intermediary-Agreement geschlossen, sich also verpflichtet, US-Wertpapiere von US-Kunden den Steuerbehörden zu melden. Die UBS hatte zwar ebenfalls ein solches Abkommen abgeschlossen, doch Birkenfeld sah offenbar Möglichkeiten, die entsprechenden Verpflichtungen zu umgehen. Die Anklageschrift vermerkt dazu:

- 26. Juli 2001: Birkenfeld sendet Olenicoff eine E-Mail, in der er ihm mitteilt, dass seine Londoner Bank die Geschäfte mit US-Kunden sistiert habe und dass sein neuer Arbeitgeber, eine große Schweizer Bank, über ein viel besseres Netzwerk und bessere Produkte verfüge und im Übrigen kürzlich eine US-Wertpapierbank gekauft habe, um ihre Kompetenz im Vermögensverwaltungsgeschäft weiter zu verbessern.

Das war der Beginn einer langen, teuren Fluchtgeld-Odyssee:

- 19. Oktober 2001: Olenicoff eröffnet ein UBS-Bankkonto. Offizieller Inhaber ist eine Scheinfirma auf den Bahamas.
- November 2001: In Genf erörtern Olenicoff und der Mitangeklagte Mario Staggl die Möglichkeit, in Dänemark und Liechtenstein Scheinfirmen zu gründen mit dem Zweck, Olenicoffs Vermögenswerte außerhalb der USA vor den Steuerbehörden zu verheimlichen.
- 4. Dezember: Staggl rät Olenicoff, eine Scheinfirma auf den Virgin Islands zu gründen und seine Vermögenswerte dorthin zu transferieren.
- 19. Dezember: Olenicoffs Anteile am Immobilienprojekt »Landmark Settlement« werden in eine »New Haven Trust Company Limited« eingebracht.
- 6. April 2002: Birkenfeld überweist im Auftrag von Olenicoff 80 Millionen Dollar von einem Konto bei der Schweizer Bank auf ein anderes.
- 23. April 2002: Olenicoff transferiert US-Wertpapiere in Höhe von ungefähr 60 Millionen Dollar von einem Konto in London auf ein Konto einer dänischen Scheinfirma bei einer Luxemburger Bank.
- 25. April 2002: Ein Mitverschwörer fordert Olenicoff auf, einige britische Gesellschaften zu gründen und ihnen die Aktienmehrheit an der dänischen Scheinfirma zu übertragen. Begründung: So sehe es aus, als seien die Geschäftspartner britische Firmen und als gebe es keine Verbindungen mehr zu Liechtenstein.

- 5. Mai 2002: Olenicoff beantragt die Unterschriftsberechtigung für seine Konten in Liechtenstein.
- 7. Mai 2002: Staggl warnt Olenicoff per E-Mail davor, seinen Namen mit einem Konto in Liechtenstein in Verbindung zu bringen. Das würde die ganze »Struktur« gefährden. Staggl erinnert Olenicoff daran, dass dieser Blankoschecks ausgestellt habe, von denen er, Staggl, Gebrauch machen könne.

Soweit die Anklageschrift. Sie zeichnet das Bild eines Milliardärs, der sich beim Versuch, seine Besitztümer vor dem Zugriff des Staates zu schützen, heillos verheddert und sich dabei weitgehend seinen Beratern ausgeliefert hat. Was immer sie ihm raten, tut er. Und als er am 7. Mai 2002 versucht, die Kontrolle wenigstens teilweise wieder zurückzugewinnen, und um eine Unterschriftsberechtigung für ein Konto in Liechtenstein bittet, wird er wie ein kleiner Schuljunge abgekanzelt und über die möglichen Folgen seines naiven Ansinnens belehrt. Weil er anscheinend nicht auf Anhieb zur Vernunft gebracht werden kann, hilft Staggl mit einer kleinen Drohung nach. Er erinnert Olenicoff an die Blankoschecks, die dieser ihm ausgestellt habe und von denen man Gebrach machen könnte.

Das erinnert ein wenig an andere Flüchtlinge, etwas weiter unten auf der sozialen Leiter. Leute, die nicht ihr Geld, sondern nur ihre Arbeitskraft in ein fremdes Land schmuggeln und dort ihren Arbeitsvermittlern ausgeliefert sind wie Igor Olenicoff auf andere Weise den Herren Birkenfeld, Staggl und einer Reihe von weiteren, in der Anklageschrift nicht namentlich genannten »Mitverschwörern«. Auch Olenicoff wird auf seine Art zum »Sans Papier«, zum »Papierlosen«, obwohl uns die Anklageschrift nicht genau darüber informiert, inwieweit Olenicoff tatsächlich die Kontrolle über seine Vermögenswerte verloren hat und ob Birkenfeld und Co. einen solchen Kontrollverlust absichtlich herbeigeführt und zu ihren Gunsten ausgenutzt haben. Denkbar wär's. Wer sich in die Hände von Leuten begibt, die auch illegale Möglichkeiten nutzen, um dem Staat Geld zu entziehen, kann sich nur schwer wehren, wenn diese in ihre eigene Tasche wirtschaften.

P.S.: Olenicoff wehrt sich jetzt doch. Er hat im September 2008 vor einem Bundesgericht in Kalifornien Klage gegen die UBS wegen Betrug und Verletzung treuhänderischer Pflichten eingereicht; er verlangt bis zu 500 Millionen Dollar Schadenersatz. Neben der UBS gibt es über 30 Mitangeklagte, etwa die Neue Bank AG und New Heaven Trust in Liechtenstein sowie Union Charter in der Schweiz. Unter den angeklagten Repräsentanten der UBS befinden sich Verwaltungsratspräsident Peter Kurer, Martin Liechti sowie Bradley Birkenfeld. Richter und Anwälte haben also weiterhin alle Hände voll zu tun. Die 52 Millionen Dollar Nachsteuern, die Olenicoff bezahlen musste, sind übrigens in der 500-Millionen-Schadenersatzforderung nicht eingerechnet.

Genfer See statt Antwerpen

Das waren noch Zeiten! Heute haben wir uns längst an dreistellige Millionengehälter und an hundert Meter lange Luxusyachten gewöhnt. Doch damals und drüben genügten noch ein paar Kilo Bananen, um den Volkszorn kochen zu lassen und das Fass zum Überlaufen zu bringen. Man schrieb den 24. November 1989, als die Jugendsendung »Elf99« des DDR-Fernsehens, angestachelt durch den Geist der Wende, eine kritische Reportage über die Siedlung Wandlitz bei Berlin ausstrahlte, in der bis kurz davor noch die Mitglieder des Politbüros der Sozialistischen Einheitspartei SED gewohnt hatten. Sogar bis in die Lagerhallen drang die TV-Crew vor, und da sah man es: erlesene Westdelikatessen, so weit das Auge reichte. Und Bananen bis zum Abwinken! Die bekamen die normalen DDR-Bürger sonst nur alle paar Jahre zu Gesicht.

Damit hatten die »Bananen aus Wandlitz« die DDR definitiv diskreditiert und zu einer »Bananenrepublik« gemacht, in der eine korrupte Oberschicht sich weit vom gewöhnlichen Volk entfernt hatte. Dieser Prozess der Entfremdung zwischen dem Fußvolk und seinen Generälen schreitet munter fort und hat 2008 auch das Bananenimperium Chiquita erreicht. Chiquita hatte seinen europäischen Hauptsitz bisher mitten im Hafen von Antwerpen, dort, wo auch die Bananen umgeschlagen werden. Manager und Arbeiter von Chiquita waren zumindest räumlich noch vereint. Die Chiquita-Bosse konnten ihr Geschäft noch sehen, hören und riechen. Und die Steuern, die sie zahlten, kamen indirekt auch ihren Arbeitern zugute.

Das ist jetzt vorbei. Chiquita verlegte seinen Hauptsitz nach Rolle am Genfer See. Rolles Bürgermeister Daniel Belotti erklärt uns den Deal: »Chiquita zahlt zwar während zehn Jahren keinen Rappen Gewinn- oder Kapitalsteuer, dafür ziehen rund hundert gut bezahlte Manager an den Genfer See. Die bauen hier Häuser, konsumieren und zahlen Einkommensteuern.« Was Belotti nicht sagt, ist, dass diese Steuern und dieser Konsum in Antwerpen wegfallen. Doch was soll's: Für Rolle geht der Deal auf.

Ursprünglich war Rolle auch ein Industriestandort. Als der Klebe-Multi Tesa die Produktion in den Neunzigerjahren nach Deutschland verlegte, wollte man erst wieder neue Industrien ansiedeln. Als das nicht gelang, erwog man kurz, ein Einkaufszentrum zu bauen, doch dann entdeckte man gerade noch rechtzeitig den Charme des globalen Standort- und Steuerwettbewerbs und positionierte Rolle als Standort für Finanz- und Verwaltungszentren von Großunternehmen. Insgesamt 15 ausländische Firmen haben sich seit 2003 neu in Rolle niedergelassen und rund 1500 Jobs geschaffen. Rund 1200 davon arbeiten im 30000 Quadratmeter großen A-One Business Center, in dem sich auch Chiquita eingemietet hat. Eine internationale Schule, 1000 neue Wohnungen mit Seeblick und die erwähnten Steuervergünstigungen ergänzen das offenbar unschlagbare Angebot von Rolle.

Ist das fair? Eric Maire (42) von Development Economic Western Switzerland, das den Standort Westschweiz weltweit vermarktet, versteht die Frage nicht: »Um Chiquita haben unter anderen auch Österreich, Irland und England gekämpft«, gibt er zu bedenken, »das ist ein knallhartes Geschäft. Ohne Steuervorteile geht da nichts, aber unsere Steuervorteile sind zeitlich beschränkt und transparent. Wenn Sie wüssten, was da in anderen Ländern üblich ist!« Und dann erzählt uns Maire – off the record, versteht sich – ein paar Beispiele aus dem Alltag eines Standortvermarkters. Die Ausdrücke »Schmiergeld« und »unter dem Tisch« kamen dabei genauso oft vor wie die Namen einiger Nachbarländer.

Die echten Schurken sind wieder einmal die anderen.

Privilegierte Nomaden

In der Schweiz leben mehr Milliardäre als in ganz Deutschland. Allerdings sind die Mehrheit der »Schweizer Milliardäre« gar nicht Schweizer, sondern Ausländer mit Schweizer Wohnsitz. Der steuergünstige Kleinstaat im Herzen Europas ist zu einer der bevorzugten Zufluchtsstätten der Reichen und Schönen dieser Welt geworden. Zwischen Bodensee und Genfer See residieren Superreiche zuhauf, etwa Ikea-Gründer Ingvar Kamprad, Finanzmagnat Viktor Vekselberg und Metro-Inhaber Otto Beisheim, ebenso Tennis-Altstar Boris Becker und Formel-1-Legende Michael Schumacher, Formel-1-König Bernie Ecclestone, Playboy Gunter Sachs, Flugzeugbauer-Erbe Christian Dornier oder die alternden Rockstars Johnny Hallyday und Tina Turner.

Ausländer wie sie sind in der Schweiz umworben und heiß begehrt, vorausgesetzt, sie haben Geld. Das einzige Risiko ist die Steuerfahndung ihrer Heimatländer. Übel erging es Freddy Quinn, der in den Sechzigerjahren als »singender Seemann« mit Liedern wie »Junge, komm bald wieder« berühmt geworden war. Seit 1976 in der kleinen Tessiner Gemeinde Gordola bei Locarno angemeldet, residierte er eine Zeit lang auch wirklich dort und thronte in seiner »Casa Ali« hoch über dem Lago Maggiore – doch bald kam er wieder nach Hause, in sein geliebtes Hamburg, und wohnte mit seiner Lebensgefährtin im Stadtteil Poppenbüttel. 2002, mit 71 Jahren, hatte er plötzlich Besuch von der Steuerfahndung. Die Beamten stellten sein stattliches Hamburger Anwesen – alles andere als ein Zweitwohnsitz – auf den Kopf. Er hätte beweisen müssen, dass er seinen Lebensmittelpunkt im Tessin hatte; dazu aber hätte er die meiste Zeit dort und nicht in Hamburg verbringen müssen. So wurde Freddy Quinn 2004 wegen Steuerhinterziehung verurteilt: zwei Jahre Haft auf Bewährung, 150000 Euro Geldbuße.

Vor Gericht überkamen ihn die Tränen, als er seine »Untat« gestand, ein Unrecht, so sagte er, das er erst ahnte, als er vom Steuerprozess gegen Boris Becker hörte – ein geständiger Steuerhinterzieher auch er. Boris Becker hatte Monaco als seinen Hauptwohnsitz angegeben, doch hielt er sich häufiger in München auf. 2002 erhielt er zwei Jahre Haft auf Bewährung. Er zog in die Schweiz und gründete im steuergünstigen Kanton Zug die Boris Becker & Co. Seitdem nähren Becker und Schweizer Behörden im beiderseitigen Interesse die Fiktion, der steuerlich maßgebliche »Lebensmittelpunkt« lasse sich auch bei mobilen Reichen im Zeitalter der Globalisierung noch wie eh und je lokalisieren.

Wie oft weilt Becker in der Schweiz? In Interviews antwortet er ausweichend: »In Wochen und Monaten kann ich das nicht sagen. Hier ist mein Lebenszentrum, aber im Mai beispielsweise war ich nicht oft hier, sondern unter anderem in Estoril, in Hamburg und in Miami.« Ist dieses Nomadentum nicht mühsam? »Wenn ich es zum ersten Mal machen würde, wäre es etwas ungewohnt. Aber ich mache das ja schon seit über zwanzig Jahren.« Überhaupt: »Ich kenne nichts anderes, also kann ich gar nicht vergleichen. Seit ich 15 Jahre alt bin, führe ich ein solches Leben.«[2] Je länger er redet, desto durchsichtiger wird die Fiktion seines »Lebensmittelpunkts Schweiz«. Boris Becker spricht, unabsichtlich, für viele Reiche in seiner Lage.

Lassen sie sich im eigenen Land nicht erwischen, haben sie, einmal in der Eidgenossenschaft niedergelassen, wenig zu befürchten. Auf die Komplizenschaft des Gastlands können sie sich allemal verlassen. Das Ausland ist gegen dessen Hoheitsrechte weitgehend machtlos. Die Kernkompetenz des Schweizer Steuerparadieses ist seine Fähigkeit, geizige Reiche aus aller Welt gegen die Gesetzgeber und -vollstrecker ihrer Herkunftsländer zu schützen. »Die Schweiz zieht Steuervermeiderinnen und Steuervermeider an wie ein Miststock die Fliegen!«, rief SP-Nationalrätin Susanne Leutenegger Oberholzer einmal im Berner Bundeshaus voller Empörung aus.[3] Schon Elizabeth Taylor konnte mit eidgenössischer Hilfe das Bezahlen amerikanischer Steuern erfolgreich vermeiden. De jure in Gstaad (Berner Oberland) angemeldet und mitunter auch dort anwesend, hielt sie de facto an ihrem Wohnsitz in Kalifornien durchaus fest. Die glamouröse Schauspielerin machte die Bewusstseinsspaltung der neuen Weltelite zum Ereignis.

Die neuen Reichen – beweglicher als der alteingesessene Geldadel – profitieren im Fall der Schweiz von einer uralten politischen Mechanik. Der kantonale Föderalismus arbeitet ihnen schwungvoll in die Hände. Die 26 Kantone haben – anders als die deutschen Bundesländer – Finanzhoheit. Schweizer Gliedstaaten bestimmen im Rahmen der Bundesverfassung selbst, wie stark sie Unternehmer und Bürger schröpfen. Nur jener Teil der Einkommensteuer, den der Bund kassiert, ist in der ganzen Schweiz gleich hoch. Die Souveränität der Kantone in Geldangelegenheiten heizt den Steuerwettbewerb zwischen ihnen kräftig an, und er sorgt für immer niedrigere Sätze und immer neue Schlupflöcher. So verwandelte sich die Schweiz nach und nach in ein Eldorado für grenzüberschreitende Steueroptimierer.

Um sie buhlten die Kantone im Laufe der Jahrzehnte immer intensiver. Sie wetteiferten miteinander im Erfinden und Ersinnen ständig neuer Schlupflöcher. Für reiche Ausländer, die im Inland keiner Geschäftstätigkeit nachgehen, entwickelten sie ein geradezu maßgeschneidertes Privileg: die Pauschalbesteuerung oder »Besteuerung nach dem Aufwand«. Anstelle der Einkünfte und des Vermögens werden bei reichen Ausländern, wenn es ihnen beliebt, nur ihre Ausgaben für den Lebensaufwand in der Schweiz besteuert; als zu versteuerndes Einkommen wird dann das Fünffache des Jahresmietzinses oder Eigenmietwerts der bewohnten Liegenschaft angenommen – ein für Steuerrechtler absurdes Konstrukt. Das bedeutet in vielen Fällen ein Steuergeschenk von mehreren Millionen Franken jährlich. Die reichsten Zuwanderer bezahlen für ihre Verhältnisse oft lächerlich wenig. Von Pauschalsteuern dieser Art können »Inländer«, die ordentliche Steuer entrichten, nur träumen.

Kein Wunder, dass sich die Schweiz bei wohlhabenden Ausländern steigender Beliebtheit erfreut. Heute profitieren von der Pauschalsteuer 4000 reiche bis schwerreiche Ausländer, und Jahr für Jahr kommen etwa hundert neue dazu. In der Eidgenossenschaft ist für sie die Welt noch in Ordnung.

Tropenholz aus der Schweiz

Jedes Jahr sterben auf der gleichen Welt aber etwa zehn Millionen Babys und Kinder unter fünf Jahren an Unterernährung, verschmutztem Trinkwasser und ungenügender medizinischer Versorgung. Letztlich sterben sie an der Unfähigkeit des Staates, sie mit den lebensnotwendigen Dienstleistungen zu versorgen, die bei uns selbstverständlich sind – und das wiederum liegt am fehlenden Geld und an den ungenügenden Steuereinnahmen des Staates.

Das britische Hilfswerk »Christian Aid« schätzt[4], dass den

Entwicklungsländern pro Jahr 160 Milliarden Dollar Steuereinnahmen allein dadurch verloren gehen, dass multinationale Firmen ihre Gewinne mithilfe von fiktiven Transferpreisen oder gefälschten Rechnungen in Länder transferieren, in denen sie – dank dem Holdingprivileg – wenig oder keine Steuern bezahlen müssen. Den betroffenen Ländern entgehen damit 10 bis 14 Prozent der Staatseinnahmen.

Diese fehlenden 160 Milliarden Dollar bleiben nicht ohne Auswirkungen auf die Gesundheit bzw. Sterblichkeit der armen Bevölkerung. Bei einem Einkommen von einem Dollar pro Tag und Kopf können 25 Cents weniger tödlich sein. In den armen Ländern besteht deshalb eine enge Wechselbeziehung zwischen Staatsausgaben und Kindersterblichkeit. Gehen die Staatsausgaben zurück, steigt die Sterblichkeit stark an.

Eine Studie der Stiftung »Christian Aid« hat den Zusammenhang von Steuereinnahmen und Kindersterblichkeit in den Jahren 1960 bis 2006 statistisch ausgewertet. Sie kommt auf diese Weise zum Schluss, dass jedes Jahr 350000 Kinder weniger sterben würden, wenn die multinationalen Firmen ihre Steuern korrekt bezahlten. Dazu kommen die nicht bezifferbaren Auswirkungen auf die Gesundheit und Lebenserwartung der über Fünfjährigen. Die Studie geht davon aus, dass die zusätzlichen Steuereinnahmen genauso (ineffizient) verwendet würden wie die übrigen Einnahmen. Würden die Mehreinnahmen gezielt für die Ernährung und Gesundheit der armen Bevölkerung eingesetzt, wäre die Wirkung noch um ein Vielfaches höher.

Bei den Transferpreisen spielen Holdinggesellschaften – namentlich auch solche in der Schweiz – eine entscheidende Rolle. Das zeigt etwa das Beispiel der Interholco AG in Zug. Sie ist eine Tochter der deutschen Danzer-Gruppe, deren Tochter Siforco in der Demokratischen Republik Kongo Holz produziert und exportiert – und zwar über die Interholco in Baar im Kanton Zug, deren Gewinne nicht versteuert werden müssen. Im Zuger Gesetz über die Besteuerung von Holdinggesellschaften heißt es dazu:

> **3. Bemessungsgrundlagen und Steuermass**
> Holdinggesellschaften entrichten in der Regel nur eine Kapitalsteuer.
> **3.1. Kapitalsteuer**
> Gegenstand der Kapitalsteuer ist das Eigenkapital.
> Die Kapitalsteuer beträgt 0,075‰ des steuerbaren Eigenkapitals, mindestens jedoch
> Fr. 150 –, multipliziert mit dem geltenden Steuerfuss (§ 75 Abs. 1 StG).

Wie aus Dokumenten hervorgeht, die der Umweltschutzorganisation Greenpeace zugespielt worden sind, haben die Siforco und die Interholco einen Vertrag abgeschlossen, wonach »die Siforco Holzprodukte an die Interholco AG verkauft, [...] welche aus geschäftlichen Gründen zu tief angesetzt sind«. Diese »geschäftlichen Gründe« liegen laut Greenpeace auf der Hand: Je geringer der Verkaufserlös der Siforco, desto tiefer fallen auch deren Gewinn und Steuerlast aus. Entsprechend höher ist zwar der Gewinn, den die Interholco erzielt. wenn sie das Holz – das selbstverständlich nie nach Baar geliefert wird – mit einer hohen Marge weiterverkauft. Doch da die Interholco nur eine Kapital-, aber keine Gewinnsteuern entrichtet, zahlt die Danzer-Gruppe letztlich keine Steuern.

Greenpeace schätzt aufgrund seiner Unterlagen, dass der Demokratischen Republik Kongo durch dieses Konstrukt in den Jahren 2002 bis 2006 insgesamt 7,8 Millionen Euro entgangen sind. Damit hätte man – so Greenpeace – 700 000 kongolesische Kinder impfen können.

Die Danzer-Gruppe meint dazu, dass Greenpeace die von ihr »gestohlenen umfangreichen Dokumente« falsch und einseitig interpretiert habe. Sie bestreitet die ihr vorgeworfene Unterfakturierung nicht grundsätzlich, meint aber:

»Die von Greenpeace kritisierte Unterfakturierung ist sachbezogen und erklärt sich durch die Bedingungen im internationalen Geschäftsverkehr. Den zitierten konzerninternen Rechnungen stehen konkrete Dienst- und Serviceleistungen entgegen, auf die die lokalen afrikanischen Gesellschaften angewiesen sind, weil sie von Afrika aus nicht geleistet werden können. Es handelt sich dabei um Logistik- oder Beschaffungsdienstleistungen, die von den europäischen Gesellschaften übernommen werden und in entsprechenden Verträgen geregelt sind.«

Das ist wohl richtig, aber letztlich zynisch. Was Danzer zu seiner Entlastung vorbringt, ist eines der großen Probleme der Entwicklungsländer. Die erwähnten Dienstleistungen, auf die sie »angewiesen« sind, werden ihnen zu viel zu teuren Preisen verkauft. »Tausche billige Rohstoffe gegen teure Dienstleistungen« – das ist der Deal, der den Entwicklungsländern aufgezwungen wird. Weil ihre Rohstoffe überwiegend von ausländischen Multis gefördert und verwaltet werden, bleibt am Schluss nur noch ein sehr geringer Netto-Exporterlös im Land.

Das Geld, das die Multis für ihre Dienstleistungen kassieren, fehlt dem Land, um die Dienstleistungen zu finanzieren, auf die die Bevölkerung für Gesundheit und Überleben angewiesen wäre. Die 7,8 Millionen Euro Steuern, welche die Danzer-Gruppe dank ihrer Handelsholding und dank dem juristischen Hauptsitz in der Schweiz vermied, hätten beispielsweise gereicht, um 80 Prozent der Ausgaben der Regierung der Demokratischen Republik Kongo im Jahr 2000 zu finanzieren. Es liegt auf der Hand, dass die fehlenden Steuereinnahmen zur politischen Destabilisierung eines ohnehin armen Landes beitragen können.

Kapitel 2

Der Bankenstaat destabilisiert die Welt – oder: Wie die Schweiz zur Oase wurde

Der Genfer Bankier musste schmunzeln, als er las, wie ihm die »Neue Zürcher Zeitung« zu schmeicheln suchte. Das Blatt nannte ihn einen »Bankier alter Schule«, ausgerechnet ihn, Pierre Mirabaud. Nein, alte Schule ist er schon äußerlich nicht: Dalí-Schnauzer, runde Retro-Brille, leuchtend gelbe, rote und grüne Maßanzüge, extravagante Schuhe und Ledermappen. Dauernd will er Normen sprengen – auch gedanklich. Täglich liest Mirabaud, Präsident der Schweizerischen Bankiervereinigung, die linke Pariser Zeitung »Libération«. Der rechte Individualist mit subversivem Hang entstammt zwar einer alten Bankierfamilie, gehört aber seit Jahrzehnten zu den Vorreitern der Hedgefonds, jener alternativen Anlagevehikel, die manche Bürger fatal an Heuschrecken erinnern. Mirabaud vertritt die Schweizer Banker auf höchst persönliche Weise, lebhaft, sprunghaft, angriffslustig. Und genauso trat er auch 2008 im Fernsehen der französischen Schweiz auf.

Befragt zum Skandal des Post-Chefs Klaus Zumwinkel und weiterer deutscher Steuerflüchtiger mit Schwarzgeld in Vaduz, ereiferte sich der oberste Schweizer Bankier über die Methoden, mit denen Deutschlands Fahnder sich die Daten der Steuerhinterzieher beschafft hatten. Der deutsche Bundesnachrichtendienst soll einem ehemaligen Bankangestellten in Vaduz für einen gestohlenen Datenträger mit den Namen Hunderter mutmaßlicher Steuerflüchtiger mehrere Millionen Euro gezahlt haben. Jetzt, im Fernsehen, warf Mirabaud den deutschen Beamten allen Ernstes vor, ihre Methoden seien »jenen der Gestapo würdig«.

Ein grotesker Vergleich, mit dem Mirabaud an die Legende von den humanitären Schweizer Banken anknüpfte und an ihre Behauptung, seinerzeit den verfolgten Juden selbstlos beigestanden und deren Hab und Gut mutig gerettet zu haben – eine Geschichtsfälschung, weiter nichts. Der Genfer beschwor den falschen Ursprungsmythos des Bankgeheimnisses, die längst widerlegte Behauptung, alles sei den jüdischen Flüchtlingen zuliebe geschaffen worden. In Wahrheit geht das Schweizer Bankgeheimnis, obwohl offiziell erst 1934 verankert, also in der Anfangszeit des Dritten Reiches, eindeutig nicht auf die Judenverfolgung zurück, sondern auf die Jahre zuvor: auf die Weimarer Republik.

Die Entstehungsgeschichte des Bankgeheimnisses und des Finanzplatzes Schweiz ist bei Weitem nicht so ruhmreich, wie sie Mirabaud & Co. gern darstellen und wie sie Generationen, deren geschichtlicher Horizont nur bis zur Hitlerzeit zurückreicht, auf Anhieb einleuchten mag. Die Schweizer Bankiers trugen vielmehr aktiv zum Untergang der deutschen Demokratie bei.

Der Untergang der Weimarer Republik

Sie griffen die Weimarer Republik schon 1919 an, kurz nach ihrer Gründung. Heftig attackierten sie den neuen Finanzminister Matthias Erzberger von der katholischen Zentrumspartei. Er legte mit bahnbrechenden Neuerungen – mit einer einheitlichen, progressiven Einkommens- und Erbschaftsbesteuerung – die Grundlagen für das noch heute geltende Steuersystem. Mit einer neuen Vermögensabgabe, dem »Reichsnotopfer«, verärgerte er die besitzenden und im Weltkrieg reich gewordenen Schichten massiv. Hier hakte die Schweizerische

Bankiervereinigung ein. Sie geißelte Erzbergers Reichsnotopfer als »nachgerade konfiskatorisch«. Da wäre es doch nur »natürlich«, wenn sich Wohlhabende dem Zugriff des Fiskus mithilfe der Schweizer Banken zu entziehen trachteten – ein unmissverständlicher Appell an Vermögende, ihr Geld illegal über die Grenze zu schaffen. Und so kam es auch. Die Schweizer Brunnenvergifter hatten Erfolg. Die deutsche Kapitalflucht nahm sprunghaft zu. Die raffgierigen Schweizer Bankiers frohlockten.

Auch ihr Einfluss auf die Schweizer Politik wuchs markant. Einer der Ihren, Jean-Marie Musy – katholisch-konservativer Finanzdirektor des Kantons Freiburg, ehemaliger Sanierer der Regionalbank Crédit Gruyérien und der Staatsbank sowie wichtiger Mandatsträger bei der Schweizerischen Bankiervereinigung (Mitglied der Kommission zum Schutz der finanziellen Interessen der Schweiz im Ausland) – stieg 1920 zum Schweizer Bundesrat und Finanzminister auf. In seinem ersten Amtsjahr wurde das in der Schweiz liegende ausländische – hauptsächlich deutsche – Fluchtkapital bereits auf 30 Milliarden Franken geschätzt, was drei Viertel des damaligen Schweizer Volksvermögens entsprach. Der neue Schweizer Finanzminister schützte dieses Geld konsequent vor dem Zugriff ausländischer Behörden. Er setzte sich in seiner allerersten Rede vor dem Parlament 1920 ausdrücklich und entschieden für ein – wie er sagte – »absolutes« Bankgeheimnis ein und lehnte für die Schweiz die »beschwerliche Rolle eines Weltpolizisten« ab. Das Parlament unterstützte ihn umgehend dabei. Nationalrat Albert Meyer erklärte: »In allererster Linie wollen wir an uns und unsere Bedürfnisse denken und nicht den finanziellen Polizisten, wie es Herr Bundesrat Musy gesagt hat, für die ganze Welt machen.« Der FDP-Abgeordnete aus Zürich sollte 14 Jahre später Musy an der Spitze des Finanzdepartements ablösen.

Die Rechnung ging für die Schweizer Geldmänner während der Weimarer Republik glänzend auf. Deutsches Fluchtkapital floss ihnen in immer neuen Wellen zu. Laufend hatten reiche Deutsche neuen Grund zur Angst ums Geld: Regierungs- und Währungskrisen, Massenstreiks und Putschversuche. Reichsbankpräsident Hjalmar Schacht schickte 1923 sicherheitshalber Frau und Kinder für mehrere Jahre nach Lausanne. Deutschlands Albtraum waren die immensen Reparationen, die von den westlichen Siegermächten geforderte »Wiedergutmachung« von Kriegsschäden. Deutsche Unternehmen benutzten die kantonalen Unternehmensgesetze und das Schweizer Bankgeheimnis dazu, ihr Geld vor den Reparationsforderungen der Alliierten in der Schweiz in Sicherheit zu bringen und eine solide finanzielle Grundlage für die deutsche Industrie zu schaffen – trotz der sozialen und politischen Auflösung Deutschlands. Selbst die Großkonzerne retteten ihre Aktiva vor dem Zugriff der Westmächte in die Schweiz. In Zürich, Zug oder Chur sprangen ihnen pfiffige Bankiers, Anwälte und Treuhänder bei. Die Schweizer »Strohmänner« – so der zeitgenössische Ausdruck – entwickelten sich zu wahren Meistern in der Kunst, über Spezialgesellschaften deutsche wie andere Vermögenswerte unsichtbar und für Beamte fremder Staaten unauffindbar zu machen. Egal, ob Gelder, Patente oder Lizenzrechte – deutsches Eigentum aller Art verschwand in unübersichtlich ineinander verschachtelten Holding-, Beteiligungs- oder Finanzgesellschaften mit Sitz in diskreten Schweizer Briefkästen.

Das Deutschland aufgezwungene System der Reparationen förderte den Aufstieg der Schweiz zur Steueroase indirekt, gleichwohl massiv. Die Reparationskommission, die auf ihren Forderungen unerbittlich bestand, schätzte die deutsche Kapitalflucht bis 1923 auf insgesamt acht Milliarden Goldmark. Das Fluchtgeld war in der Schweiz zwar vor den Alliierten sicher, doch entgingen dadurch auch der Weimarer Republik Steuereinnahmen, auf die sie bitter angewiesen gewesen wäre. Selbst in der Endphase der Reparationspolitik, 1930, profitierte die Schweiz nochmals enorm: durch die Gründung der noch heute hochwichtigen Bank für Internationalen Zahlungsausgleich (BIZ) in Basel. Geschaffen wurde die BIZ von den westlichen Alliierten und Deutschland für die Abwicklung der Reparationszahlungen. Die Bank sollte alle deutschen Reparationsgelder entgegennehmen und an die Empfänger weiterleiten. Dass die Schweiz als ihr Sitz auserkoren wurde, verdankt sie ausgerechnet Hjalmar Schacht, dem Reichsbankpräsidenten der Weimarer Republik und späteren Steigbügelhalter Hitlers. Die BIZ sollte in keinem der direkt beteiligten Länder angesiedelt werden, damit nicht eines von ihnen besonderen Einfluss geltend machen könnte. Um den Sitz der BIZ bewarben sich deshalb kleinere Länder. Im Gespräch waren zunächst Amsterdam und Brüssel. Gegen Amsterdam wurden aber Bedenken wegen seiner Verbindungen mit London vorgebracht. Auch Brüssel – der Favorit Frankreichs – schied aus, wie Schacht in seinen Memoiren schreibt: »Mir schien die politische Atmosphäre gegenüber Deutschland in den westlichen Ländern noch nicht vorgeschritten genug, um meinerseits für Brüssel einzutreten. Ich schlug deshalb die Schweiz vor. Als hierüber schließlich Einigung erzielt wurde, gab es noch einen kleinen Kampf zwischen Genf und Zürich, den zu entscheiden es schließlich dadurch gelang, dass auf beide verzichtet und stattdessen Basel, die Drehscheibe Europas, gewählt wurde.«

Die Mitverantwortung des Finanzplatzes Schweiz für das Schicksal der Weimarer Republik wiegt schwerer, als das Land es wahrhaben will. Wenige Monate vor seinem Putsch vom 9. November 1923 reiste Adolf Hitler in geheimer Mission zur Geldbeschaffung nach Zürich in die Bahnhofstraße. Nach einem Bericht des damaligen deutschen Generalkonsulats in Zürich hatte »der Münchner Antisemitenführer Adolf Hitler« im Sommer im Hotel »St. Gotthard« eine Unterredung mit sechs bis zehn Herren.[1] Er sprach dort auch mit Hans Oehler vom »Volksbund für die Unabhängigkeit der Schweiz«. Dieser war 1921 als Zusammenschluss der kantonalen Komitees gegen den Beitritt der Schweiz zum Völkerbund, dem Vorläufer der UNO, entstanden. Der »Volksbund«, der vom Bundesrat die Rückkehr zur absoluten Neutralität verlangte, entwickelte sich zu einer deutschfreundlichen Gruppierung.

Nach seiner Unterredung mit Oehler trug Hitler bei einer Zusammenkunft mit rund vierzig Personen in der Villa »Schönberg« in Zürich – damals Wohnsitz von Ulrich Wille jun., Sohn des Schweizer Generals im Ersten Weltkrieg und Mitbegründers des »Volksbundes« – sein Programm vor. »Als Resultat«, so der Bericht des Generalkonsulats, »konnte er namhafte Geldunterstützung buchen. Zu den Gebern gehören hauptsächlich der oben genannte Oehler und außerdem noch andere Mitglieder des Schweizer Volksbundes.« Für Hitler war diese Hilfe wichtig, denn die Reichsmark war durch die Inflation entwertet. Die Hitler-Bewegung konnte wichtige Stabsfunktionäre während der kritischen Monate September bis November 1923 – also in der heißen Phase des »Hitler-Putsches« – in Schweizer Geld entlohnen.

Mit Hitler wurde auch sein jugendlicher Anhänger und späterer Stellvertreter Rudolf Heß, der in Zürich Verwandte hatte und an der ETH Zürich studierte, an den Tisch der Familie Wille eingeladen. Später saß Heß als Komplize des gescheiterten Hitler-Putsches sieben Monate lang mit dem »Führer« in spe in Festungshaft in Landsberg am Lech (Bayern) und notierte dort: »Gestern abend nach dem Essen, als wir noch lange beim Tee in dem gemütlichen Korbsessel- u. Topfblumeneck saßen – bei von Verehrern geschickten Kuchen usw., die nie ausgehen –, erzählte er in seiner packenden lebendigen Art von seiner Reise nach Zürich – seiner ersten größeren Reise – mit der Fahrt über den Bodensee. Er war dort auch bei der Familie, die ich seinerzeit besuchte und die er scheinbar auch im Sturm gewonnen hat. Für seine nächste Reise hat er mich als Begleiter eingeladen. Bei der Zürich-Reise wollte er übrigens ganz unauffällig hinüberkommen. Als er in Lindau in den Bahnhof einfuhr, standen weißgekleidete Jungfrauen da, mit Raditschingtira setzte eine Musikkapelle ein, das Hakenkreuzlied erklang, Fahnen wehten, der unvermeidliche Professor mit dem großen Vollbart begrüßte den ›verehrten Führer‹ in ›Lindaus Mauern‹ – kurz, es war fürchterlich.«[2]

Später, nach dem Putschversuch Hitlers, meldete das Bayerische Staatsministerium des Innern dem Reichskommissar für Überwachung der öffentlichen Ordnung in Berlin, dass es Hitler bei seinem Schweiz-Besuch 1923 »gelungen sein soll, in Zürich, Winterthur und Basel eine Summe von 30 000 Schweizerfranken aufzubringen. Das Geld soll zum Teil von Angehörigen der Industrie, zum Teil von Privaten gegeben worden sein.« Hitler nahm auch »mit alldeutschen Kreisen Fühlung« auf: »Der Herausgeber der ›Schweizerischen Monatshefte für Politik und Kultur‹, des Organs des ›Volksbundes für die Unabhängigkeit der Schweiz‹, Dr. Hans Oehler, hat Hitler im Hotel St. Gotthard aufgesucht, angeblich nur aus rein journalistischem Interesse. Es darf aber nicht übersehen werden, dass auch innerhalb des ›Volksbundes‹ starke Sympathien für antisemitische und alldeutsche Bestrebungen bestehen, die Anlehnung an die reichsdeutschen Organisationen suchen. Diese Tendenz wird hauptsächlich von Dr. Oehler selbst und vom Sekretär des Volksbundes, Dr. Ammann, vertreten.«

Zu den größten Judenhassern und Alldeutschen im Volksbund zählte freilich auch Pfarrer Eduard Blocher, Großvater des heutigen Schweizer Politikers Christoph Blocher. Eduard Blocher geiferte in Oehlers »Schweizerischen Monatsheften für Politik und Kultur« im Dezember 1923 über »die Gier der heutigen Juden nach Besitz und Macht, ihren Materialismus und Mammonismus, ihren gehässigen Gewaltsozialismus, ihre ätzende und zersetzende Verneinungswut«.[3] Eduard Blocher schrieb: »Die Juden, als Gastvolk anderer Völker, ohne eigenen Staat, bringen sich dadurch zur Geltung, dass sie die staatlichen Gedanken (keineswegs nur deren unsittliche Verirrungen) ihrer Wirtsvölker zu schwächen suchen; sie stehen in der vordersten Reihe des Heeres, das gegen den starken Obrigkeitsstaat, für den Internationalismus, den Pazifismus, die Versöhnungs- und Vermittlungsgedanken, aber für die Verwischung der Kulturgrenzen und der national ausgeprägten Kulturarbeit kämpft.« Eduard Blocher betonte 1923 in einem Buch mit dem Titel »Die deutsche Schweiz in Vergangenheit und Gegenwart« den »Wertunterschied der Menschenrassen« und die »überragende Mehrwertigkeit der norddeutschen Rasse«. Er polemisierte darin auch gegen die Weimarer Republik und behauptete, man sei 1918 in der deutschen Schweiz an Deutschland irre geworden, weil »es sich von seinen Feinden bereden ließ, seine bewährte Verfassung zugunsten der parlamentarischen Regierungsform aufzugeben«.

Die »Neue Zürcher Zeitung« kritisierte Blochers Buch als »Niederschlag einer Anschauung, die dem Bekenntnis zur Rasse- und Sprachgemeinschaft das Primat vor dem Willen zum Schweizertum einräumt«.[4] Eduard Blochers Geringschätzung der Weimarer Republik wurde jedoch von vielen Schweizern geteilt. Erst diese – meist stillschweigende, aber weit verbreitete – Verachtung der deutschen Demokratie indessen machte in der Schweiz alles möglich: die freundliche Aufnahme der rechten Feinde der Weimarer Republik, die systematische Beihilfe zur massiven Steuerhinterziehung.

Nach Ausbruch der Weltwirtschaftskrise 1929 nahm die Kapitalflucht für Deutschland katastrophale Ausmaße an. Heinrich Brüning von der Zentrumspartei, der 1930 zum Reichskanzler aufstieg, versuchte gegenzusteuern. Demokratie und Rechtsstaat waren jedoch bereits auf der Kippe. Im Reichstag schätzte Arbeitsminister Adam Stegerwald von der Zentrumspartei 1930, dass rund acht Milliarden Reichsmark an Steuer- und anderen Fluchtkapitalien in der Schweiz lagen. Brüning wurde der Wirtschaftskrise nicht Herr. Die Arbeitslosigkeit stieg und stieg. Unter dem Eindruck der wirtschaftlichen Depression willigte sogar US-Präsident Herbert Hoover am 20. Juni 1931 in die Stundung der deutschen Reparationsleistungen ein.

Bern hingegen versagte der Weimarer Republik auch in diesen schweren Zeiten jegliches Zugeständnis. Die Schweiz nahm deutsches Fluchtgeld entgegen und weigerte sich, mit

Berlin die dringendsten Steuerprobleme auf vertraglichem Weg zu lösen. Dabei war auch der schweizerischen Exportindustrie an Vereinbarungen dringend gelegen. Sie litt unter dem gleichen Problem wie ihre ausländische Konkurrenz. Grenzüberschreitende Unternehmen wurden für ein und dasselbe Geschäft im In- und im Ausland zugleich besteuert. Dieser »Bestrafung« durch doppelte Besteuerung entgingen sie nur, wenn ihre Regierungen das Problem lösten und ihre sich überschneidenden Steueransprüche gegeneinander abgrenzten und einschränkten. Der Völkerbund entwickelte dafür einen Mustervertrag. Immer mehr Staaten schlossen sogenannte Doppelbesteuerungsabkommen. Gemäß Vorschlag des Völkerbundes schlossen fünfzehn vorwiegend europäische Staaten auch dreißig Rechtshilfeverträge in Steuersachen ab.

Die Schweiz aber tanzte aus der Reihe. Ihre Regierung lehnte es in den Zwanzigerjahren ab, umfassende Doppelbesteuerungsabkommen abzuschließen.[5] Sie verweigerte die internationale Zusammenarbeit im Kampf gegen Steuerflucht. Speziell ging Bern nicht darauf ein, Doppelbesteuerungsabkommen, wie vom Völkerbund offiziell und dringend empfohlen, auch mit Klauseln über die gegenseitige Amtshilfe bei der Bekämpfung der Steuerhinterziehung zu koppeln. Die Bankiers waren dagegen.

Auf der Weltbühne gerieten die Eidgenossen zunehmend unter Beschuss. Beim Völkerbund in Genf zeigte der Schweizer Diplomat William Rappard (1883–1958) das Dilemma seines Landes glasklar auf. Einerseits, so Rappard 1925, könne sich die Schweiz »nicht durch ein internationales Übereinkommen verpflichten, in Bezug auf die bei unseren Banken deponierten fremden Kapitalien inquisitorische und denunziatorische Massnahmen ins Auge zu fassen, die bei ihrer Anwendung auf den heftigsten Widerstand vieler kantonaler Verwaltungen stossen würden«. Andererseits sei es aber, gestand er, »auch bedenklich, die Mitarbeit zu verweigern bei dem gemeinsamen Kampfe gegen die Kapitalflucht – einer wahren internationalen Geissel in dieser Nachkriegszeit – und dadurch den auf unserm Lande lastenden, ohne Zweifel übertriebenen Verdacht zu bestärken, als sei es der Hehler rechtswidrig geflüchteter Kapitalien«.[6]

Dem Schweizer Doppelspiel waren die Nachbarländer nicht gewachsen. Die Schweizer Regierung tat unendlich kompliziert, als die Weimarer Republik ab 1923 mit ihr ein umfassendes Doppelbesteuerungsabkommen aushandeln wollte. Zunächst zogen Schweizer Finanzminister, Kantone und Gelehrte allen Ernstes in Zweifel, dass Bern überhaupt die Kompetenz zum Abschluss von Doppelbesteuerungsabkommen habe; schließlich liege die Steuerhoheit bei den Kantonen. Dann rechnete der Bundesrat nach und wurde stutzig: »Die Opfer, die der Fiskus auf schweizerischer Seite zu bringen haben wird, werden bei Weitem aufgewogen durch die Minderbelastung schweizerischer Steuerpflichter durch den deutschen Fiskus.« So trafen sich die Schweizer 1928 endlich zu »offiziösen Besprechungen« mit den Deutschen und 1929 zu richtigen Verhandlungen, ohne Ergebnis.[7] 1931 stand der Weimarer Republik das Wasser bis zum Hals. Die Schweiz nutzte deren Not eiskalt aus und rang ihr am 15. Juli desselben Jahres das Abkommen ohne Auskunftspflicht ab. Der Vertrag mit Deutschland – für die Schweiz das erste umfassende Doppelbesteuerungsabkommen überhaupt – bedeutete eine historische Weichenstellung.[8] Fortan war die Schweiz im Vorteil, wenn auch andere Staaten mit ihr die Doppelbesteuerung eliminieren wollten. Bern konnte dafür mit scheinbar vollem Recht auch von ihnen verlangen, auf Auskünfte bei Steuerhinterziehung zu verzichten – ganz nach Weimarer Vorbild.

Deutschland taumelte in sein Unglück und riss am Ende die Welt mit hinein. Doch die Schweizer Banken profitierten von der Kapitalflucht dermaßen, dass bei ihnen für andere Überlegungen kein Raum war. Die Summe der von ihnen insgesamt verwalteten Vermögen überstieg bereits 1930 das Schweizer Volkseinkommen um ein Drittel.

Mit Macht suchte Brüning zwar das deutsche Verhängnis aufzuhalten. Am 1. August 1931 führte er die Devisenbewirtschaftung ein. Er unterwarf den Devisenhandel einer staatlichen Kontrolle. Wer Devisen im Ausland besaß, geriet mit deutschen Finanz- und Zollbehörden in Konflikt. Die für Brüning zu knackende Nuss war bei alledem die Schweiz. Deshalb schickte er schließlich Bankspione über die Grenze. 1931 suchten deutsche Fahnder in der Schweiz nach deutschen Vermögenswerten.[9] Im Oktober flog der erste Fall deutscher Bankspionage auf. Ein Deutscher mit Namen Arthur Pfau versuchte bei Angestellten der Schweizerischen Bankgesellschaft, Daten über Guthaben deutscher Kunden zu sammeln. Er wurde von den Bankangestellten angezeigt und von der Fremdenpolizei aus der Schweiz ausgewiesen.

Im Sommer 1932 hatten deutsche Fahnder in Schaffhausen mehr Erfolg. Sie erhielten von drei Angestellten des Schweizerischen Bankvereins (heute UBS) die Adressen deutscher Kunden. Das Finanzamt in Stuttgart klagte die Kunden wegen Verstoßes gegen die Devisenvorschriften an, und der Bankverein entließ die fehlbaren Angestellten. Im Winter war die Zürcher Kantonalbank an der Reihe. Ein Angestellter ihrer Depotabteilung verriet dem Finanzamt im deutschen Singen die Guthaben von 400 deutschen Kunden. So gerieten die Schweizer Banken mit ihrer Beihilfe zur Steuerhinterziehung zunehmend in Schieflage – auch in Frankreich.

Die Kapitalflucht in die Schweiz riss immer tiefere Löcher in den Staatshaushalt der angrenzenden Länder. Sie trug zur Destabilisierung der Demokratie in Europa bei – zuerst in Deutschland, dann in Frankreich. Die Kapitalflucht brachte diese Staaten um Steuereinnahmen, die sie zur Abwehr der braunen Flut dringend benötigt hätten. Die Schweizer Bankiers blieben jedoch entschlossen, aus der Not der Nachbarn Kapital zu schlagen – ganz besonders die Privatbankiers, die damals eine eigene Vereinigung bildeten. Sie waren mit Doppelbesteuerungsabkommen nur einverstanden, wenn diese die Steuerflucht in die

Schweiz zuließen. Die Schweiz wuchs nach den Worten von Finanzminister Jean-Marie Musy »in die Rolle des Weltbankiers«. Mit dem Bankgeheimnis reagierte die Schweiz auf die verzweifelte Gegenwehr benachbarter Demokratien.

Das Vorgehen der Nachbarländer sei für die Schweiz »ganz offensichtlich eine Bedrohung der Volkswirtschaft und der finanziellen und wirtschaftlichen Unabhängigkeit des Landes«, meinte die »Neue Zürcher Zeitung« am 10. Januar 1933 und forderte deshalb die Verschärfung des Bankgeheimnisses. Von Rechts wegen waren Schweizer Banken zwar schon vordem verpflichtet, Daten ihrer Kunden geheim zu halten. Bei Verletzung dieses Berufsgeheimnisses konnte der Kunde die Bank jedoch nur zivilrechtlich haftbar machen, also finanziell. Noch hatte die Tat keine strafrechtlichen Folgen. Das änderte sich erst mit dem verschärften Bankgeheimnis, das die Weitergabe von Kundendaten unter Strafe stellte und mit Gefängnis bedrohte.

Am 26. Januar 1933 ließ sich Finanzminister Musy von seinen Regierungskollegen ermächtigen, das Bankengesetz vorzubereiten. Am 24. Februar 1933 nahm er die Strafnorm gegen Bankspionage in den internen Gesetzesentwurf auf. Damit war das inzwischen weltberühmte Schweizer Bankgeheimnis bereits geboren – ein interner Vorgang im Departement Musy, dem keine breite demokratische Diskussion vorausging oder folgte. Ein Jahr später nahm das Parlament das neue Bankengesetz an, ohne über das in Artikel 47 enthaltene Bankgeheimnis auch nur zu reden. In einer nüchternen Analyse seines Werdegangs stellte Hugo Bänziger, Schweizer Historiker und Banker (heute Chief Risk Officer im Vorstand der Deutschen Bank, Frankfurt am Main), fest: »Anlass zur Aufnahme einer Strafnorm gegen die Verletzung des Bankgeheimnisses war die deutsche Bankspionage der Jahre 1931–33« – und, entgegen Pierre Mirabauds Bemerkungen, nicht etwa die spätere Jagd der Gestapo nach jüdischen Vermögenswerten.[10]

Der Vater des Schweizer Bankgeheimnisses, Jean-Marie

Musy, Finanzminister 1920 bis 1934 und Bundespräsident der Jahre 1925 und 1930, war kein Gegner der Nationalsozialisten. Er wurde aus Hass auf den Kommunismus vielmehr zum Freund des Dritten Reiches. Musy trat, nachdem er das Schweizer Bankgeheimnis konzipiert und politisch auf den Weg gebracht hatte, aus der Regierung aus, er hoffte vergeblich auf eine autoritäre »Erneuerung« des Landes – und für sich selbst dabei auf eine Führungsrolle – und knüpfte später, 1937, persönliche Verbindungen mit dem Reichsführer SS Heinrich Himmler. Der Schweizer Bankier – der einstige Minister war jetzt wieder Verwaltungsratspräsident einer Regionalbank, nämlich des Crédit Gruyérien[11] – hatte mit dem Massenmörder in Berlin zahlreiche persönliche Begegnungen und Gespräche.[12] In einer Rede im Kanton Freiburg warb Musy für die Eingliederung der Schweiz ins »neue Europa«. Nach dem deutschen Einmarsch in Paris 1940 betätigte sich Musy als Verbindungsmann zwischen Berlin und dem hitlerfreundlichen Vichy-Frankreich. Er renommierte in Vichy damit, dass er »seit Langem mit Himmler eng befreundet« sei, und wurde von »Staatschef« Philippe Pétain empfangen. In Nazi-Deutschland berichtete Musy dann Himmler über seine – positiven – Eindrücke vom Vichy-Regime. So sah das »neue Europa« aus, zu dessen Geburtshelfern sich der Schöpfer des Bankgeheimnisses in der Tat zählen durfte: Seine »Erfindung« hatte die Demokratie grenzüberschreitend unterminiert, nicht nur in Deutschland, auch in Frankreich.

Aufruhr in Frankreich

Zur Entstehungsgeschichte von Bankgeheimnis und Vichy-Frankreich gehören die Skandale mit Schweizer Bankiers in Paris mit dazu. Ihr Treiben an der Seine hatte die Dritte Republik nachhaltig erschüttert. Frankreichs Demokratie verlor dadurch Steuergelder und politischen Kredit zugleich. Der erste

Skandal platzte am 26. Oktober 1932, um 16.10 Uhr, mitten in Paris. In einem eleganten Fünf-Zimmer-Appartement nahe den Champs-Elysées ertappten Polizisten zwei leitende Angestellte der Basler Handelsbank, einer der damals noch sieben Schweizer Großbanken, auf frischer Tat. Die Schweizer halfen reichen Franzosen bei der Steuerflucht. Der Fall geriet zum großen Skandal. Die Polizei beschlagnahmte eine Liste von 2000 Kunden, die 400 Millionen Francs in die Schweiz bringen wollten. Zu den Steuerhinterziehern zählten drei Abgeordnete, zwei Bischöfe, mehrere Generäle, die Industriellenfamilie Peugeot, ein Exminister und der Verleger des »Figaro«. Die Schweizer kamen ins Gefängnis. Damit nicht genug – machten doch ihre Landsleute in Paris einfach weiter. Kurz nach dem ersten Skandal wurden weitere Schweizer Bankangestellte erwischt und neue Fluchtgelder beschlagnahmt: bei der Diskontbank und bei der Privatbank Lombard, Odier & Cie.

Die Eidgenossen blamierten sich auf offener Szene. Hinter den Kulissen waren sie indessen unschlagbar. In einem jahrelangen Machtpoker rang Bern auch Paris – wie schon Berlin – ein für die Schweiz maßgeschneidertes Abkommen zur Vermeidung von Doppelbesteuerung ab. Zunächst schienen die Franzosen zwar die besseren Karten zu haben. Sie arbeiteten erfolgreich über den Völkerbund in Genf. Es waren die Franzosen, die im Fiskalkomitee des Völkerbunds den Grundsatz durchsetzten, Doppelbesteuerungsabkommen zwischen zwei Staaten nur dann zu empfehlen, wenn bei Steuerhinterziehung auch grenzüberschreitende Amtshilfe vereinbart war.[13] Bern blieb gegenüber Paris jedoch unnachgiebig. Die Schweiz nahm zunächst auch steuerliche Nachteile für ihre Wirtschaft in Kauf. Unter doppelter Besteuerung litten jahrelang dreißig Schweizer Industriekonzerne mit Betriebsstätten in Frankreich – zum Beispiel Aluminium-Industrie-AG, Brown, Boveri & Cie, Landis & Gyr und die Maschinenfabrik Oerlikon.

Diese mächtigen Industriekonzerne wurden jedoch von der noch mächtigeren Schweizerischen Bankiervereinigung in die

Schranken gewiesen. Doppelbesteuerungsabkommen mit Informationsklauseln waren und blieben für die Bankiers des Teufels. Ihre Begründung: »Das Bankgeheimnis darf durch einen solchen Vertrag unter keinen Umständen tangiert werden« (Protokoll des Verwaltungsrats der Bankiervereinigung vom 1. April 1936). Mit drohendem Unterton hob der Genfer Privatbankier Albert Pictet hervor, »dass Frankreich kein Interesse hat, sich mit der Schweiz zu überwerfen« (Protokoll des Vorstands der Vereinigung Schweizerischer Privatbankiers vom 13. Mai 1937). Und wahrhaftig, diese Herren setzten sich auch gegen die Grande Nation durch. Paris knickte Ende 1937 ein und unterschrieb den Vertrag ohne Amtshilfeklausel.

Der Grund: Die Schweiz war bereits eine währungspolitische Großmacht, und Frankreich war angewiesen auf den Schweizer Anleihenmarkt, der seinerseits wiederum durch die zufließenden Kapital- und Steuerfluchtgelder reichlich mit Mitteln zu günstigen Zinssätzen ausgestattet war. Durch den Wahlsieg der linken Volksfront in Frankreich 1936 nahm die Steuerflucht sprunghaft zu. Die Bilanzsumme der Schweizer Privatbanken stieg 1935 bis 1937 von 298 auf 433 Millionen Franken.[14]

Das Schweizer Steuergeschäft mit französischen Reichen florierte, diese durften sich nur nicht in flagranti erwischen lassen. Der letzte Skandal mit Schweizer Bankiers vor dem Krieg platzte am 14. Januar 1939. Nochmals wurde in Paris ein Schweizer Bankdirektor, der Steuerbetrügern beistand, auf frischer Tat ertappt. Weitere Affären gaben der Dritten Republik den Rest. Am Ende war sie diskreditiert und die Nation demoralisiert. 1940 wurde Frankreich für Nazi-Deutschland zur leichten Beute. Nach Hitlers Einmarsch in Paris sperrte Bern die französischen Guthaben auf Schweizer Konten. Zum Vorschein kamen für die damaligen Verhältnisse gigantische sieben Milliarden Schweizer Franken – meist Steuerfluchtgelder, die der Dritten Republik bitter gefehlt hatten. Der Betrag entsprach mehr als der Hälfte des damaligen Schweizer Volkseinkommens.

Hinterziehung in diesem Ausmaß kann jeden Staat in seinen Grundfesten erschüttern. Die Kapitalflucht in die Schweiz, oft massiv, bleibt indessen stets diskret. Sichtbare Spuren hinterlässt sie wegen des Bankgeheimnisses gewöhnlich nicht. Doch in der Geschichte hatte sie wiederholt schwere Folgen. In der ersten Hälfte des 20. Jahrhunderts destabilisierte sie die Demokratie in Europa. In früheren Epochen konnte die subversive Wirkung von Kapitalflucht allerdings auch zum Nutzen des betroffenen Landes ausschlagen.

Das Paradebeispiel dafür ist die Französische Revolution 1789. Die zunehmende Kapitalflucht nach Genf im 18. Jahrhundert gehört zu ihrer Entstehungsgeschichte. In der Spätzeit des Absolutismus hatte das französische Bürgertum von der Miss- und Schuldenwirtschaft von Adel und Monarchie genug. Die Genfer boten ihm zum Schutz vor königlichen Fahndern das Bankgeheimnis an – als Sonderleistung gegen Gebühr. Zum Hort von Fluchtkapital entwickelte sich Genf schon damals. Frankreichs neue Reiche brachten in Genf ihr Geld in Sicherheit, um es vor dem Zugriff des Fiskus des französischen Königreichs zu bewahren. Zum Mann der Stunde wurde der Genfer Bankier Jacques Necker (1732–1804), der in der Spätzeit der französischen Monarchie zu ihrem ersten bürgerlichen Finanzminister aufstieg. Necker, Vater der später berühmt gewordenen Schriftstellerin Germaine de Staël, erreichte unter König Ludwig XVI. eine größere Transparenz der maroden Staatsfinanzen, doch seine Reformen scheiterten am Widerstand konservativer Kräfte.

Schritt für Schritt eskalierte der Steuerwiderstand der Bürger zur Revolution. Am 5. Mai 1789 versammelten sich die Steuerzahler – als sogenannter »dritter Stand« – mit den zwei anderen Ständen – Adel und Geistlichen – beim König in Versailles. Dank Finanzminister Necker erreichte der dritte Stand dort eine Verdoppelung seiner Mandate, scheiterte jedoch mit der Forderung, nach Köpfen statt nach Ständen abzustimmen. Am 17. Juni erklärte sich der empörte dritte Stand zur

Nationalversammlung. Am 11. Juli wurde Necker vom König entlassen – eine Provokation, die das Volk zum Aufstand reizte und am 14. Juli zum Sturm auf die Bastille, das Staatsgefängnis, ein Symbol des Despotismus. Dies war die Geburtsstunde des ersten modernen Nationalstaats und der Beginn einer neuen Epoche der Weltgeschichte – auch ausgelöst durch Steuerflucht.

Rückblickend machte der Gelehrte Alexis de Tocqueville in seiner klassischen Analyse der tieferen Ursachen der Französischen Revolution (»Der alte Staat und die Revolution«) deutlich, wie der Steuerwiderstand frustrierter Bürger sich zum weltgeschichtlichen Großereignis auswachsen konnte. Zunächst stellte er heraus, »dass Rentner, Handeltreibende, Industrielle und andere Geschäfts- oder Geldleute, die gewöhnlich die Klasse bilden, die den politischen Neuerungen am meisten feind, der bestehenden Regierung, wie sie auch sei, am meisten zugetan ist und auch den Gesetzen, die sie verachtet oder verabscheut, am pünktlichsten gehorcht, damals die ungeduldigste und am festesten zu Reformen entschlossene Klasse bildete. Sie verlangen namentlich mit lautem Geschrei eine vollständige Revolution im ganzen System der Finanzen, ohne zu bedenken, dass man, wenn man diesen Teil der Regierung tief erschüttert, den Fall alles übrigen herbeiführen musste.«[15]

De Tocqueville zeigte die politische Sprengkraft von Steuerwiderstand auf, dessen destabilisierende Folgen. Verweigern die Besitzenden – mit Beihilfe von Schweizer Bankiers – den Regierenden das Geld, ist ein Staat über kurz oder lang dem Untergang geweiht: ob Königreich Frankreich 1789, Weimarer Republik 1933 oder Dritte Republik 1940. Der »Fall alles übrigen« (de Tocqueville) kann, wie in Paris 1789, den Weg für Besseres ebnen, aber auch, wie aus den anderen Beispielen hervorgeht, den Absturz in die Barbarei bedeuten. Wer zuletzt lacht, ist freilich so oder anders der Schweizer Bankier.

Zürich, 20. August 2008, ein schwüler Sommerabend, 18.25 Uhr: Lächelnd entsteigt Pierre Mirabaud am Eingang zum Nobelhotel »Im Park Hyatt« seinem Wagen. Scherzend begrüßt er seinen politischen Gegner Hans Eichel, Deutschlands Ex-Bundesfinanzminister, der im gleichen Moment eintrifft. Munter plaudernd streben beide energisch dem Saal zu, in dem sie auf einem »SonntagsBlick«-Podium über das Thema Bankgeheimnis miteinander streiten wollen. Tatsächlich fliegen zwischen ihnen die Fetzen. Eichel fordert auf Schweizer Bankkonten angelegte unversteuerte deutsche Gelder zurück und droht Mirabaud unverhohlen: »Ich sage Ihnen, dass die geschädigten Länder das nicht auf sich beruhen lassen. Und die Amerikaner sind jetzt nach aller Wahrscheinlichkeit in der Front drin.« Mirabaud stößt Gegendrohungen aus. »Was dann passieren würde, wissen Sie genau«, erwidert er: »Das Geld, das heute in Europa ist, würde nach Asien verlagert werden.«[16]

Der forsche Genfer an der Spitze der Schweizerischen Bankiervereinigung reizt Politiker großer Nachbarländer gern bis zur Weißglut. Leisten kann er sich seine Provokationen deshalb, weil er selber eine Großmacht vertritt. Hinter ihm stehen nicht nur Schweizer Banker, sondern globale Märkte, die den Steuern global ausweichen und dafür geeignete Drehscheiben wie die Schweiz unbedingt benötigen. Die Schweiz, eine politische Insel inmitten des Kontinents, hält ihre Gegenläufigkeit zu den umliegenden Staaten unbeirrbar durch. Der Sonderfall Schweiz funktioniert, weil er seit Jahrhunderten von überseeischen Weltmächten unterstützt wird, und Pierre Mirabaud, Privatbankier in sechster Generation, ist ein fleischgewordener Sonderfall. Er und seine Branche schlagen aus der Schweizer Neutralität buchstäblich Kapital.

Pierre Mirabaud freilich auf seine ganz persönliche Weise. In der Bank fing er bereits mit 26 Jahren an. Er trimmte die alte – nach seinem Empfinden provinziell gewordene – Privatbank des Vaters mit französischer Stammkundschaft zur exklusiven Vermögensverwaltungs-Boutique für Reiche und Superreiche in aller Welt. So gesehen hielt er mit der Globalisierung der Steueroptimierung erfolgreich Schritt. In 35 Jahren vergrößerte er das Personal von 30 auf 500 Beschäftigte, das verwaltete Vermögen von einer auf 25 Milliarden Franken. Vor allem knüpfte er für seine Bank erstmals ein weltumspannendes Netz. Er begann mit neuen Standorten auf den Bahamas, in Kanada, London und Hongkong, später kamen weitere in Europa und im Nahen Osten hinzu (Zürich, Basel, Paris, Monaco und Dubai). Nur die USA mied er – aus Angst vor rechtlichen Folgen seines Treibens. Wie die anderen Genfer Privatbankiers liebt er amerikanische Kunden, nicht amerikanische Richter.

Sein globales Netz mit den Eckpfählen London, Kanada, Karibik und Asien scheint ein Stück weit dem Britischen Weltreich nachgebildet – dies nicht zufällig. Seine Bank orientiert sich seit ihrer Gründung an den geopolitischen Konstanten, die den Finanzplatz Schweiz inmitten des von Deutschland und Frankreich dominierten Festlandes überhaupt aufblühen ließen. Und wie die Schweiz überlebte die Bank Mirabaud schadlos alle Pannen, Pleiten und Fusionen der Branche, ja alle Wendungen und Umwälzungen der Weltgeschichte. Pierre Mirabaud ist Nachfahre von Hugenotten, protestantischen Glaubensflüchtlingen aus dem damaligen Königreich Frankreich. Vor dreihundert Jahren kam sein Urahn Jean Mirabaud nach Genf und stieg vom Lebensmittel- zum Geldhändler auf. Vor zweihundert Jahren wurde Jacques-Marie-Jean Mirabaud Bankier in Mailand und finanzierte Napoleons Feldzüge in Italien; später, 1819, gründete er in Genf die Bank Mirabaud und durfte Anleihen für die Herzogin von Parma und den König von Sardinien aushandeln.

Heute erhebt Mirabaud das ehrwürdige Alter der Bank zum Kult. Was Vermögende aus aller Welt zur Schweiz und ihren Banken hinziehen soll, ist das Vertrauen in deren Beständigkeit, deren erwiesene Vitalität. Diskretion wahrt er nicht nur, er zelebriert sie. Er strahlt aristokratisches Flair aus. Vom eigenen Personal lässt er sich mit »Monsieur Pierre« anreden. Intern ist für ihn das Kürzel N/S gebräuchlich (»Notre Sieur«).

Standesbewusst sagt er: »Wir sind Patrizierfamilien und stolz darauf.«

Folgerichtig erhob er auch den Geschichtsfreund Franz Blankart, pensionierter Staatssekretär und Direktor des Bundesamts für Aussenwirtschaft (1986–1998), zum »strategischen Berater« seiner Bank. Blankart ist mit der historischen und geopolitischen Dimension des Finanzplatzes Schweiz vertraut. Er ist Spezialist für die auf dem Wiener Kongress 1815 etablierte »immerwährende Neutralität« der Schweiz. Die Schöpfer der damaligen Weltordnung wollten der Schweiz ihren Platz für alle Zeiten zuweisen. Von ihnen erbat und erhielt der Genfer Charles Pictet de Rochemont (1755–1824) die Zustimmung zur Aufnahme seines Kantons in die Eidgenossenschaft. Die Schweizer Neutralität jedoch hätte Pictet de Rochemont ohne englische Unterstützung schwerlich erlangt. Die völkerrechtliche Anerkennung der »immerwährenden Neutralität« der Schweiz setzte erst der britische Gesandte Stratford Canning (1786–1880) durch. Damit aber gab Canning den Schweizern »the precious gift of neutrality« (das wertvolle Geschenk der Neutralität). Der Engländer hämmerte den Schweizern ein, sie hätten die Mission, zwischen den rivalisierenden europäischen Mächten eine Schranke zu bilden. Canning, der nur die strategischen Interessen der damaligen Weltmacht Nummer eins wahrnahm, hatte Erfolg. Die Schweiz erfüllte ihre Mission bis ins 20. Jahrhundert glänzend, mit steter britischer Unterstützung, aber auch, wie sie mit der Zeit immer besser begriff, zum eigenen Nutzen.

Im Windschatten des Empire

Fortan lehnte sich die Schweiz an die neue, wirtschaftsliberale Großmacht Großbritannien an, der am Gleichgewicht der Kräfte auf dem Kontinent und am Aufbau kleiner Pufferstaaten wie der Schweiz zwischen den großen Rivalen Frankreich und Deutschland gelegen war – genauso wie an überseeischen Stützpunkten in der Karibik, Arabien und Asien. In Europa unterstützte England das Gleichgewicht der Kräfte, um sich den Rücken für seine weltweiten Ambitionen freizuhalten. Dies kam der Schweiz an geschichtlichen Wendepunkten stets zugute. Nur zwei Beispiele: Der britische Premierminister Palmerston verhinderte 1847 das Eingreifen der kontinentalen Großmächte in den Schweizer Sonderbundkrieg, was den Sieg der Freisinnigen und die Gründung des Bundesstaates 1848 ermöglichte; der britische Premierminister Winston Churchill trat 1944 seinem sowjetischen Verbündeten Stalin entgegen, als dieser die Schweizer als profaschistische »Schweine« bezeichnete und den Durchmarsch durch die Schweiz nach Hitler-Deutschland vorschlug. Kurz, ohne England wäre aus dem Sonderfall und Finanzplatz im Herzen Europas wohl nichts geworden.

So aber fiel der Schweiz die Rolle einer Pionierin des Liberalismus auf dem Kontinent zu. Früh übernahm sie von England und Amerika die Rezepte und rechtlichen Instrumente, um große Firmen und reiche Bürger steuerlich zu begünstigen: Schlupflöcher, Sondertarife, Briefkastenfirmen, fiktive Wohnsitze. Von den USA kopierte die Schweiz den Steuerwettbewerb zwischen Gliedstaaten. New York erlebte in den 1880er-Jahren einen Wirtschaftsboom. Das benachbarte New Jersey geriet ins Hintertreffen und senkte ungeniert seine Steuern für Firmen, die aus New York zuzogen – mit Erfolg. Delaware wiederum ahmte 1898 New Jersey nach. Der moderne Steuerwettbewerb war geboren.

Schweizer Kantone folgten dem amerikanischen Beispiel umgehend. Von England kopierten sie um 1900 auch die Idee, sogenannte Holdingfirmen zuzulassen und steuerlich zu privilegieren. Das englische Wort sagt alles: to hold – halten. Holdings halten Tochterfirmen. Sie üben keine Geschäftstätigkeit aus. Sie sammeln Erträge ein, die – so die Begründung – für lächerliche Steuersätze im Promillebereich von den Töchtern schon als Gewinn versteuert worden sind. Die Konstruktion beruhte auf einem Kniff: der räumlichen Trennung von rechtlichen und tatsächlichen Unternehmensstandorten. Eine Idee, die zum zerfallenden Britischen Weltreich bestens passte: Mutterfirmen residierten fast zum Nulltarif im Mutterland und lebten von ihren arbeitsamen Töchtern in überseeischen Kolonien und Halbkolonien.

Die Schweizer – unkompliziert, wie sie einmal sind – schauten einfach aufs Geld. Der erste Kanton, der das Holdingprivileg einführte, war Glarus. Er beschloss 1903 ein »Gesetz betreffend die anonymen Erwerbsgesellschaften«. Glarner Buntdruckfabrikanten wollten im Ausland billig produzieren und per Saldo auch noch Steuern sparen. Das wollten bald auch St. Galler, Zürcher und Schaffhauser – zum Missfallen der Glarner, die deshalb ihren Steuersatz von 0,5 auf 0,4 Promille senkten. So kombinierten die Kantone das englische Instrument der Holding bereits mit dem amerikanischen Prinzip des Steuerwettbewerbs.

Gehorchten aber Engländer und Amerikaner räumlichen Erfordernissen oder einem Gebot der Stunde, so fügten ihre Schweizer Kopisten alles zur abgefeimten nationalen Gesamtstrategie einer Steueroase für Weltkonzerne und Weltbürger zusammen. Und sie setzten es auch durch, dies über Generationen, rigoros, hartnäckig, Zug um Zug, Schritt für Schritt, fast planmäßig. In den Zwanzigerjahren zogen zwölf Kantone mit Holdingprivilegien nach, darunter Zug, Genf, Graubünden, Solothurn und Basel-Stadt.[17] Schweizer Konzerne waren die Schrittmacher. Sie erklärten ihre ausländischen Töchter für rechtlich selbstständig und führten das Ganze über eine Holding in einer kantonalen Steueroase. Manche Konzerne gründeten sicherheitshalber – für den Kriegsfall – sogar noch Zwillingsholdings in ausländischen Steueroasen, so Roche 1927 in Vaduz, Nestlé 1936 in Panama. Weltfirmen gingen zur immer aggressiveren globalen Steuervermeidung über – ihre Antwort auf immer höhere Fiskalquoten in zunehmend protektionistischeren Nationalstaaten. Die Schweiz verwandelte sich in der Zwischenkriegszeit zum Hort internationaler Sitzgesellschaften, rechtlicher Gefäße für Zentralen, Patente und Lizenzen. Heute sind rund 13 000 Holdings in der Schweiz ansässig, davon etwa 6000 in Zug. Seit der Reduktion der Holdingsteuern 1997 haben sich Hunderte weiterer Weltfirmen mit regionalen Hauptsitzen in der Schweiz neu niedergelassen.

Die Familie Schmidheiny ist zur mächtigsten Unternehmerdynastie der Schweiz aufgestiegen, weil sie die Holdingstruktur, das Geschäftsmodell der Globalisierung, frühzeitig einführte. Ernst Schmidheiny (1871–1935) legte den Grundstein zum Zementriesen Holcim. Der St. Galler Industrielle forcierte in den Zwanzigerjahren die Konzernbildung, gründete Werke in Belgien, Frankreich, Holland, Deutschland, Italien, Spanien und Griechenland. 1927 fasste er Fuß in Ägypten, damals eine Art britisches Protektorat. 1930 trennte Schmidheiny die Fabrikation ab und errichtete eine Holding namens Holderbank Financière Glarus AG. 1931 verlegte er seinen Wohnsitz nach Ägypten und behauptete: »Wenn auch Europa im Chaos versinkt, wird Ägypten überleben.« 1935 kam Ernst Schmidheiny bei einem Flugzeugabsturz in der Wüste Sinai ums Leben, doch sein Sohn Max setzte seine Strategie fort: Er erschloss Südafrika, Amerika und Australien. Heute ist Holcim einer der weltgrößten Zementhersteller mit 90 000 Beschäftigten in 70 Ländern und einem effektiven Konzernsteuersatz von nur 21 Prozent (2007). Die Steuerberatung kostet allerdings eine Million Franken (Ernst & Young). »Für die nationalstaatlich ausgerichteten Steuersysteme und für die Steuerbehörden stellen die international agierenden Konzerne mit teilweise hochintegrierten Abläufen eine erhebliche Herausforderung dar«, erklärt SwissHoldings, höchst einflussreicher Verband der Schweizer Industrie- und Dienstleistungskonzerne.[18]

Das Problem der Steuerbehörden: Multis gibt es rechtlich nicht. Weltfirmen sind, solange die Steuerhoheit national ist, schwierig zu besteuern. Souveräne Staaten und internationale Firmen sind komplizierte Partner. Unternehmer spielen Länder als steuerliche Standorte gegeneinander aus. Sie sind zum Einkauf »maßgeschneiderter Rechtsräume« übergegangen. Die Asymmetrie, das Machtgefälle sind augenfällig: Der Staat ist auf seinem Gebiet mächtiger, aber der Unternehmer ist mobiler. Die Schweiz löste die Dissonanz auf ihre Weise auf. Sie gehörte zu den ersten Staaten, die – bis dahin gängigen Denkgewohnheiten zuwider – ausländischen Unternehmen steuerliche Privilegien gewährten, die sie Inländern versagten. Sie kommerzialisierte ihre staatliche Souveränität. Die Kantone erhielten einen Spielraum, den sie wahrhaftig zu nutzen wussten.

Die Waadtländer erfanden nach dem Ersten Weltkrieg die Pauschalsteuer für reiche Ausländer: Der Kanton köderte Engländer, die ihren Lebensabend in Hotelpalästen im Raum Montreux verbrachten, und bot ihnen die Niederlassung gegen Bezahlung einer jährlichen Aufwandsteuer an. Dem Beispiel der Waadt folgten nach und nach andere Kantone.

Hält heute ein neuer Superreicher aus dem Ausland nach möglichen Standorten Ausschau, überbieten sich kantonale und kommunale Behörden in den unterwürfigsten Gesten und Offerten. Elegante Villen, Grundstücke am See, Landeplätze für Hubschrauber und rasche Baubewilligungen: All dies und noch mehr vermitteln oder bieten Gemeinden an, um ausländische Millionäre zu angeln.

Ein Schlaglicht auf den grotesken Wettlauf der Städte und Gemeinden warf im Jahr 2004 ein Test der Schweizer Zeitschrift »Beobachter«.[19] Das Blatt verschickte die fingierte Anfrage eines deutschen Anwalts an 32 Schweizer Gemeinde- und Stadtpräsidenten. Ein wohlhabender Klient – 230 Millionen Franken Vermögen, 14 Millionen Franken Einkommen im Jahr – plane, sich in der Schweiz niederzulassen, schrieb der angebliche Rechtsverteter, und nun suche man die geeignete Wohngemeinde. Ob die Gemeindeväter ihm bei der Suche nach einer Villa behilflich sein könnten, wollte der Anwalt wissen. Park, Swimmingpool und einen Stall für vier Pferde sollte das Anwesen schon bieten. Und: »Ist ein Hubschrauberlandeplatz in der Nähe, oder könnte ein solcher auf eigene Kosten eingerichtet werden?«

Nicht weniger als 26 der 32 angefragten Gemeinden fühlten sich, wie etwa Arosa, durch die unverschämte Anfrage »geehrt«. Zwölf Gemeinden warben ganz offen mit dem Schlupfloch Pauschalsteuer, sechs weitere spielten deutlich darauf an, so die Wirtschaftsförderung der Stadt Zürich »im Namen und im Auftrag« des Stadtpräsidenten Elmar Ledergerber von der Sozialdemokratischen Partei (SP). Gleich mehrere SP-Stadtpräsidenten legten dem vermeindlichen Steuerflüchtigen eifrig den roten Teppich aus, auch Hans-Ueli von Allmen (Thun, Kanton Bern) und Ernst Wohlwend (Winterthur, Kanton Zürich).

Obwohl die Bemessungsgrundlage für Pauschalsteuern in der ganzen Schweiz die gleiche ist, nämlich der »Lebensaufwand«, zeigte der »Beobachter«-Test für die konkrete Berechnung einen enormen Spielraum auf: Die Skala reichte von 65 000 Franken (Winterthur) bis 960 000 Franken (Horw, Kanton Luzern). In Möhlin (Kanton Aargau) hätte der erfundene Millionär »pauschal« 150 303 Franken und 70 Rappen bezahlen müssen, regulär dagegen 6,8 Millionen – was ein jährliches Steuergeschenk von 6,6 Millionen Franken bedeutet hätte. Für Horw am Vierwaldstättersee, wo einst die Flick-Brüder residierten, offerierte die kantonale Steuerverwaltung Luzern ein Präsent von 4,6 Millionen Franken.

Die Bodenseegemeinde Salenstein, die früher den deutschen Versicherungsmilliardär Hans Gerling zu ihren rund tausend Einwohnern zählen konnte, brüstete sich nun mit einer berühmten deutschen Sängerin und setzte hinzu: »Wie die bisherige Praxis im Kanton Thurgau zeigt, würden die kantonalen Steuerbehörden sicher über eine Pauschalierung mit sich reden lassen.« Münsterlingen, im selben Kanton, packte die Sache selber an: »Wir sind gerne bereit, mit Ihrem Mandanten über eine Steuerbefugnis zu verhandeln.« Den Umgang mit

Reichen dürfte der Gemeindeammann des 2500-Seelen-Orts bei der Ansiedlung des deutschen Radfahrermillionärs Jan Ullrich gelernt haben. Für Möhlin, Salenstein und Weinfelden war sogar der Bau eines Helikopterlandeplatzes denkbar. Eines der letzten freien Grundstücke am Vierwaldstättersee? Die Volkswirtschaftsdirektion des Kantons Nidwalden machte es für den erfundenen Zuzügler in Buochs ausfindig und bot es stolz an. Croglio, ehemalige Tessiner Wohngemeinde eines berühmten Pioniers unter den deutschen Steuerflüchtlingen, Helmut Horten, wollte eine wunderschöne Villa vermitteln. Einer der heutigen Pauschalbesteuerten, Michael Schumacher, legte 1996, kurz nach seinem Umzug in die Schweiz, seine Beweggründe offen: »An der Schweiz hat mich gereizt, dass ich ein vernünftiges Steuerabkommen aushandeln konnte. In Deutschland sind sie ja selber dumm, wenn sie mir kein Angebot machen und dafür gänzlich auf meine Steuergelder verzichten.« Die Schweizer sind nach Schumachers Maßstäben weniger dumm, weil sie mit ihrem pauschalen Steuertrick zusätzliche Erträge ergattern. Der Dreh mit der Pauschalsteuer lohnt sich für Eidgenossen und reiche Ausländer zugleich – sie können die Beute ganz unter sich teilen. Die 4000 Privilegierten zahlen jährlich 400 Millionen Franken Bundes-, Kantons- und Gemeindesteuern. Weit größer ist jedoch die Zeche, die die Herkunftsländer der Steuerflüchtigen bezahlen, hauptsächlich Deutschland. In der Heimat hinterlassen die Steuerflüchtigen gravierende Ausfälle. Denn große Teile ihres Einkommens und Vermögens entgehen nach der Flucht überhaupt jeglicher Besteuerung.

Der Steuerwettbewerb verwandelt Gemeinden und Gliedstaaten in Anbieter, die ihre einmal erkämpften Marktanteile über Generationen hinweg hartnäckig verteidigen. Die Waadt, die die Pauschalsteuer einst erfand, ist noch heute die Marktführerin: Jeder vierte Pauschalbesteuerte in der Schweiz ist in der Waadt ansässig. Ganz anders bei der ordentlichen Einkommensteuer: In diesem Marktsegment stellen die Innerschweizer Kantone alles in den Schatten.

Den jüngsten Schub des Steuerwettbewerbs lancierte Schwyz vor einem Vierteljahrhundert. Der Kanton revidierte 1986 sein Steuergesetz und schob nicht weniger als acht Senkungen in Serie nach. Franz Marty, Schwyzer Christdemokrat und Finanzdirektor von 1984 bis 2002, hat Schritt für Schritt die Steuern halbiert. Das funktionierte, weil die Steuereinnahmen insgesamt zunahmen – durch Zuwanderung von Reichen und Superreichen aus dem In- und Ausland. Franz Marty verteilte das Geld aus steuergünstigen Gemeinden wie Freienbach und Wollerau über eine kantonale Ausgleichskasse an arme Gemeinden. So machte er seinen Kanton auch zum Modell für den Bund. Marty, heute Präsident von Raiffeisen Schweiz, übertrug sein Konzept auf die übrige Schweiz. Mit FDP-Bundesrat Kaspar Villiger sorgte er für Ausgleich zwischen Steueroasen und den anderen Kantonen. Schweizer Randregionen profitieren seit 1. Januar 2008 vom »Neuen Finanzausgleich«. Reiche Kantone sind zu Ausgleichszahlungen verpflichtet. »Je mehr sie verdienen, desto mehr müssen sie den armen Kantonen abliefern«, betont Marty: »Vom Steuerwettbewerb profitieren daher auch jene, die auf den ersten Blick zu den Verlierern zählen.« Steuergerechtigkeit ja, aber nicht unbegrenzt: Diese endet an der Staatsgrenze. Marty: »Vermögende, die aus dem Ausland hinzuziehen, verursachen durch ihren Umzug keinen Einkommensrückgang bei anderen Kantonen.« Da hat er allerdings recht, die Zeche bezahlt auch hier das Ausland.

Global bleibt der Steuerwettbewerb unerbittlich – ohne »Finanzausgleich«. International geht der neueste Schub auf die britische Premierministerin Margret Thatcher zurück. Sie senkte die Unternehmenssteuern Anfang der Neunzigerjahre massiv. Seither dreht sich die Abwärtsspirale immer schneller. Weltweit fielen die Unternehmenssteuersätze in 15 Jahren im Durchschnitt von 40 auf 25 Prozent, in der Schweiz von 28 auf 20 Prozent. Damit belegt die Schweiz in Europa zwar nur Rang 13, doch liegen die Sätze in einzelnen Kantonen ganz erheblich niedriger. Obwalden, Zug und Schwyz halten Schritt mit den günstigsten Standorten der Welt (in der EU Irland, Zypern, Bulgarien und Slowakei, in Asien Hongkong, Singapur und die Golfstaaten).

Vom Ausland kopierten die Schweizer den Steuerwettbewerb und das Holdingprivileg von Anbeginn mit Erfolg, doch waren sie darin nicht allein. Zum Weltmarktführer in Sachen Steuervermeidung machte sie erst das von Finanzminister Jean-Marie Musy in der Zwischenkriegszeit konzipierte Bankgeheimnis – damals ein weltweiter Solitär. Auch Musys Erfindung freilich war aus dem Steuerwettbewerb unter den Kantonen hervorgegangen. Er musste als Freiburger Finanzdirektor ab 1912 den kantonalen Haushalt sanieren. Deshalb kämpfte damals selbst Musy gegen das Bankgeheimnis. Er wollte die Banken verpflichten, die Daten ihrer Kunden automatisch den Steuerbehörden zu melden. Er fiel mit diesem Vorschlag jedoch durch, weil der Nachbarkanton Bern auf ähnliche Regeln verzichtete. Freiburg riskierte eine massive Steuerflucht nach Bern. Musy fiel es wie Schuppen von den Augen, »dass kein Kanton solche Massnahmen einführen kann, ohne schwere wirtschaftliche Nachteile zu erleiden«. Er wurde vom Steuer-Saulus zum -Paulus – eine folgenschwere Bekehrung. Kaum war er 1920 Schweizer Finanzminister geworden, übertrug er den Glauben ans Bankgeheimnis mit dem Eifer eines Konvertiten auf den Standortwettbewerb mit anderen Staaten: »Die in Freiburg und Bern auf interkantonalem Gebiet gemachten Überlegungen muss ich jetzt auch im internationalen Bereich anstellen.« Unter ihm wurde die Schweiz zum ersten Land der Welt, welches das Geschäft mit der grenzüberschreitenden Steuerhinterziehung im großen Stil betrieb.

Die neutrale Steueroase wurde zum Prototyp mit weltweiter Ausstrahlung, in einer Kettenreaktion fortwährend neue Oasen gebärend. Zu ihren ersten Konkurrenten auf dem Weltmarkt gehörten die Bahamas und andere Kolonien des zerfallenden Britischen Weltreichs. 1936 wurde auf den Bahamas die erste Treuhandgesellschaft gegründet.[20] 1945 profitierten die Bahamas von einer ersten Welle von Kapitalflucht – nach dem Labour-Wahlsieg in Großbritannien. 1947 etablierte sich auf den Bahamas die erste Bank (Barclays). Die Schweiz aber war und blieb das globale Referenzmodell. Ihrem Beispiel folgten bis zu siebzig Zwerg-, Klein-, Insel- und Stadtstaaten sowie Städte rund um den Erdball, darunter die Cayman-Inseln, Bermuda, Libanon, Liberia, Liechtenstein, Panama, Puerto Rico, Tanger, Ghana, Luxemburg, Hongkong, Singapur, Bahrain, Mumbai (Bombay), Dubai und Shanghai.[21] Jeder neue Anbieter experimentierte mit einer anderen Mischung erprobter Rezepte und eigener Spezialitäten: mit oder ohne Doppelbesteuerung, mit oder ohne Rechtshilfe, mit oder ohne Geldwäsche, mit oder ohne Korruption, die meisten aber mit Bankgeheimnis. Alle aber orientierten sich – direkt oder indirekt – am Modell der Schweiz. Deren Landesname wurde sogar zum Gattungsbegriff für Wohlstands- und Friedensinseln in allen Weltregionen, insbesondere für sichere Häfen von Fluchtkapital: Singapur galt als die »Schweiz Asiens«, Libanon als die »Schweiz des Nahen Ostens«, Ghana als die »Schweiz Afrikas«, die Cayman-Inseln als die »Schweiz der Karibik«.

Einstmals weit verstreute Kuriositäten und reine Randerscheinungen der Weltwirtschaft, schlossen sich die Steueroasen in den Siebzigerjahren – nach der Zerstörung des Bretton-Woods-Systems – zu einem eng verflochtenen Netzwerk konkurrierender Standorte der Steuervermeidungsindustrie zusammen, die zur neuen Leitinstanz der Märkte aufrückte. Die steuerfreien Milliarden aus den Oasen überschwemmten die Realwirtschaft und blähten sie zur Schuldenwirtschaft auf. Die anonymen Geldströme wurden zum Risiko für die globale Finanzstabilität. Erstens nahmen sie den Industriestaaten die wirtschaftspolitische Handlungsfähigkeit. Die Regierungen der großen Staaten verloren die Möglichkeit, die Finanzmärkte zu beeinflussen und auf realwirtschaftliche Ziele abzustimmen. Zweitens verschärften die Steueroasen die Finanzkrise 2008 deutlich. In rasendem Tempo verkauften die in Steueroasen ansässigen Hedgefonds, gezwungen durch die jähe Verteuerung der Kredite und die Panik der Anleger, Aktiva in Höhe von gigantischen 500 bis 600 Milliarden Dollar – einer der Hauptgründe für den Kollaps des Finanzsystems. Die Wall Street benötigte plötzlich Staatshilfe, ebenso die UBS in der Schweiz.

Die Nationalbank erklärte sich bereit, der UBS giftige Anlagen für 60 Milliarden Franken abzunehmen und später zu versuchen, den Ramsch über eine Zweckgesellschaft loszuschlagen. Die teure Nothilfe für die Großbank war fürs Volk bitter genug. Zum Sitz jener Zweckgesellschaft aber erkor die Nationalbank ausgerechnet die Cayman-Inseln. Diese Wahl erstaunte und erboste das Volk vollends. Jahrelang hatten ihm seine Parteien, Banken und Medien eingehämmert, das eigene Land sei, entgegen allen Vorwürfen deutscher und französischer Politiker, absolut keine Steueroase – und jetzt, in der Stunde der Wahrheit, steckte die Nationalbank ihr halbes Vermögen offenbar ungeniert in eine Briefkastenfirma auf einer alten Pirateninsel südwestlich von Kuba! Auf dem Parteitag der Sozialdemokratischen Partei (SP) verurteilte Außenministerin Micheline Calmy-Rey die Wahl der Cayman-Inseln. Der Präsident der Nationalbank, Jean-Pierre Roth, staunte wiederum darüber, »wie die Emotionen hochgingen, obwohl auch anständige Gesellschaften ihren Sitz auf den Cayman-Inseln haben«. Ihm sprang Finanzminister Hans-Rudolf Merz bei. Aus »reinen Business-Überlegungen« sei die Wahl der Cayman-Inseln »absolut richtig«, würden diese doch von jenen »internationalen Investoren benutzt, die wir beim Verkauf der Aktien brauchen werden«. Wochenlang wogte die peinliche Diskussion hin und her: Soll unsere Notenbank unser Geld über eine Briefkastenfirma in der Karibik verwalten? Am Ende fanden die Juristen der Nationalbank wie gewünscht heraus, dass der Ramsch ebenso gut in einer Zweckgesellschaft mit Sitz in der Schweiz gemanagt werden kann, und Bern erhielt statt der Cayman-Inseln den Zuschlag. Das falsche Selbstbild der politischen Schweiz blieb gewahrt.

In der Sache aber hatten die nüchternen Fachleute der Nationalbank von Anbeginn recht. Die Cayman-Inseln, das fünftgrößte Finanzzentrum der Welt, sind genauso »anständig« wie die Schweiz. Calmy-Rey hätte nur im Buch mit dem Titel »Steuerparadiese – und wie man sie nutzt« von Caroline Doggart nachschlagen müssen, dem Standardwerk der Steuervermeidungsindustrie, das seit 1971 beim »Economist« in England in zehn Auflagen und 2007 in Deutschland in fünfter Auflage erschienen ist (Verlag Schäffer-Poeschel).[22] Die Cayman-Inseln – nur 260 Quadratkilometer Fläche, 45 000 Einwohner und ein einziges Kino, aber zwei Billionen Dollar Bruttosozialprodukt und 500 Banken – funktionieren ganz ähnlich wie der Finanzplatz Schweiz. Sie zeichnen sich ebenfalls durch politische Stabilität aus, nur zählt ihre Exekutive acht Mitglieder, jene der Schweiz sieben. Die Cayman-Inseln bestrafen Verletzungen des Bankgeheimnisses mit bis zu fünfzehn Jahren Gefängnis, die Schweiz mit höchstens sechs Monaten. Mit der EU kooperieren die Cayman-Inseln, eine britische Kolonie, besser. Auf Druck Londons schlossen auch sie sich der EU-Zinsrichtlinie an, entschieden sich aber – im Gegensatz zur Schweiz und den meisten anderen Steueroasen – für den automatischen Informationsaustausch und nicht für die Alternative einer anonymen Quellensteuer.

Die Nase vorn haben die Cayman-Inseln bei den Briefkastenfirmen. In der Schweiz sind 20 000 Holding-, Verwaltungs- und gemischte Gesellschaften gemeldet, auf den Cayman-Inseln aber 70 000, davon 20 000 allein in einem einzigen Bürogebäude, dem fünfstöckigen »Ugland House« in der Hauptstadt Georgetown. »Entweder ist dieses Gebäude das größte der Welt oder der größte Steuerschwindel«, schimpfte 2007 der damalige US-Senator Barack Obama. Er und seine Kollegen vom Finanzkomitee des US-Senats verlangten von den Cayman-Inseln, dieses Haus zu durchsuchen. Die Senatoren vermuteten, es handle sich um Scheinniederlassungen zur Steuerhinterziehung. Die Cayman-Inseln verweigerten jedoch die Rechtshilfe, weil konkrete Anhaltspunkte fehlten. Obamas Ratskollege Carl Levin zeigte dafür in einem umfassenden 400-Seiten-Bericht auf, wie Amerikaner rund 100 Milliarden Dollar vor dem Fiskus in Steueroasen verstecken – für die USA unerträglich. Obama und Levin gingen deshalb zum Angriff über und brachten einen Gesetzesentwurf gegen Steueroasen ein. Ihre Vorlage kehrt die Beweislast um: Sobald ein US-Bürger sein Geld in einem auf der schwarzen Liste aufgeführten Land anlegt, gilt dies als Steuerflucht. Wer der Strafe entgehen will, muss belegen, dass alles korrekt versteuert wurde. Auf dieser schwarzen Liste der Steueroasen steht neben den Cayman-Inseln auch die Schweiz. Barack Obama sieht keinen wesentlichen Unterschied zwischen der Schweiz und Inseln, die mit Piraterie und Wrackplünderei in die Weltgeschichte getreten sind. Er und die Schweizerische Nationalbank sind gleicher Auffassung: Die Schweiz und die Cayman-Inseln betreiben in der Tat dasselbe Geschäft.

Kapitel 3

Ein Steuerparadies so gefährlich wie »Exxon Valdez«

Marcel Ospel, Präsident der Schweizer Großbank UBS, stand 2006 im Zenit seiner Karriere, und doch kursierte unter den Top-Mitarbeitern, die er in London zur Geheimsitzung versammelt hatte, bereits die Frage: Geht Marcel diesmal nicht zu weit? Ospel, damals weltgrößter Vermögensverwalter, setzte sich und seiner Bank das Ziel, auch noch im Investmentbanking zur Nummer eins aufzusteigen, und zwar bis 2008 – bei Strafe des Untergangs.

In seiner Geheimrede machte er seinem Kader die Hölle heiß. Er hasse es zu sehen, wie Goldman Sachs die UBS laufend aussteche oder wie andere Konkurrenten, von denen man gedacht habe, sie lägen »bereits auf ihren Totenbetten, etwa Credit Suisse und Morgan Stanley, plötzlich zu neuem Leben erwachen – und wie«. Ospel fragte seine Leute spitz, ob die Konkurrenz denn einen Zaubertrank entdeckt habe oder ob man vielleicht selber nicht mehr am Ball sei. »Als wir vergleichsweise klein waren, waren wir beweglich wie ein ›Alinghi‹-Rennboot. Heute laufen wir Gefahr, eher wie ein Öltanker auszusehen, allerdings einer, der mit beträchtlich mehr Weitsicht gesteuert werden muss! Auf Grund zu laufen würde ›Exxon Valdez‹ wie einen kleinen Autounfall aussehen lassen!« Diese – bis heute geheim gehaltene – Warnung an die Adresse seiner höchsten Mitarbeiter zeigt, dass Ospel seinen Finanzkonzern vorsätzlich der Gefahr einer Katastrophe aussetzte:

Verantwortungslosigkeit pur. Er drohte für den Fall, dass die UBS bis 2008 nicht auch im Investmentbanking zur Nummer eins aufsteigt, mit dem Schlimmsten.

In der Tat driftete die UBS unter seiner Führung wie die mit ihr konkurrierenden US-Investmentbanken verblüffend pünktlich, 2008, exakt in die von ihm angedrohte Katastrophe. Die Macht- und Geldgier von Ospel & Co. führte in der Finanzkrise mit Epizentrum Wall Street zu einer Wertvernichtung, gegen die sogar das »Exxon-Valdez«-Unglück, rein finanziell gesehen, eine Bagatelle war. Die Ölpest, die der Tanker »Exxon Valdez« vor Alaska 1989 verursachte, war zwar eine der größten Umweltkatastrophen der Seefahrt. 40 000 Tonnen Rohöl liefen aus. 2000 Kilometer Küste wurden verseucht. Hunderttausende Fische und Seevögel verendeten. 30 Millionen Dollar kostete die Schiffsreparatur. 500 Millionen Dollar Strafe musste der Ölkonzern ExxonMobil an Geschädigte zahlen. Dies alles aber war – da hatte Ospel mit seiner Warnung recht – geringfügig im Vergleich mit UBS-Dimensionen: Nach der Ospel-Katastrophe musste die Bank 40 Milliarden Franken abschreiben und 60 Milliarden vom Staat erbitten. Wie bei jener Ölpest muss auch beim Debakel der Banker Marke Ospel letzten Endes die Allgemeinheit die kostspieligen Aufräumarbeiten bezahlen, immer neue Milliardensummen ins System pumpen und immer höhere Risiken übernehmen. Die Finanzkrise 2008 besiegelte das Scheitern der Deregulierung, die die steuerfreien Finanzmärkte zur Leitinstanz des Weltsystems erhob. Ospels Fiasko markierte das Ende einer Epoche.

Noch heute ächzt die Weltwirtschaft unter dem Erbe dieser Gilde. Von Ospel getrieben, überschritt die UBS in Amerika alle Limits professioneller Vorsicht, und zwar massiv. Mit aggressiver Steuerplanung auf Weltebene waren im Private Banking wie im Investmentbanking scheinbar gefahrlos Traumrenditen zu erzielen. Ihr Risikomanagement verwandelte sich in Spekulation, ihre Steuerberatung in Beihilfe zur Steuervermeidung. Genauso handelte ein Marcel Ospel auch privat.

Einmal, am Rande des »Sechseläutens« 2004, von Zürichs großem Frühlingsfest, machte er sich in einer launigen Tischrede hinter verschlossenen Türen über empörte Mitbürger seiner Vaterstadt Basel lustig, die ihm Geldgier vorwarfen und ihm seinen Wechsel nach Zürich übel nahmen. »Will y jo«, witzelte er, »my Wohnsitz au in Züri ha, wird y jetzt in Basel als Stüürflüchtling bezeichnet. Das stimmt uus zwei Gründ nit: E Flüchtling wird finanziell unterstützt, was by mir nit der Fall isch. Nai, dr Grund duen y euch doo gäärn sage: Die charmante Zürcher Fraue, respeggtiv e charmanti Zürcher Frau, isch e ganz e wäsentlige Grund, dass y mi bi euch in Züri au so wool und dehaim füül.« Mit seiner Rede bei der vornehmen »Zunft zu Schmiden« suchte er die Zürcher Society für sich einzunehmen, doch schon ein Jahr später strafte er sich selber Lügen und wurde, allen Beteuerungen zum Trotz, zum Steuerflüchtling. Mit seiner Zürcherin setzte sich Ospel in den steuergünstigeren Nachbarkanton Schwyz ab. Sein privates Doppelspiel erregte öffentlich Anstoß, obwohl er auch diesmal nur der Logik gehorchte, die er schon seiner Bank verschrieben hatte: Geld um jeden Preis, Steueroptimierung zulasten anderer Bürger, Kantone und Staaten.

Wie Ospel im eigenen Land seinen Heimatkanton gegen eine Steueroase tauschte, so verfuhren er und seine Kollegen weltweit mit Städten und Völkern, ja ganzen Erdteilen. Die Banker trieben Regierungen überall in die Enge und beschnitten ihre Spielräume. Sie spielten die einen Gemeinwesen gegen die anderen aus – als konkurrierende Standorte. Unter der wohlklingenden Vokabel »Steuerwettbewerb« wurde die Politik überall entmachtet. Sie kämpften, mit einem Wort, gegen die Politik an sich. »Ich«, betonte Ospel, »liebe es nicht, in einem politischen Umfeld zu sein – wer tut das schon?« Er wolle, spöttelte er, »den politischen Virus« von seinem Umfeld fernhalten – ganz als handle es sich um eine ansteckende Krankheit. Renommierte Schweizer Publizisten, Ökonomen und Buchautoren bewunderten ihn gerade dafür.

Der Zeitgeist war treuer Begleiter seiner Laufbahn – von A bis Z. Sein Aufstieg und Fall bleibt für Glanz und Elend der internationalen Steuervermeidungsindustrie exemplarisch. Die Globalisierung der Finanzmärkte und die aggressive weltweite Steueroptimierung begannen gerade, als er noch ein blutiger Anfänger war und in die Branche einstieg. Der Kleinbasler Kleinbürgersohn roch in den späten Sechzigerjahren den ganz großen Braten – als Lehrling bei der Basler Börsenbank Transvalor und als Praktikant bei der Genfer Privatbank Darier. Der pubertierende Grünschnabel war fasziniert vom schnellen Geld, vom raschen Auf und Ab der Börsenkurse, welches das Weltgebäude immer neu erzittern ließ. Beizeiten merkte er, wo das Epizentrum lag: »Ich konnte nicht schnell genug nach London.« 1970 eilte er, ein zwanzigjähriger Sprachschüler, in die Weltstadt. An der Themse erlebte er aus nächster Nähe mit, wie die City zum Mittelpunkt der neuen Finanzmärkte mit globaler Sogwirkung wurde: Hier flossen die mächtig anschwellenden Ströme staatenlosen Geldes zusammen. Die Banker entzogen sich zunehmend jeder staatlichen Kontrolle. Sie schlugen den Steuerbeamten, Notenbankern und Aufsehern im Weltmaßstab ein Schnippchen. Ihr Treiben war folgenschwer, doch Marcel Ospel, der im Stadtteil Hampstead wohnte, war begeistert. Buchstäblich vor seinen Augen stieg das schnelle Geld zur Weltmacht auf. Fortan strebte er auch für sich persönlich über das Banking nach Macht. Tatendurstig kehrte das Greenhorn in die Schweiz zurück.

Im eigenen Land hatte Ospel zwar lange seine liebe Mühe. Er benötigte Jahre, um bei der UBS auch nur unterzukommen. Sie hieß damals in Basel noch Bankverein und benahm sich, fand Ospel, leider auch so: eben wie ein Verein, ehrbar, doch kleinkariert. Steife Herren führten die Bank nach politischem Muster und schienen ihre Bürger- und Steuerpflichten sogar privat ganz ernst zu nehmen. Samuel Schweizer, Präsident des Bankvereins, warnte die Branche vor »abstraktem Gewinnstreben«. Auch Alfred Schaefer, der Präsident der anderen UBS-Vorgängerbank, der Schweizerischen Bankgesellschaft mit Sitz an der Zürcher Bahnhofstraße, betonte: »Wir sind Treuhänder einer Volkswirtschaft.« Und: »Ein Bankier sollte nie spekulieren.« Nein, dieser Sorte Banker gehörte nach Ospels Meinung nicht die Zukunft. Die alte Garde hielt, wie die meisten Politiker jener Jahre, noch an Tugenden fest, die zur realen Entwicklung des Finanzplatzes Schweiz immer weniger passen wollten. In den Boomjahren verwandelte sich die Schweiz fürs Ausland zu einer idealen Steueroase – und zum Tummelfeld schillernder Gelddealer wie Marcel Ospel.

In den Achziger- und frühen Neunzigerjahren lancierte er beim Bankverein in Basel das steuergünstige globale Geschäft und expandierte nach London. 1997 fusionierte er Bankverein und -gesellschaft zur UBS. 2000 krönte der neue Schweizer Finanzriese sein Werk durch den Kauf der New Yorker Finanzgruppe PaineWebber. Dadurch stieß er in den boomenden Markt reicher Privatkunden in Amerika vor, erhob die Steueroptimierung auf mikro- und makroökonomischer Ebene zum Kern seines Geschäftsmodells und katapulierte die UBS und sich selber in die Weltliga. Er sah für sich und seinesgleichen keine Grenzen mehr. In London verkündete Ospel kurz und bündig: »The financial revolution is global.« Er hatte eine Vision. Er war, wie er sagte, fest überzeugt davon, die Geldbranche werde dereinst weltweit wie die Ölindustrie strukturiert sein: nur noch »einige sehr grosse elektronische Bankunternehmen, die am Rande von einer kompetitiven Gruppe kleinerer Nischenplayer herausgefordert werden«. Welche Rolle er persönlich in dieser von allen politischen Störfaktoren gereinigten Bankenwelt der Zukunft zu spielen gedachte, war klar – die eines Nischenplayers natürlich nicht. Eher die des Master of the Universe.

Er hatte mächtige Freunde in Amerika: Konzernchefs und Superreiche. Er hatte in den USA aber auch mächtige Widersacher: Politiker und Richter. Der inneramerikanische Dissens zwischen Geld und Staat, zwischen Wall Street und Washington war der Keim, aus dem die Globalisierung der Finanzmärkte in der zweiten Hälfte des 20. Jahrhunderts hervorging. Der Konflikt brach schon auf, als Präsident John F. Kennedy 1961 ins Weiße Haus einzog. Die Großkonzerne meuterten gegen seine Steuerpolitik.

Kennedy gegen Steuerflucht

Im US-Kongress nahm Kennedy die Konzerne schon in seiner ersten bedeutenden Ansprache zur Steuerpolitik am 22. April 1961 aufs Korn. Er beschuldigte die Großunternehmen der systematischen Steuervermeidung. Er beklagte »erhebliche Kapitalabflüsse aus den USA in Investmentgesellschaften im Ausland, deren Hauptzweck die Steuerersparnis ist«. Er, John F. Kennedy, wolle amerikanische Firmen für alle Erträge – auch die im Ausland erzielten – insgesamt in den USA besteuern. Und in seiner ganzen Rede nannte er außer den USA nur ein Land noch mit Namen – »Switzerland«. Er geißelte ausdrücklich »den Missbrauch von Steueroasen wie der Schweiz«. Er werde, kündigte er an, diese »Steueroasen an die Kandare nehmen«. Und John F. Kennedy redete nicht nur, er handelte auch. Er erzürnte die Konzerne, als er 1963 eine Zinsausgleichssteuer einführte, um den Abfluss von Dollars ins Ausland zu bremsen. Dadurch wurde die Emission von Obligationen in New York sprunghaft teurer.[1] Im Gegenzug verschoben viele Konzerne ihr Geld erst recht ins Ausland, das meiste nach London und in die Schweiz.

Nach Kennedys Ermordung 1963 machten seine Nachfolger auf dem von ihm vorgezeichneten Weg weiter, aber ihnen wuchsen die neuen Finanzmärkte rasch über den Kopf. Das Fass zum Überlaufen brachte die US-Regierung im Jahr 1965: Sie verfügte eine Beschränkung des Kapitalexports. Nun beschlossen die meisten amerikanischen Konzerne, ihre ausländischen Tochtergesellschaften außerhalb der USA zu finanzieren. Dies bedeutete für die steuerfreien internationalen Finanzmärkte – die damals noch sogenannten »Eurodollars« – den Durchbruch. Sie wucherten fortan mit tätiger Beihilfe der Schweizer Banken in riesenhafte Dimensionen und wurden das Weltreich der Steuerflüchtigen. Rund um den Erdball schossen rund siebzig Steueroasen wie Pilze aus dem Boden, alle nach Schweizer Muster bestrebt, in größter Diskretion die vielfältigsten Bedürfnisse steuermüder Großanleger zu erfüllen.

Die neuen Geldhaie mussten freilich, ehe sie global ganz nach ihrem Willen schalten und walten konnten, ein letztes politisches Hindernis noch zerstören – die politisch geprägte Weltwährungsordnung, das System der festen Wechselkurse, das auf die internationale Konferenz von 1944 in Bretton Woods (USA) zurückging. Die Spekulanten konnten auch in dieser Sache auf tatkräftige Schweizer Beihilfe zählen. Zunächst tauschten sie massenhaft Dollars gegen Gold und trieben dadurch den Kurs der US-Währung auf den Märkten immer weiter in die Tiefe. So zwangen sie US-Präsident Richard Nixon 1971, das feste Austauschverhältnis zwischen Gold und Dollar aufzuheben – ein großer Erfolg für die Spekulanten, doch waren sie noch nicht ganz am Ziel.

Nun tauschten sie in beträchtlichen Mengen Dollars gegen Schweizer Franken. Sie drückten dadurch den Dollarkurs erneut extrem, und der Franken wurde immer teurer. So zwangen sie die Schweizerische Nationalbank zum Handeln. Am 23. Januar 1973 gab Fritz Leutwiler, bei der Nationalbank für Devisenoperationen zuständig, dem Druck der Spekulanten nach. Er stoppte seine Dollar-Stützungskäufe und stellte es den Märkten anheim, den Tauschwert der Landeswährung zu bestimmen. Die Schweiz war das erste Land der Erde, das seinen Wechselkurs freigab.[2] Fritz Leutwiler versetzte damit dem Bretton-Woods-System den Todesstoß. Seinem Beispiel folgten die USA und die Deutsche Bundesbank nach wenigen – dramatischen – Wochen. Die Mechanik des Weltfinanzsystems änderte ihren Lauf. Geld war nun grenzenlos mobil. Großanleger erhielten vollends freie Bahn: weniger Staat, keine Steuern, alles global.

Dass das Bretton-Woods-System ersatzlos wegfiel, war gar nicht von den westlichen Regierungen beabsichtigt. Die Chefbeamten in Washington, die das Bretton-Woods-System aufgeben mussten, kannten die langfristige Bedeutung einer internationalen Währungsordnung genau. Einer dieser Fachleute war Paul Volcker, ein Zwei-Meter-Mann, damals Unterstaatssekretär für internationale Währungsfragen im US-Finanzministerium (1969–1974), später Chef der US-Notenbank (1979–1987) – und heute Wirtschaftsberater von Präsident Barack Obama. Der Fachmann wollte in den Siebzigerjahren retten, was noch zu retten war. Er suchte nach Ersatzlösungen für Bretton Woods. Der liberale Geist konnte aber die neoliberalen Steuervermeider nicht mehr stoppen. 1980 unternahm Präsident Jimmy Carter mit Paul Volcker für die USA auf Weltebene einen letzten Versuch, den steuerfreien globalen Märkten wieder Zügel anzulegen. Der von ihm zum Chef der US-Notenbank berufene Volcker schlug der Bank für Internationalen Zahlungsausgleich (BIZ) in Basel vor, weltweit Mindestreserven für Bankeinlagen im steuerfreien Offshore-Geschäft vorzuschreiben. Der US-Vorschlag blieb erfolglos. Ihm widersetzten sich Fritz Leutwiler, inzwischen Chef der Schweizerischen Nationalbank, und Margret Thatcher, die neue britische Premierministerin.

Last but not least hatten Carter und Volcker auch die mächtigsten Banken ihres eigenen Landes gegen sich. New Yorker Geldhäuser kämpften an vorderster Front gegen jegliche Regulierung der steuerfreien Finanzmärkte. Und Wall Street setzte sich gegen Washington durch. Die USA wechselten 1981 die Seiten und schufen auf eigenem Boden, mitten in New York, ebenfalls eine Bankenfreizone mit Offshore-Status (»International Banking Facilities«). Sie zogen – schon wörtlich genommen eine Paradoxie – das Offshore (»weg von der Küste«) »an Land«. Präsident Ronald Reagan und Margret Thatcher deregulierten die Geldbranche in New York und London radikal. Sie zwangen den Finanzzentren der weltgrößten Wirtschaftsmächte die Statur von Steueroasen auf – eine Art »Verschweizerung«, die ihnen auf Dauer nicht bekommen konnte.

Die Eiserne Lady, die sich von ihren neoliberalen Kampfeinsätzen seit 1980 regelmäßig in der Schweiz auf dem Landsitz Freudenberg bei Risch im Kanton Zug erholte, schätzte den Umgang mit Fritz Leutwiler sehr. Der Schweizer Notenbanker wurde zum Star der Finanzwelt. Mitten in die Feier zu seinem 60. Geburtstag hinein, 1984, rief ihn Premierministerin Thatcher an, gratulierte und dankte ihm für alles.

Die größten Industrieländer der Welt unternahmen den für sie hochriskanten Versuch, im Wettbewerb mit kleinsten Schweizer Kantonen, karibischen Inseln und anderen Steueroasen mitzuhalten. Die Dominanz steuerfreier und steuerloser Finanzmärkte konnte unmöglich gut gehen. Das globale Experiment der Neoliberalen musste die Staatenwelt über kurz oder lang erneut, wie in der Zwischenkriegszeit, gefährlich destabilisieren. Die Finanzkrise der Gegenwart, ein Ergebnis neoliberaler Politik, erschüttert Weltanschauungen und Institutionen. Auf der fieberhaften Suche nach Lösungen nimmt die Welt jetzt Maß am Zusammenbruch des Wirtschafts-, Steuer- und Währungssystems der Dreißigerjahre und an der Katastrophe des Zweiten Weltkriegs. In der Tat: Erst im Jahr 1941, in der dunkelsten Stunde des Jahrhunderts – noch siegte Hitler an allen Fronten –, fanden Amerika und England den Weg der Zukunft. Präsident Roosevelt und Premierminister Churchill trafen sich an Bord eines Kriegsschiffs auf hoher See und vereinbarten die »Atlantik-Charta«, das angelsächsische Nachkriegsprogramm. Unter Punkt 5 gelobten beide Weltmächte, sich gemeinsam einzusetzen für »die größtmögliche wirtschaftliche Zusammenarbeit aller Völker mit dem Ziel, allen Menschen bessere Arbeitsbedingungen, wirtschaftlichen Aufstieg und soziale Sicherheit zu bieten«. Dieses Gelöbnis wurde später zum Keim für die soziale Marktwirtschaft.

Roosevelt und die Folgen

1944 trafen sich in Bretton Woods, einem kleinen Ort im US-Bundesstaat New Hampshire, die Vertreter von 44 Nationen und gründeten Weltwährungsfonds und Weltbank. Die neutrale Schweiz stand abseits. Bern verweigerte sich auch nach Kriegsende hartnäckig der »fullest collaboration between all nations« (Atlantik-Charta), obwohl die Schweiz neben den USA das einzige Land war, das eine harte Währung, große Währungsreserven, eine intakte Wirtschaft und die Stellung eines Gläubigerlandes hatte. Sie wolle, erklärte die Schweiz, ihre »Bewegungsfreiheit« bewahren. Sie lehnte es ab, in den Währungsfonds einzutreten. So konnten ihre Bankiers leichter das durch den Krieg gestörte Geschäft mit der Steuerflucht wieder aufnehmen und sich auch für eine spätere Sprengung der ganzen Weltwährungsordnung auf die Lauer legen.

Nun waren die Vereinigten Staaten, die weltpolitisch das Britische Weltreich beerbten, nicht gesonnen, sich von einem übermütig gewordenen Zwergstaat auf der Nase herumtanzen zu lassen. Sie ließen sich von Schweizer Bankiers nicht drangsalieren, geschweige denn destabilisieren. Nein, Washington war nicht Weimar. 1951 machte Amerika vielmehr die Schweiz unschädlich, wenn auch nur vorläufig und für die USA allein. Die Schweiz musste den USA als erstem und einzigem Land zugestehen, was sie 1931 der Weimarer Republik und seitdem allen anderen Staaten verweigert hatte: Bern verpflichtete sich im Doppelbesteuerungsabkommen mit den USA zur Amts- und Rechtshilfe bei »Steuerbetrug und dergleichen«, also auch bei Steuerhinterziehung – für Schweizer Bankiers das Tabu schlechthin. Am 24. Mai und 9. Juli 1951 unterschrieb US-Außenminister Dean Acheson ungerührt die für die Schweiz demütigenden Abkommen über Einkommen- und Erbschaftssteuern.[3]

Nach dieser fiskalischen Kapitulation wurde das sogenannte neutrale Musterland auch militärisch in die amerikanische Globalstrategie eingegliedert. Am 23. Juli 1951 schloss Harold Linder, US-Unterstaatssekretär für Wirtschaftsfragen, mit Schweizer Emissären hinter den Kulissen ein Grundsatzabkommen über Rüstungslieferungen.[4] Am 11. Dezember 1951 genehmigte Präsident Harry Truman ein streng geheimes »Statement of Policy on Switzerland« des Nationalen Sicherheitsrats. Darin wurde die »flexibler gewordene« Neutralität der Schweizer gelobt und deren Landesverteidigung als »wichtig für die Sicherheit der Vereinigten Staaten« eingestuft.[5] Fortan kam ein Angriff auf die Schweiz einem solchen auf die Atommacht USA gleich. Freundlich, aber bestimmt wies die Schutzmacht dem Kleinstaat seinen Platz zu. Ohne jenes Doppelbesteuerungsabkommen freilich wäre aus alledem nichts geworden.

Die strategischen und steuerlichen Vereinbarungen von 1951, inzwischen mehrmals überarbeitet, gelten in den Grundzügen noch heute. Immer wieder machten die Schweizer Banken den USA Konzessionen, die sie den europäischen Nachbarländern versagten: Seit 2001 melden sie den Steuerbehörden die Daten der US-Bürger, die an amerikanischen Börsen mit Wertpapieren handeln (gemäß »Qualified-Intermediary«-Vereinbarung). Seit den Terroranschlägen 2001 ist US-Geheimdiensten auch das Schweizer Bankgeheimnis nicht mehr heilig. Die Schweiz musste einer Generalvollmacht für CIA und FBI im globalen Zahlungsverkehr zustimmen: US-Fahnder dürfen jederzeit alle – auch schweizerische – Daten der täglich 11 Millionen Finanztransaktionen einsehen, die im weltweiten Bankgeschäft über den marktbeherrschenden Dienstleister SWIFT (Society for Worldwide Interbank Financial Telecommunication) mit Sitz in Belgien getätigt werden.

Stehen Sicherheitsinteressen der USA auf dem Spiel, hat alles andere zurückzustehen. Eines hat Amerika aus der Katastrophe des Zweiten Weltkriegs gelernt: Zieht es sich auf sich selbst zurück, lebt es deshalb nicht sicherer. Die USA machen seitdem auf der Weltbühne ihr ganzes Gewicht geltend, auch in Europa. 1963 wünschte sich Präsident John F. Kennedy in der Frankfurter Paulskirche »ein einiges und starkes Europa, eine Weltmacht, die imstande ist, die Weltprobleme als gleichberechtigter Partner anzupacken«.[6] Die »atlantische Partnerschaft« mit Europa war Kennedys »Grand Design«.

Deutschland und Frankreich nahmen ihn beim Wort und forderten die gleichen Rechte wie Amerika – jedenfalls bei Steuerproblemen mit der Schweiz. Sie verlangten von der Schweiz die gleiche Auskunftsklausel, wie sie die USA bekommen hatten. Mithilfe der USA setzten sie jetzt den Kleinstaat unter Druck, über die Organisation für wirtschaftliche Zusammenarbeit und Entwicklung (OECD) mit Sitz in Paris. Sie erarbeiteten ein OECD-Musterabkommen mit Auskunftsklausel. Die Schweiz meldete gegen die Klausel ihren gewohnten Vorbehalt an.

Im Fiskalkomitee der OECD kam aber Kurt Locher, Chefbeamter der Eidgenössischen Steuerverwaltung, von allen Seiten unter Beschuss. Die Deutschen tadelten ihn für die Holdingprivilegien der Kantone. Die Franzosen nannten die Schweizer Steuerpolitik überhaupt »anomal«. Mit alledem konnte Kurt Locher leben. So weit glichen die Debatten bei der OECD in Paris jenen, die seinerzeit beim Völkerbund in Genf geführt worden waren. Eines war in Paris aber anders: Jetzt waren auch die USA dabei. Die Amerikaner forderten die Schweizer Steuerbehörden ebenfalls zur engeren Zusammenarbeit auf. Der Schweizer in Paris war völlig isoliert.

Bonn blies 1964 zum Angriff. Das Bundesfinanzministerium griff in einem umfangreichen »Steueroasenbericht«[7] die Schweiz an. Hessens Finanzministerium rechnete vor, die Steuerflucht in die Schweiz vermindere den Fiskalertrag Deutschlands um ein Sechstel. Deutschland spannte Frankreich in die

Offensive mit ein. Die zwei Länder nahmen die Schweiz in die Zange. Beide wollten mit Bern gleichzeitig über neue Doppelbesteuerungsabkommen verhandeln. Für die Schweiz begann ein jahrelanger Machtpoker.

Zuerst bat Außenminister Willy Spühler 1965 in Amerika um Hilfe. Die erste USA-Reise eines Schweizer Regierungsmitglieds geriet jedoch zum Misserfolg. Der Sozialdemokrat wurde in Washington abgekanzelt. Die Amerikaner zählten ihm alle Schweizer Sünden auf: »Problem des Zuflusses amerikanischen Kapitals in Schweizer Banken, ungenügende Besteuerung in der Schweiz, ›schmutziges‹ Geld in der Schweiz, Bankgeheimnis und Nummernkonti« (Aktennotiz der Schweizer Botschaft in Washington).

Die Schweiz musste ihre Taktik ändern. Listig spielte sie Franzosen und Deutsche gegeneinander aus. Sie gestand Frankreich eine schwammige Auskunftsklausel zu. (»Der Austausch ist beschränkt auf Auskünfte, die für die richtige Durchführung des Abkommens notwendig sind«, und dazu gehörten, notabene, aber nur »soweit verfügbar, auch Angaben über die Art und Höhe von Einkünften oder Kapitalgewinnen«.) Damit war Paris 1966 ruhiggestellt und unterschrieb. Nun aber weigerte sich die Schweiz jahrelang, auch Bonn ein solches Mini-Zugeständnis zu gewähren. Zur Begründung erklärte Bern, »dass diese Frage im Verhältnis zur Bundesrepublik historisch-emotional belastet sei und im Übrigen die schweizerische Abkommenspolitik schon seit vielen Jahren auf eine unwiderrufliche Abkehr von einem Auskunftaustausch, gleich welcher Art, festgelegt worden sei« (Bericht der Bundesregierung).

Die Schweizer fuhren eine Doppelstrategie: Sie spielten – wie schon gegenüber der Weimarer Republik – auf Zeit. Ihr Kalkül ging wieder auf. Am Ende wurde auch die Bundesrepublik in Bern zur Bittstellerin. Die Steuerflucht schwoll, wie der »Der Spiegel« 1970 berichtete, an zur »Massenflucht, seit die SPD in Bonn das Ruder ergriff und Kanzler Willy Brandt in seiner Regierungserklärung drohte, er werde für mehr Steuergerechtigkeit sorgen und den ›sozialen Rechtsstaat‹ verwirklichen«.[8] SPD-Bundesfinanzminister Alex Möller fuhr nach Bern und bat FDP-Amtskollege Nello Celio dringend, den Vertrag »möglichst bald« abzuschließen. Der Tessiner Jurist, ein joviales Schlitzohr, war begeistert. Schon 1971 war das neue Doppelbesteuerungsabkommen unter Dach und Fach.

Bonn frohlockte zunächst über die Auskunftsklausel, die es der Schweiz scheinbar abgetrotzt hatte. »Erst in der allerletzten Verhandlungsphase gelang es, die Schweiz zur Aufgabe ihrer Haltung zu bewegen«, rühmte sich die Bundesregierung ihres Erfolgs.[9] In Wirklichkeit war sie Nello Celio auf den Leim gegangen. Die Wunderklausel war wertlos. Triumphierend zählte die Schweizer Regierung ihrem Parlament die fortbestehenden riesigen Rechtslücken auf. Die Schweiz sei überhaupt »nicht zu einer weitergehenden Amtshilfe« verpflichtet, höhnte der Bundesrat: »Sie hat weder periodisch noch spontan Meldungen zu erstatten, sondern nur auf Ersuchen tätig zu werden. Sie hat nicht Auskünfte zu erteilen, die bloss benötigt werden, um die internen deutschen Vorschriften über die unter das Abkommen fallenden Steuern durchzuführen (so die Empfehlungen der OECD) oder um Steuerbetrugsdelikte und dergleichen zu verhüten (so das Abkommen mit den Vereinigten Staaten). Noch viel weniger ergibt sich daraus eine Mitwirkung im Steuerveranlagungs- oder Eintreibungsverfahren. Schliesslich gibt das Abkommen auch nicht jeder deutschen Steuerbehörde das Recht, sich einfach an Steuerbehörden des Bundes, der Kantone oder Gemeinden zu wenden.«[10]

Armes Deutschland! Ein großer Teil der inländischen Finanzvermögensbildung findet erneut – wie während der Weimarer Republik – im Ausland statt. Bis heute sollen deutsche Steuerflüchtige insgesamt 485 Milliarden Euro an den Behörden vorbeigeschafft haben, davon 175 Milliarden in die Schweiz (Hochrechnung der Unternehmensberater von BBW, Neuss). Für die Schweiz ist die deutsche Kapitalflucht nach wie vor ein Kerngeschäft. Seinetwegen verzichteten die Schweizer Großbanken nach dem Krieg über vierzig Jahre lang auf das enorme Kommerzgeschäft mit der deutschen Industrie. Sie wollten mit deutschen Behörden am liebsten nichts zu tun haben. Die Schweizer Großbanken, die Zweigstellen in aller Welt eröffneten, glänzten bis 1985 in der Finanzmetropole Frankfurt am Main durch Abwesenheit – eine »freiwillige Selbstbeschränkung«, wie es die NZZ verhüllend nannte; »über Jahre schien eine Art von Gentlemen's Agreement den deutschen und den schweizerischen Bankiers die Expansion ins jeweilige Nachbarland zu verwehren«. Im Privatkundengeschäft werde aber »der Standort Schweiz von den deutschen Anlegern aus zahlreichen Gründen klar bevorzugt«.

Die Bundesrepublik bewies während Generationen so viel Langmut, dass die Schweiz darauf am Ende ein Recht zu haben glaubte. Erst 2008 riss einem deutschen Bundesfinanzminister, Peer Steinbrück (SPD), der Geduldsfaden. Er schnaubte am Rande eines OECD-Ministertreffens in Paris wörtlich: »Statt [zu] Zuckerbrot müssen wir auch zur Peitsche greifen.« Steinbrück drohte, die Schweiz neben Andorra, Liechtenstein und Monaco auf die »Schwarze Liste« kooperationsunwilliger Steuerparadiese der OECD zu setzen. Steuerbetrug in Deutschland sei in diesem Ausmaß nur möglich, weil es dafür im Ausland »Landeplätze und Flugzeugträger« gebe. »Die Schweiz bietet Bedingungen an, die deutsche Steuerzahler einladen, Steuern zu hinterziehen«, so Steinbrück vor den Medien in Paris. Das Land sei nur bereit, bei Steuerbetrug zusammenzuarbeiten. Um diesen freilich zu belegen, würde er Auskünfte der Schweiz benötigen: »Aber sie liefert sie mir nicht – das ist das Problem«, sagte der Deutsche. Ihm pflichtete der französische Budgetminister Eric Woerth bei: »Das Bankgeheimnis muss eingeschränkt werden.« Denn: »Im Rahmen der Globalisierung braucht es einfach mehr Moral und Sitte.«

In der Schweiz brach ein Sturm der Entrüstung los. Micheline Calmy-Rey, Schweizer Außenministerin, bestellte den deutschen Botschafter in ihr Departement ein. Voller Empörung wies sie Steinbrücks Drohungen zurück. Die Eidgenossin erwähnte allerdings nur seinen ungeschickten Zuckerbrot-und-Peitsche-Vergleich. Auf den Kern seiner Kritik ging sie nicht ein. Den französischen Tadel überging sie einfach.

So profilieren sich Schweizer Politiker am liebsten: Gegen deutsche Kraftmeierei können sie nur gewinnen, alles andere wird heikel. Calmy-Rey wirkte betreten, als Bundeskanzlerin Angela Merkel die Schweiz erst im April 2008, zweieinhalb Jahre nach ihrem Amtsantritt, besuchte. Kühl und knapp verwies Merkel hinsichtlich Steuerfragen auf EU und OECD, deutete aber doch an, ihre Regierung wolle beim Doppelbesteuerungsabkommen »die Zusammenarbeit intensivieren«. Nach zwei Stunden reiste sie wieder ab. Der Auftritt verfehlte seine Wirkung dennoch nicht.

Der EU sind die kantonalen Steuerprivilegien für ausländische Holding- und Briefkastenfirmen ein Dorn im Auge. Sie will die Schweiz seit 2007 überzeugen, in- und ausländische Holding- und Verwaltungsgesellschaften gleich zu behandeln. Finanzminister Hans-Rudolf Merz zieht gegen dieses EU-Anliegen alle Register. Anfangs stellte er sich taub und wies Brüssel die Tür: »Es gibt nichts zu verhandeln.« Die EU ließ sich von ihm jedoch nicht ins Bockshorn jagen. Sie erhielt ihre Forderung gelassen aufrecht. Plötzlich wich Merz einen halben Schritt zurück. Er schlug für die Schweiz die Abschaffung der reinen Briefkastenfirmen vor und sicherte der EU in undeutlichen Wendungen zu: »Wir sind bereit, im Bereich der Holdinggesellschaften solche Ungleichbehandlungen anzupassen, weil wir tatsächlich glauben, dass es dafür eigentlich keine Berechtigung gibt.« Am 15. Dezember 2008 reiste er gar mit Bundespräsident Pascal Couchepin und Justizministerin Eveline Widmer-Schlumpf nach Brüssel. EU-Kommissionspräsident José Manuel Barroso lobte die drei Schweizer bei einem Arbeitsessen für ihren »Schritt in die richtige Richtung«, zog den Gehalt ihres Angebots aber in Zweifel, zählte offengebliebene Fragen auf, bat für ein nächstes Mal um näheren Aufschluss und erklärte das Gespräch nach eineinhalb Stunden höflich für beendet. So dauert das Ringen zwischen der großen EU und der kleinen Schweiz fort und fort. Hans-Rudolf-Merz gerät in Rücklage, doch spielt er beharrlich weiter – mit gezinkten Karten.

Bern und Big Business

Die Schweiz käme im Machtkampf mit den Regierungen der Großmächte nicht weit, wäre das kleine Land auf sich allein gestellt. Die Eidgenossen haben jedoch mächtige Bündnispartner. Hinter ihnen stehen globale Finanz- und Industriekonzerne, nicht nur schweizerische, auch amerikanische. In der Schweiz sind 650 US-Unternehmen ansässig, davon 110 Konzernzentralen mit Hauptquartierfunktionen für Europa, zum Teil auch für Nahost und Afrika. Die Schweiz hat ihren »Konzernstandort« für die US-Wirtschaft seit den Fünfzigerjahren strategisch gezielt auf- und ausgebaut. Finanzminister Merz diente den US-Konzernen die Schweiz als Basis für ihre Eroberungsfeldzüge in Europa ausdrücklich an. Er unterbreitete der Schweizerisch-Amerikanischen Handelskammer 2005 in Zürich ein konkretes Angebot: »Die Schweiz kann für die USA die Rolle eines wirtschaftlichen Brückenkopfs in Europa spielen.« Ein Brückenkopf aber – ein »bridgehead«, wie Merz sagte – ist keine neutrale Position, im Gegenteil. Er ist im heutigen Sprachgebrauch eine militärische Stellung auf feindlichem Territorium, die vom eigenen Gebiet durch einen Fluss, See oder Ozean getrennt ist. Er erlaubt das sichere Anlanden von Nachschub und Truppen, wie etwa im Zweiten Weltkrieg bei der alliierten Landung in der Normandie. Die Allianz der Schweiz mit der US-Wirtschaft geht auf jene Epoche zurück. Zu den ersten amerikanischen Konzernen, die mit ihren Management-Zentralen vor fünfzig und mehr Jahren in die Schweiz zogen, zählten Union Carbide und IBM. Später kamen Colgate-Palmolive, Dupont, Caltex, Dow, General Motors, Hewlett-Packard, Caterpillar, Gillette, Johnson & Johnson, Sun Microsystems und Google hinzu. Seit 1953 ist der US-Konsumgüterkonzern Procter & Gamble in der Schweiz ansässig. Seine Zweigstelle in Genf, das wichtigste Zentrum des Konzerns außerhalb der USA, beschäftigt 2300 Mitarbeiter.

Sie alle verlassen sich auf den Brückenkopf Schweiz. Sorge bereitete ihnen deshalb der politische Machtwechsel in Washington. Ein US-Präsident, der Steueroasen missbilligt, ist für den »Konzernstandort« Schweiz ein Risiko. Schon seit Obamas Einsatz gegen Steueroasen im US-Senat ist die Schweizer Lobby gegen ihn im Krieg. Pierre Mirabaud, Präsident der Bankiervereinigung, zog gegen »Senatoren in Washington« vom Leder. Martin Naville, Chef der Schweizerisch-Amerikanischen Handelskammer, kritisierte Obama im Wahlkampf 2008 als »hochintelligenten jungen, charismatischen Afroamerikaner«, von dem »kein Indiz für seine Wirtschaftsfreundlichkeit« vorliege. Naville ergriff direkt Partei für Obamas republikanischen Gegenkandidaten: »Ich bin für John McCain.« Nach Obamas Wahlsieg äußerten sich die Herren freilich wieder vorsichtiger, und Finanzminister Hans-Rudolf Merz meinte über Schweizer Radio: »Dass es mit Präsident Obama schwieriger wird, ist möglich, aber das soll uns nicht verzweifeln lassen.«

Er kennt die Macht der Lobby in Washington, aber auch in Bern. Amerikanische und schweizerische Großunternehmen arbeiten Hand in Hand. Sie sind in der Organisation »Swiss-Holdings«, dem Verband der Industrie- und Dienstleistungskonzerne mit Sitz in der Schweiz, zusammengeschlossen. Peter Baumgartner, Vorsitzender der Geschäftsleitung von Swiss-Holdings, führt eine der stillsten und mächtigsten Lobbys der Schweiz. Er sorgt für beste Rahmenbedingungen für Holdinggesellschaften mit Auslandsbeteiligungen. Sein Feind ist die EU. Der introvertierte, doch umgängliche Schweizer, ein Meister der indirekten Kriegführung, vertritt Weltkonzerne, klingt aber fast patriotisch, wenn er gegen Brüssel vom Leder zieht: »Der frontale Angriff der EU auf die kantonalen Steuerregimes für Holding-, Verwaltungs- und gemischte Gesellschaften muss ernst genommen werden. Die EU attackiert ganz bewusst einen Schlüsselfaktor des Konzernstandortes Schweiz.«

Die Schweizer Lobby kämpft gegen Brüssel erstaunlich oft erfolgreich. Mit welcher Taktik sie sich durchsetzt, lässt sich am Beispiel ihres letzten wichtigen Sieges gegen Brüssel studieren. Die große Schlacht um Europa eröffnete UBS-Chef Marcel Ospel, als die EU-Spitzen im Jahr 2000 im portugiesischen Feira einen automatischen Austausch von Informationen zwischen den Steuerbehörden der EU-Mitgliedsstaaten beschlossen hatten. »Ich glaube«, so Ospel, »dass wir auch als Aussenseiter einen wichtigen Einfluss auf die Entwicklungen innerhalb der EU haben können.« Die EU-Mitglieder einigten sich zwar auf die Besteuerung von Zinserträgen und wollten auch die Schweiz wie andere Offshore-Finanzzentren in ihr neues System einbinden, um Steuerflucht zu verhindern. Ospel und seine Kollegen setzten sich dagegen mit Händen und Füßen zur Wehr. »Lassen wir uns«, rief Ospel, »von den Drohgebärden der EU nicht einschüchtern!«

Mit geschwollenem Kamm attackierte Ospel den Briten Gordon Brown, damals Schatzkanzler, heute Premierminister. Ospel nannte es am Basler Bankentag 2002 »fast schon eine Ironie des Schicksals, dass mit Gordon Brown ausgerechnet ein Landsmann George Orwells den dogmatischen Kurs der EU in Sachen Zinsbesteuerung zu verantworten hat«. Der Schweizer Banker malte den Teufel des Totalitarismus an die europäische Wand: »Die EU-Pläne für einen automatischen Informationsaustausch laufen völlig in die verkehrte Richtung, atmen sie doch den Geist von George Orwells Schreckensvision über das Jahr 1984. Dieser Geist gehört wieder in die Flasche.«

Während sich Ospel zum Retter der Freiheit in der EU aufwarf, trieben eidgenössische Diplomaten leise, aber systematisch einen Keil in die Union. Sie taten sich mit jenen EU-Ländern zusammen, die ebenfalls ein Bankgeheimnis kennen und deshalb den automatischen Informationsaustausch genauso ablehnten: Österreich, Luxemburg und Belgien. In der Tat ließ sich die Union unter dem Druck der Schweizer spalten. Brüssel gestand ihnen ein langfristiges Nebeneinander zweier Systeme zu: Informationsaustausch hier, Steuerrückbehalt dort. Das Abkommen verpflichete die Schweizer Banken dazu, einen Steuerrückbehalt für EU-Bürger einzuführen. 2007 zum Beispiel erhielten die EU-Länder von der Schweiz 500 Millionen Franken an Steuern zurück, davon Deutschland 130 Millionen. Für die Schweizerische Bankiervereinigung geht die Rechnung trotzdem auf, weil die EU dadurch erstmals das Bankgeheimnis bei direkten Steuern vertraglich anerkannte. Mit der Zinsbesteuerung anstelle des automatischen Informationsaustauschs wurde das Bankgeheimnis wieder einmal gerettet, doch geht der Kampf nur in die nächste Runde. Mindestens innerhalb der EU soll im Jahr 2013 mit dem gegenwärtigen Nebeneinander Schluss sein. Die Schweiz aber wird die Union weiter spalten, wo sie nur kann.

Als wahre Ironie des Schicksals indessen hat sich nicht die von Ospel gemeinte entpuppt, sondern die Rettung der Banken durch Gordon Brown. Der britische Premier übernahm in der Finanzmarktkrise 2008 die globale Führungsrolle. Brown stellte umgerechnet 636 Milliarden Euro bereit, um Kreditgeschäfte von Banken zu garantieren und ihr Eigenkapital zu stärken. Ohne ihn wäre das Kreditwesen zusammengebrochen. Er rettete das Finanzsystem und zeigte die Strategie auf, die dann auch die Euro-Länder und die USA übernahmen: Rekapitalisierung der Banken, Garantie der Interbank-Darlehen und Liquidität. Die Schweiz musste, um die UBS nach Ospels Debakel zu retten, Browns Rezept kopieren.

Seit dem Crash bemüht sich die Staatenwelt mit vereinten Kräften darum, die Kapital- und Kreditmärkte wieder auf eine solidere Grundlage zu stellen. Die Politik, von den Bankern während Jahrzehnten verachtet und verhöhnt, erlangt ihre angestammten Rechte zurück. Für die führenden Wirtschaftsmächte geht es um nichts Geringeres als den Versuch, eine neue Weltfinanzordnung zu gründen. Vom Erfolg ihres Projekts hängt auch die Zukunft der Realwirtschaft ab. So gewaltig die Herausforderung auch ist, vor der die Regierungen stehen – sie entspricht nur den Dimensionen des neoliberalen Zerstörungswerks. Amerika und Europa werden in der einen oder anderen Form an die Atlantik-Charta anknüpfen müssen, soll der Wiederaufbau einer Weltwährungsordnung nach dem Modell des Bretton-Woods-Systems gelingen, das in den Siebzigerjahren mit maßgeblicher Schweizer Beihilfe zum Einsturz gebracht worden ist.

Die Staats- und Regierungschefs beschlossen beim Weltfinanzgipfel im November 2008 in Washington, der grenzenlosen Freiheit auf den Finanzmärkten ein Ende zu bereiten. Finanzminister Hans-Rudolf Merz versuchte für die Schweiz noch Vorbehalte anzumelden – vergeblich. Er scheiterte, als er sich um eine Einladung zur Konferenz bemühte. Er hätte gegen wichtige Punkte der Abschlusserklärung opponiert. Nicht nur sollen, hieß es in diesem Papier, »alle Finanzmärkte, Produkte und Akteure reguliert oder überwacht werden«. Die Weltkonferenz vereinbarte auch in Sachen Bankgeheimnis ausdrücklich, den »internationalen Standards« überall Achtung zu verschaffen. Die OECD wurde von den Staats- und Regierungschefs aufgefordert, den Informationsaustausch zwischen den Steuerbehörden »weiter zu fördern«. Bei ungenügender Transparenz oder mangelndem Informationsaustausch aber werde man »energisch« handeln.

Die Schweiz erhielt für ihre Alleingänge auf Kosten anderer Demokratien nur eine erste Quittung. Da kommt noch mehr. Das hat der neutrale Kleinstaat davon, dass er sich mit »seinen« internationalen Banken zu einer Schicksalsgemeinschaft verkettet hat. Am Ende hat das Land einen guten Teil seines Volksvermögens in die Zukunft eines Finanzkonzerns investieren müssen, der vom amerikanischen Justizdepartement in aller Form der systematischen Beihilfe zur Steuerhinterziehung und der – so wörtlich – »Verschwörung« gegen die Vereinigten Staaten von Amerika beschuldigt wird.

Die Regierungen der führenden Wirtschaftsmächte müssen sich allerdings vorsehen. Sie dürfen die Schweizer Bankiers – nach aller geschichtlichen Erfahrung – nicht unterschätzen, besonders nicht in Krisenzeiten. Schweizer Bankiers sind immer zu allem fähig. Oft genug trieben sie die Politik über die Märkte in die Ohnmacht. Sie könnten auch diesmal den Wiederaufbau der internationalen Finanzstabilität leicht gefährden. Gerade große Demokratien müssen, wollen sie ihre Destabilisierung nicht immer wieder aufs Neue riskieren, diese Geldmänner zuerst unschädlich machen. Im Falle der Schweiz geht es nicht um die Schweiz allein. Ihre Bankiers verkörpern Mächte und Märkte, Strategien und Allianzen, die über die Grenzen ihres kleinen Landes weit hinausreichen. Die mit ihnen verbundenen globalen Finanzmärkte, so chaotisch sie derzeit auch agieren, bleiben unberechenbar wie ein verwundetes Raubtier. Deshalb sollte sich, wer Schweizer Bankiers die Stirn bieten will, ebenfalls starker Bündnispartner versichern. Ohne Barack Obama, den politischen Erben John F. Kennedys und Franklin D. Roosevelts, wird es nicht gehen.

Kapitel 4

Steuerflucht und die Krise der öffentlichen Güter

Wo wir stehen

Die Steuerhinterziehung und der Kampf der Finanzplätze um die Vermögen der Reichen dieser Welt sind keine isolierten Phänomene. Es handelt sich um Symptome, aber auch um Katalysatoren – Beschleuniger – einer umfassenderen Entwicklung, an deren Ende das Ende der Marktwirtschaft und der Demokratie stehen könnte. Dieser Prozess wird mit dem populären Namen Globalisierung nur unzureichend umschrieben. Dennoch: Wer sich damit auseinandersetzen will, kommt nicht darum herum, sich auf die Globalisierungsdiskussion einzulassen und auf die dort vorgebrachten Argumente einzugehen.

Den Kritikern der Globalisierung geht es im Kern um zwei Anliegen: eine gerechtere Verteilung und mehr Sicherheit – sei es soziale Sicherheit im Sinne des Sozialstaatsgedankens oder Planbarkeit des eigenen Lebens im Sinne von Work-Life Balance. Man will sich sein Leben nicht zu sehr von einer globalen und unberechenbaren (weil nicht steuerbaren) Wirtschaft bestimmen lassen.

Den Befürwortern der Globalisierung geht es um Effizienz und Sicherheit. Sie glauben, dass die globale Arbeitsteilung – und eine entsprechende regionale Spezialisierung – der entscheidende Motor des wirtschaftlichen Fortschritts sei. Und sie befürchten, dass der Versuch, die Globalisierung zu bremsen, das ganze komplexe Räderwerk der Weltwirtschaft zum Stillstand bringen könnte. Wenn ein Land damit anfängt, sich mit Zöllen und anderen Handelshemmnissen gegen die billigen Importe der Konkurrenz zu schützen, wollen das alle anderen auch – und das ganze System bricht unter einer Lawine von Protektionismus zusammen.

In Europa, vor allem in den deutschsprachigen Ländern, sind die Fronten klar: hier der helle Sachverstand der Experten, dort die dumpfen Gefühle des Volkes. Die Experten sitzen vor allem in den EU- und Eurogremien, welche die Geld- und Fiskalpolitik bestimmen und damit praktisch die gesamte europäische Wirtschaftspolitik den demokratischen Institutionen entzogen haben. Aber auch die Regierungen, die Spitzen der großen Parteien und die meinungsbildenden Medien haben sich vom Expertenverstand weitgehend überzeugen lassen. Wobei man sich fragen kann, ob es sich wirklich um eine aus Einsicht gewonnene Überzeugung oder lediglich um Konformitätsdruck handelt. Das Bekenntnis zur freien Marktwirtschaft und damit zur Globalisierung ist nämlich längst genauso Karrierevoraussetzung geworden wie etwa Anzug und Krawatte. Vor allem Ökonomen können keine Karriere machen – außer vielleicht bei den Gewerkschaften –, wenn sie sich nicht ohne jegliche Einschränkung zum globalen Wettbewerb bekennen.

In den USA sieht man die Sache pragmatisch. Zwar dominiert auch hier die konventionelle – auf den Urvätern Adam Smith und David Ricardo beruhende – Sicht der ökonomischen Dinge. Aber Fakten, die nicht ins Bild einer heilen globalisierten Welt passen, haben in den USA größere Chancen, wahrgenommen zu werden. Typisch für diese undogmatische Sicht der Dinge ist Lawrence (»Larry«) Summers, ehemaliger US-Finanzminister und heutiger Chefökonom (als Vorsitzender des National Economic Council) von Präsident Barack Obama. Er griff mit einem zweiteiligen Artikel in der »Financial Times« (4. Mai 2008) in die aktuelle Globalisierungsdebatte ein.

Summers stellt zunächst fest, dass in den USA ein Stimmungsumschwung gegen die Globalisierung im Gange ist, der längst auch die offiziellen Kreise erreicht hat. Dann fasst er die Standardargumente der Globalisierungsbefürworter wie folgt zusammen:

Erstens: Die Skeptiker werden über die zahlreichen Vorteile aufgeklärt, die der freie Welthandel nicht nur den Exporteuren bringt, sondern auch den Konsumenten und der Wirtschaft ganz allgemein.

Zweitens: Den Gegnern der Liberalisierung wird versichert, dass die Freihandelsabkommen nicht nur den Prinzipien der klassischen Ökonomie entsprächen und allen beteiligten Ländern komparative Vorteile brächten, sondern dass diese Abkommen auch im nationalen Interesse seien.

Drittens: Den Zweiflern wird gesagt, dass die zunehmenden Einkommensunterschiede nicht die Folge der Globalisierung seien, sondern allein vom technologischen Fortschritt verursacht würden.

Viertens schließlich wird neuerdings auch eingeräumt, dass die Liberalisierung des Welthandels auch Verlierer schafft. Deshalb wird zunehmend anerkannt, dass die Globalisierung begleitet sein muss von vermehrten Anstrengungen, die Einkommensungleichheiten zu reduzieren.

Summers, ein konventioneller Ökonom, teilt diese konventionellen Ansichten: »Aus rein ökonomischer Sicht ergibt sich der zwingende Schluss, dass nicht nur die USA, sondern auch die Welt insgesamt von einer Integration der Weltmärkte profitieren.« Die Globalisierung bleibe aber nur dann mehrheitsfähig, wenn die Bemühungen, den Verlierern der Globalisierung zu helfen, mit dem nötigen Nachdruck betrieben werden und glaubhaft bleiben.

Genau daran aber hapert es gemäß Summers immer mehr. Er sieht dafür drei Gründe: Erstens sind heute viel mehr als früher auch Industrie- und Dienstleistungsjobs durch die Konkurrenz aus den Billiglohnländern bedroht. Zweitens verteuert der wachsende Wohlstand in China und Indien Rohstoffe und Nahrungsmittel und erhöht damit die Lebenshaltungskosten in den USA.

Der dritte Punkt ist vielleicht der wichtigste. »Das Wachstum der globalen Wirtschaft führt zur Bildung einer heimatlosen Elite, die nur noch am eigenen Wohlergehen interessiert ist und nicht an dem des Landes, in dem ihre Firma zurzeit gerade den Hauptsitz hat.« Diese Elite, so Summers weiter, ist folglich auch nicht daran interessiert, die Verlierer der Globalisierung zu entschädigen, und sie findet für diese unsoziale Haltung auch scheinbar einleuchtende Begründungen.

Summers zitiert in diesem Zusammenhang einen nicht namentlich genannten Chef eines multinationalen Unternehmens, den er in Davos getroffen hat. »Unserer Firma geht es gut, unabhängig davon, wie sich der US-amerikanische Markt entwickelt. Aber wir hoffen im Interesse der USA, dass diese ihre Steuern senken und die Märkte deregulieren und dass mehr Druck auf die jungen Leute ausgeübt wird, sodass das Land wettbewerbsfähig bleibt.«

Summers übersetzt das in Klartext: Der Unternehmenschef erkennt zwar an, dass die Globalisierung die Ungleichheit und die soziale Unsicherheit erhöht. Er sagt aber auch, dass der Versuch, diese negativen Wirkungen mit progressiven Steuern, starken Gewerkschaften und einem Ausbau der sozialen Sicherheitssysteme zu mildern, die Wettbewerbsfähigkeit des betreffenden Landes gefährden würde. Dies wiederum ist weniger eine sachliche Feststellung denn eine Drohung: Wenn ihr Politiker uns nicht die Standortbedingungen bietet, die wir als wettbewerbsfähig bezeichnen, verlegen wir unsere Produktion an einen anderen Standort.

Soweit Lawrence Summers. Wir haben ihn so ausführlich zitiert, weil er mitten im Mainstream der intelligenteren US-Ökonomen schwimmt, seine Worte vorsichtig wählt und keine extremen Positionen vertritt. Ein anderer US-Ökonom, James Kenneth Galbraith, Sohn des legendären John Kenneth Galbraith und Professor an der Texas University, erlegt sich weit weniger Zurückhaltung auf. In seinem neuen Buch »Review of the Predator State« (Der Räuberstaat)[1] stellt er die These auf, dass die neue Machtelite die Idee vom freien Welthandel nur noch als einen Vorwand benutzt, um die eigenen Interessen durchzusetzen. »Der ›Industriestaat‹ ist ersetzt worden durch den Räuberstaat, eine Koalition von konsequenten Gegnern der Idee eines ›Gemeinwohls‹, dessen Ziel es ist, den Staatsapparat zu beherrschen und den Interessen einer plutokratischen Elite unterzuordnen.«

Das klingt zwar wie eine Verschwörungstheorie. Doch wer die offiziellen Statistiken über die zunehmend einseitige Einkommens- und Vermögensverteilung in den USA zur Kenntnis genommen und bei Galbraith nachgelesen hat, wie eng diese Entwicklung mit politischen Entscheidungen zusammenhängt, muss einräumen, dass Galbraith' These eine insgesamt zwar zugespitzte, aber wohl nicht ganz falsche Zusammenfassung der Fakten ist.

Auch in Europa wird die einst selbstverständliche Idee, dass die Politik dem Gemeinwohl dienen sollte, von gewissen Kreisen grundsätzlich infrage gestellt oder gar lächerlich gemacht. So schreibt etwa der Schweizer Ökonom Silvio Borner[2]: »Die Aufforderung an den Staat, bei seiner Politik das Gemeinwohl, ja das Wohl der Weltgemeinschaft im Auge zu haben, ist nicht nur idealistisch, sondern auf dem Hintergrund der Erkenntnisse der modernen politischen Ökonomie, aber auch der historischen Erfahrung reichlich naiv. Und anmassend, weil man für sich in Anspruch nimmt, das Allgemeinwohl zu kennen. Die Wirtschaftsverbände schliesslich werden ermahnt, nicht mehr länger ihre Partikularinteressen zu verfolgen. Dazu würden wir entweder ›bessere‹ Menschen brauchen als die, welche jetzt die Welt bevölkern. Oder eine Diktatur, die uns zu ›besseren Menschen‹ macht.«

Borner hat nicht ganz unrecht. Natürlich weiß niemand genau, was das Gemeinwohl ist. Und die »moderne politische

Ökonomie«, auf die sich Borner bezieht, hat zu Recht darauf hingewiesen, dass auch Politiker nicht vor der Versuchung gefeit sind, ihre persönlichen Interessen höher zu gewichten als die ihrer Wähler. Die Politik ist nicht perfekt. Diese Erkenntnis ist nicht neu. Deshalb hat man die Gewaltenteilung erfunden und die vielen »Checks and Balances«. Was aus dem komplexen Prozess der politischen Entscheidungsfindung resultiert, soll dadurch dem Gemeinwohl so nahe kommen wie eben möglich. Menschen, die so argumentieren wie Borner, wollen aber – auch wenn sie das nicht offen sagen – die politischen Entscheidungsprozesse gar nicht verbessern, sie wollen vielmehr die Politik abschaffen und die Entscheidungen möglichst weitgehend dem Markt überlassen.

Doch wenn schon das Streben nach dem Gemeinwohl verdächtig ist und wenn die Politik abgeschafft werden soll, dann kann es auch keine Entschädigung für die Verlierer der globalen Marktwirtschaft mehr geben, und damit gerät der Grundkonsens ins Wanken, auf dem die soziale Marktwirtschaft gründet. Und genau dabei spielt der Steuerwettbewerb eine entscheidende Rolle. Die Entschädigung der Verlierer funktioniert letztlich nur auf eine Weise: Der Staat muss den Gewinnern etwas wegnehmen und es den Verlierern geben. Das setzt voraus, dass der Staat die Reichen besteuern kann. Und genau dies wird in Anbetracht des globalen Steuerwettbewerbs immer schwieriger.

Für Summers ist das der Knackpunkt der ganzen Globalisierungsdebatte: Entweder gelingt es, die Verlierer der Globalisierung durch die Besteuerung der Reichen schadlos zu halten, oder das ganze über Jahrzehnte aufgebaute System des globalen Güteraustauschs bricht zusammen. Für ihn gibt es deshalb nur eine Lösung: Re-Regulierung.

Und diese Re-Regulierung muss bei den Steuern beginnen. Punkt 1 in Summers' »Programm für eine gesunde Globalisierung« sind die Steuern. Die USA sollen die Initiative ergreifen für eine globale Koordination der nationalen Steuerpolitiken mit dem Zweck, den Wettlauf nach unten (»race to the bottom«) zu beenden. Die global tätigen Unternehmen und die wohlhabenden Bürger sollen nicht mehr die Möglichkeit haben, die Entrichtung von Steuern weitgehend oder gar ganz zu vermeiden.[3]

Summers steht mit seinen Sorgen nicht allein. Auch in der EU mehren sich die Stimmen, die im globalen Steuerwettbewerb eine ernsthafte Gefahr für die soziale Marktwirtschaft und für die Demokratie sehen. Doch bevor wir uns mit der globalen Steuerpolitik befassen, wollen wir uns der Frage zuwenden, warum denn der Steuerwettbewerb plötzlich zu einem Megathema geworden ist. Im Wesentlichen sind zwei Trends für diese Zuspitzung verantwortlich:

1. Mit steigendem Wohlstand und mit zunehmender Bevölkerungsdichte und -ballung hat sich die Art unserer Bedürfnisse stark verändert. Der Anteil der kollektiven Güter und Dienstleistungen hat stark zugenommen.
2. Die Finanzierung von kollektiven Gütern war schon immer schwierig. Niemand zahlt gerne Steuern. Die Probleme haben sich aber in jüngster Zeit noch potenziert. Der Grund dafür ist nicht nur die prozentuale Zunahme der öffentlichen und der kollektiv finanzierten Güter, sondern darüber hinaus die Tatsache, dass sich die Einkommen und Vermögen in immer weniger Händen konzentrieren. Reiche aber sind mobil oder können sich Mobilität[4] leichter leisten. Damit ist ein immer größerer Teil des Steuersubstrats von Abwanderung bedroht.

Im Folgenden wollen wir uns diesen beiden Trends im Einzelnen zuwenden.

Der »ausufernde Sozialstaat« – oder: Die Zunahme der kollektiven Bedürfnisse

Als die prähistorischen Menschen noch in Sippenverbänden lebten, gab es keinen Staat. Auch das, was man aus heutiger Sicht als staatliche Leistungen betrachten könnte, nahm nicht allzu viel Zeit und nur wenige Ressourcen in Anspruch. Man brauchte jemanden, der Streit schlichtete, jemanden, der einen guten Kontakt zu den Göttern und dem Jenseits pflegte und Krankheiten und böse Geister austreiben konnte, zudem Spezialisten für einige Handwerke, Waffen, Jagd, Viehzucht und später Feldbau. Das war's dann auch schon.

Das Problem der Staatsquote stellt sich damals auch deshalb nicht, weil es zwischen gemeinschaftlichen Leistungen und privaten Gegenleistungen – wenn man denn den Unterschied gemacht hätte – einen direkten, sichtbaren Zusammenhang gab. Niemand musste sich fragen, wofür der »Staat« denn sein Geld ausgab oder seinen Finger rührte.

Heute ist das ganz anders. Wir leben nicht mehr selbstgenügsam in der Sippe. Wir bestellen unser Feld nicht mehr selbst. Was wir tun, hat mit unserem eigenen Lebensunterhalt fast nichts mehr zu tun. Wir arbeiten für andere, spezialisieren uns auf eine ganz kleine Nische und hoffen darauf, dass wir unsere Arbeit einigermaßen vorteilhaft gegen die Arbeit der anderen austauschen können. Zu diesem Zweck haben wir das Geld erfunden.

Dank dieser globalen Arbeitsteilung sind wir unendlich viel effizienter als unsere Vorfahren. Eine Zahl illustriert diesen Wandel besonders eindrücklich: 1830 haben wir noch 55 Prozent unseres Einkommens für die Nahrung aufgewendet. Heute sind es noch acht bis zehn Prozent, obwohl wir im Schnitt inzwischen weniger als halb so viel arbeiten.

Dafür geben wir einen erheblich größeren Anteil unseres deutlich höheren Einkommens für die Erhaltung der Gesundheit, für Erziehung und für soziale Sicherheit aus. Während wir früher von der Hand in den Mund lebten, verwenden wir heute einen großen Teil unserer Arbeit bzw. unseres Einkommens für Dinge, die wir später (vielleicht oder hoffentlich) einmal benötigen.

Die Liste unserer Vorsorgebedürfnisse ist beindruckend:

Altersvorsorge

Wir arbeiten durchschnittlich 41 Jahren lang bis ins 63. Lebensjahr und haben danach noch 16 Rentenjahre vor uns. Dieser Ruhestand muss finanziert werden, und zwar aus dem Arbeitseinkommen. Selbst wenn wir uns im Alter mit 80 Prozent des aktiven Nettoeinkommens begnügen, müssten wir rund 24 Prozent des Einkommens zur Seite legen.

Diese Überschlagsrechnung geht von der Annahme aus, dass die reale Rendite unserer Ersparnisse genauso groß ist wie das reale Pro-Kopf-Wachstum der Wirtschaft. Das ist einigermaßen realistisch. Gar nicht realistisch ist hingegen die Annahme, dass alle, ob Mann oder Frau, 79 Jahre alt werden. Viele sterben früher, doch jeder hofft, noch länger zu leben. Doch was, wenn wir 90 oder 100 Jahre alt werden? Für diesen Fall müsste man 30 oder 40 Prozent des Einkommens zur Seite legen. Eine solche Sparquote würde den Konsum ernorm einschränken und die Wirtschaft in eine dauerhafte Rezession und Nachfragekrise führen.

Der Ausweg aus dem Dilemma ist bekannt. Es braucht eine kollektive Rentenversicherung. Diese hat zwei Vorteile: Erstens verteilt sie das Risiko der Langlebigkeit auf alle und macht dadurch die Rente kalkulierbar. Zweitens kann eine kollektive Altersvorsorge (teilweise oder ganz) im Umlageverfahren finanziert werden. Das heißt, die Beiträge der arbeitenden Bevölkerung werden direkt – ohne Umweg über ein Sparkonto – für die Finanzierung der laufenden Renten verwendet. Dadurch kann verhindert werden, dass zu viel gespart und damit die volkswirtschaftliche Nachfrage beeinträchtigt wird.

Faktisch wird heute in den Industrieländern der überwiegende Teil der Altersvorsorge durch kollektive Zwangssysteme (inklusive der mit Steuern finanzierten Sozialhilfe für Rentner) finanziert. Die Kosten belaufen sich dabei locker auf 20 Prozent der Lohnsumme. Beispiel Deutschland: In ihrem Monatsbericht vom April 2008 hat die Deutsche Bundesbank die Eckdaten der gesetzlichen Rentenversicherung in Deutschland sinngemäß wie folgt zusammengefasst:

Der paritätische, von Arbeitgebern und -nehmern zu entrichtende Beitragssatz liegt bei 19,9 Prozent der beitragspflichtigen Bruttolöhne. Die Beitragspflicht endet bei einem Einkommen von 5300 Euro monatlich (4500 Euro in den Ostländern). Diese Beiträge decken 71,5 Prozent aller Ausgaben von insgesamt 235 Milliarden Euro. Den Rest, rund 68 Milliarden, steuert der Bund bei. Rechnet man den Bundesbeitrag dazu, so kostet die Rentenversicherung gut 27 Lohnprozente. Damit wird eine Rente finanziert, die den Beziehern 65,5 Prozent ihres früheren Nettolohns sichert. Die maximale Rente liegt damit bei knapp 3500 Euro.

Gesundheitsvorsorge

Anders als die Ausgaben für Nahrungsmittel oder Miete treten diejenigen für Gesundheit unregelmäßig auf, fallen dann jedoch stärker ins Gewicht. Jahrelang ging alles gut, doch plötzlich wird eine größere Operation fällig, die man aus dem laufenden Einkommen unmöglich bezahlen kann. Auch hier gibt es nur eine sichere Lösung: die Versicherung. Statt 30 Jahre gesund zu sein und nichts zu bezahlen, nur um dann im 31. Jahr mit einer ruinösen Rechnung konfrontiert zu werden, zahlt man lieber jedes Jahr ein paar Prozent des Einkommens in eine Versicherung.

Wie viele Prozent? Die Ausgaben für Gesundheit betrugen 2007 in Deutschland 287 Milliarden Euro oder rund zwölf Prozent des Haushaltseinkommens. Wenn wir davon ausgehen, dass rund ein Sechstel der Gesundheitsausgaben kleinere Beträge betreffen, die man aus dem laufenden Einkommen bezahlen kann, so bleibt immer noch ein über Versicherungen zu finanzierender Anteil von zehn Prozent der Haushaltseinkommen. Die Tendenz ist klar steigend.

Bildung

Anders als Unfälle und Krankheiten treffen uns die Ausgaben für die Schulbildung unserer Kinder im Allgemeinen nicht unvorbereitet. Wir wollen – in der Regel – unseren Kindern eine gute Ausbildung zukommen lassen. Wir wissen, wann sie in die Schule eintreten, und die Kosten sind einigermaßen bekannt. Oder zumindest könnte man sie in Erfahrung bringen.

Bildung ist genau wie Gesundheits- oder Altersvorsorge streng genommen kein öffentliches Gut. Jeder beansprucht seine Gesundheitsvorsorge, seine Rente oder seine Bildung selbst. Dennoch gibt es gute Gründe, zumindest die Grundschule staatlich zu finanzieren. Fragen Sie einmal US-amerikanische Eltern, wie viele Extraschichten sie schieben und wie viele Zweitjobs sie annehmen, nur um ihren Kindern ein gutes College zu bezahlen, oder wie oft sie in eine »bessere Gegend« umgezogen sind, nur weil es dort bessere oder zumindest einigermaßen vernünftige öffentliche Schulen gibt!

Also haben wir noch einmal ein wichtiges privates Gut, das zu unserem Vorteil kollektiv finanziert wird – und das viel Geld kostet: In Deutschland betrugen 2007 die Ausgaben für öffentliche Schulen 312 Milliarden Euro, das sind zwölf Prozent der privaten Einkommen.

Arbeitslosigkeit, Niedriglöhne

Wer einen Beruf erlernt oder eine Beschäftigung annimmt, weiß nie, ob seine Fähigkeiten und seine Arbeitskraft im nächsten Jahr noch gebraucht werden. Je arbeitsteiliger die globale Wirtschaft, desto größer wird die Unsicherheit. Im Schnitt ist jeder Deutsche während seines künftig auf das 67. Lebensjahr verlängerten Arbeitslebens fünf Jahre lang arbeitslos und verdient während weiterer fünf Jahre 50 Prozent zu wenig, um seinen gewohnten Lebensstandard halten zu können.

Um auch dieses Risiko abzusichern bzw. um die Einkommenseinbußen gleichmäßig auf alle Lebensjahre zu verteilen, müsste man theoretisch noch einmal mehr als zehn Prozent des laufenden Einkommens in entsprechende Versicherungsprämien investieren. Im Gegensatz zu Krankheit und Alter trifft aber das Risiko der Arbeitslosigkeit nicht alle gleichermaßen. Und im Gegensatz zu Gesundheit und hoher Lebenserwartung gilt Arbeit als Last, sodass eine allzu komfortable Versicherung falsche Anreize bieten könnte. Deshalb ist der Schutz vor Arbeitslosigkeit und Billigjobs nicht so gut ausgebaut, wie man es aus reinen Wohlfahrtsgesichtspunkten vielleicht wünschen könnte.

Dennoch: In Deutschland betrugen die Ausgaben für Arbeitslosenversicherung und Sozialhilfe 2007 rund 145 Milliarden Euro oder sieben Prozent aller Haushaltseinkommen.

Sicherheit des Zahlungsverkehrs und der Kreditsysteme

Ohne sichere Banken, ohne einen funktionierenden Zahlungsverkehr geht heute gar nichts. Wie wichtig uns dieses letztlich kollektive Gut ist, zeigt sich unter anderem in den Millionensalären, die wir – über Kommissionen und Bankgebühren –

den Finanzfunktionären bezahlen. In jüngster Zeit hat sich allerdings gezeigt, dass diese von uns – individuell – hoch bezahlten Manager ihre Arbeit nicht gut genug gemacht haben. Deshalb muss jetzt der Staat mit Steuermitteln einspringen. Die US-Regierung etwa wird für die Rettung ihrer Banken (und unseres Bankensystems) mindestens 700 Milliarden Dollar aufbringen müssen. Das sind rund fünf Prozent des US-Bruttoinlandprodukts.

Rechnen wir zusammen: Die Vorsorge für Alter, Krankheit, Ausbildung und Arbeitslosigkeit verschlingt zusammen gut 40 Prozent unserer Einkommen. Dabei haben wir bisher noch nicht einmal von den echten kollektiven Bedürfnissen gesprochen, wie etwa Verkehr, Gerichtsbarkeit, Verwaltung, innere und äußere Sicherheit, Kultur, Absicherung des Finanzsystems. Diese Ausgaben verschlingen unter normalen Umständen – also ohne Krieg und Krisen – weitere gut zehn Prozent der privaten Einkommen. Insgesamt beanspruchen die öffentlichen und die kollektiv finanzierten privaten Güter und Dienstleistungen mehr als 50 Prozent unserer Einkommen.

Ist das schlimm? Nein. Der hohe Anteil der kollektiven und kollektiv zu finanzierenden Güter am Bruttosozialprodukt ist ein Zeichen von Reichtum. Er zeigt, dass wir inzwischen so effizient sind, dass wir nur noch einen sehr kleinen Teil unserer Arbeitszeit dafür aufbringen müssen, unsere individuellen Bedürfnisse nach Nahrung, Wohnung, Unterhaltung und Mobilität zu decken. Und wir können es uns sogar leisten, uns mit durchschnittlich 64 Jahren freiwillig oder unfreiwillig zur Ruhe zu setzen und Däumchen zu drehen.

Die öffentliche Wahrnehmung dieses Phänomens ist aber eine ganz andere. »Wir arbeiten bis Juli nur für den Staat«, lautet etwa eine populäre Aussage. Oder: »Der Staat frisst mehr als die Hälfte unserer Einkommen weg.« So als würden wir eigentlich am liebsten unser ganzes Einkommen nur für Essen, Trinken und Ferien verbrauchen und für Alter und Krankheit nichts übrig lassen.

Ein anderes Stichwort, das die populäre Wahrnehmung der öffentlichen Aufgaben prägt, heißt »ausufernder Sozialstaat«. Dahinter steckt die Vorstellung, dass unsere Steuern und Sozialabgaben letztlich nur den Armen und den Faulen zugutekommen und dass man mit einer Prise mehr sozialer Härte einen großen Teil der öffentlichen Ausgaben einsparen könnte.

Da ist natürlich ein Körnchen Wahrheit mit dabei. Aber wirklich nur ein Körnchen. Die eigentlichen Sozialausgaben machen nur einen kleinen Teil der kollektiven Ausgaben aus. In der Schweiz etwa haben Bund, Kantone und Gemeinden 2004 insgesamt 24,7 Milliarden Franken (gut fünf Prozent des damaligen Bruttoinlandsprodukts) für die soziale Wohlfahrt ausgegeben. Darunter fallen auch sämtliche staatlichen Zuschüsse an die diversen Sozialversicherungen. Die Ausgaben für die eigentliche Armenfürsorge beliefen sich auf 4,2 Milliarden – weniger als ein Prozent des Bruttoinlandsprodukts (BIP). In Deutschland liegen die Ausgaben für die Sozialhilfe – also für den harten Kern des Sozialstaats – mit gut 20 Milliarden Euro ebenfalls unter einem Prozent des BIP.

Zwar trifft es zu, dass diese Ausgaben im Verhältnis zum BIP überproportional zugenommen haben. Richtig ist auch, dass die öffentlichen Güter effizienter hergestellt werden könnten. (Das Gleiche gilt allerdings auch für weite Teile der Privatwirtschaft und insbesondere des Finanzsektors.) Dennoch ist die Vorstellung, dass wir es hier mit einer gewaltigen und letztlich ineffizienten Umverteilungsmaschinerie zu tun haben, falsch oder zumindest stark übertrieben.

Die schwierige Finanzierung der kollektiven Güter

Dass die kollektiven Güter trotz ihrer augenfälligen Nützlichkeit einen so schlechten Ruf haben, hat einen einleuchtenden Grund: Niemand bezahlt gern Steuern oder Abgaben. Wir würden zwar auch lieber gratis ins Kino gehen oder uns bei

Aldi den Umweg über die Kasse sparen. Doch da diese Ausgaben zu einer unmittelbaren Befriedigung unserer Gelüste führen, zahlen wir private Güter im Allgemeinen, ohne zu murren. Bei den öffentlichen Gütern ist das nicht der Fall. Wir sind oft noch nicht einmal sicher, ob wir wirklich für uns bezahlen oder letztlich nur für den Nachbarn und Trittbrettfahrer.

Das ist ein echtes Problem. Und es wird umso größer, je wichtiger die kollektiv finanzierten Güter im Vergleich zu den privaten werden. Tatsache ist, dass es immer schwieriger wird, die öffentlichen Güter zu finanzieren. Wir können uns die öffentlichen Güter dank der Produktivität unserer Wirtschaft zwar leisten, aber ihre Finanzierung wird mehr und mehr zum Problem. Wie bringe ich die Bürger dazu, 40, 50 oder gar 60 Prozent ihres Einkommens bereitwillig für kollektive Güter auszugeben?

Was ist zu tun? Zunächst einmal muss man sich sehr genau die Frage stellen, ob und inwieweit private Güter wirklich kollektiv finanziert werden müssen. Ein Teil der Lösung liegt darin, dass man bei allen unechten öffentlichen Gütern überlegt, ob man sie nicht mit Gebühren oder Prämien statt mit Steuern finanzieren kann. Beim Straßenverkehr ist das einfach. Da zahlen wir mit dem Benzin zumindest die direkten Kosten mit. Bei der höheren Bildung sind Studiengebühren zu Recht ein Thema. Bei der Krankenversicherung ist zu überlegen, ob nicht zumindest ein Teil der Kosten aus der eigenen Tasche finanziert werden sollte.

Aber die Möglichkeiten sind beschränkt: In den meisten Fällen ist eine kollektive Finanzierung wirklich sinnvoll. Wer möchte vor der nächsten großen Operation zunächst das Haus bis unter das Dach beleihen müssen – falls man überhaupt eines hat? Wer möchte gern darüber entscheiden müssen, welchem seiner drei begabten Kinder er eine Universitätsbildung finanzieren soll? Nur die rund zehn Prozent reichsten Haushalte haben genügend finanzielle Reserven, um alle Wechselfälle des Lebens notfalls aus eigener Finanzkraft zu meistern.

Der zweite und wichtigere Teil der Lösung des Finanzierungsproblems der öffentlichen Güter besteht darin, die Steuerbasis möglichst breit zu halten. Je breiter die Steuerbasis, desto geringer der Steuersatz. Oder anders gesagt: Wenn alle zahlen, zahlt jeder Einzelne weniger.

In der Realität geschieht aber genau das Gegenteil. Immer mehr Einnahmen werden von der Steuer befreit, immer mehr Ausgaben können vom steuerbaren Einkommen abgezogen werden. In Frankreich etwa gibt es (Stand: Mitte 2008) allein für die Einkommensteuer 196 Ausnahmeregeln. Sie reduzieren die Steuerbasis (die Summe der steuerbaren Einkommen) um rund 40 Prozent[4]. Da viele dieser Abzüge (etwa die Ausgaben für Dienstboten und Versicherungsprämien) vor allem den reichen Haushalten zugutekommen, bewirken sie auch, dass die Steuersätze mit steigendem Einkommen abnehmen. Während die 5000 reichsten Haushalte Frankreichs im Schnitt 36 Prozent Steuern auf ihr Einkommen zahlen müssen, sinkt der Steuersatz für die reichsten hundert auf 24 Prozent. Einige dieser hundert haben es sogar geschafft, per Saldo vom Staat sogar noch Geld zu erhalten.

Unter diesen realen Umständen wäre eine sogenannte »Flat Rate Tax«, also eine Steuer mit einem einheitlichen prozentualen Satz und einem einheitlichen Grundabzug für alle, nicht nur wesentlich effizienter, sondern auch sozialer als ein »progressives« Steuersystem mit 196 Ausnahmeregeln. Das gilt allerdings nur, wenn für diesen einheitlichen und für die Reichen geringeren Steuersatz auch alle Abzüge gestrichen werden. Dass das politisch kaum durchzusetzen ist, zeigt etwa die von der schweizerischen FDP geforderte »Swiss Easy Tax«. Die Initiatoren fordern zwar einen einheitlichen Steuerfreibetrag für alle, doch wenn man genau nachfragt, stellt sich heraus, dass die (für die reiche Klientel der FDP wichtigen) Beiträge für die Altersversicherung selbstverständlich weiterhin vom versteuerbaren Einkommen abgezogen werden können. Eine solche »Flat Rate Tax« würde aber nur die Steuereinnahmen weiter senken.

Ein weiteres Problem liegt in der Konzentration der Einkommen und Vermögen. Immer größere Teile des Bruttoinlandprodukts und damit der Steuerbasis konzentrieren sich in den Händen von wenigen Unternehmen und Privatpersonen, die damit gegenüber dem Staat in einer starken Verhandlungsposition sind. Es reicht nicht mehr, mit der Mehrheit der Stimmbürger oder ihrer parlamentarischen Vertreter eine Steuererhöhung zu beschließen, wenn diejenigen, die sie bezahlen müssen, sich ganz einfach einen anderen Staat suchen können. Die Steuern entziehen sich der Sphäre der Politik und werden zu einer Angelegenheit von Angebot und Nachfrage. Die Steuerkraft, nicht die Stimmkraft entscheidet.

Zwischen der Zunahme der öffentlichen Güter und der Konzentration der Einkommen besteht ein eindeutiger Zusammenhang: Angesichts eines schlechten Arbeitsmarktes sind viele froh, wenn sie mit ihrem Lohn wenigstens den laufenden Lebensunterhalt decken können. Auf der anderen Seite steht der Staat vor der Wahl, entweder den Arbeitslosen Arbeitslosengeld zu bezahlen oder für Arbeitnehmer im Niedriglohnsektor die Kosten der Renten- oder auch der Krankenversicherung zu übernehmen. Letzteres ist – kurzfristig gesehen – billiger und hat für den Arbeitgeber dazu noch den Vorteil, dass er kein schlechtes Gewissen haben muss, wenn er Leute zu Löhnen unterhalb der Lebenshaltungskosten beschäftigt. Auf diese Weise aber werden letztlich bisher individuelle Lohnkosten »sozialisiert«. Der Staat ist um eine Aufgabe reicher und damit finanziell ärmer geworden.

Die volkswirtschaftlichen Konsequenzen dieses Arrangements lassen sich inzwischen bei einer volkswirtschaftlichen Gesamtrechnung ablesen. Um diesen Sachverhalt klarzumachen, müssen wir ganz kurz ausholen: In einer normal funktionierenden Wirtschaft legen die Arbeitnehmer einen Teil ihres Lohns für ihre Altersversorgung – oder für die nächste größere Anschaffung – zur Seite. Diese Ersparnisse werden von den Unternehmen gebraucht, um ihre Investitionen zu finanzieren. Die Arbeitnehmer beteiligen sich also direkt (über Aktien) oder indirekt (über Sparbücher und Bankkredite) am produktiven Kapital. Aus Sicht der Unternehmen heißt das, dass sie einen Teil ihrer Investitionen mit Kredit oder mit der Ausgabe neuer Aktien finanzieren müssen.

Das ist heute nicht mehr so. Den Unternehmen ist es gelungen, ihre Preise so zu erhöhen bzw. die Lohnkosten so zu senken, dass sie sämtliche Investitionen aus den laufenden Einnahmen decken können. Wie aus der Finanzierungsrechnung der Deutschen Bundesbank hervorgeht, haben die deutschen Unternehmen (ohne Banken) noch im Jahr 2000 mehr als die Hälfte ihrer damals 247 Milliarden Euro Bruttoinvestitionen mit fremden Mitteln finanzieren müssen. Das Finanzierungsdefizit wurde damals mit 137 Milliarden Euro ausgewiesen. Zwei Jahre später erzielte der Unternehmenssektor erstmals einen Finanzierungsüberschuss. 2007 sah die Rechnung wie folgt aus: Bruttoinvestitionen: 250 Milliarden Euro. Bruttogewinn: 263 Milliarden Euro. Finanzierungsüberschuss: 13 Milliarden Euro. Dazu kommen dann noch 20 Milliarden Überschuss aus dem Finanzsektor.

Auch in der Schweiz ist der Unternehmenssektor längst nicht mehr auf die Ersparnisse der Haushalte angewiesen. Gemäß der volkswirtschaftlichen Gesamtrechnung haben die Unternehmen 2006 insgesamt 63 Milliarden Franken investiert. Ihr Gewinn (abzüglich der Steuern) belief sich aber auf 95 Milliarden Franken. Von der Differenz von 32 Milliarden wurden 15 Milliarden Franken als Gewinn ausgeschüttet, und 17 Milliarden blieben als Netto-Cash-Flow in der Kasse. Die Banken steuerten weitere 17 Milliarden Franken bei. Mit diesem Geld wurden Schulden zurückbezahlt und Wertpapiere gekauft.

Diese Zahlen sind – wie gesagt – der Reflex der steigenden Gewinnmargen und der sinkenden Lohnquoten. Sie bedeuten, volkswirtschaftlich gesehen, dass die Unternehmen die Spargelder der Haushalte nicht mehr brauchen. Da aber die deutschen Privathaushalte – im Gegensatz etwa zu den US-amerikanischen – nicht aufgehört haben zu sparen, sondern 2007 sogar einen Nettofinanzierungsüberschuss von 133 Milliarden Euro erzielt haben, stellt sich die Frage: Wohin mit diesen Ersparnissen?

Die buchhalterische Logik gibt die Antwort: Der Staat oder das Ausland muss sich gegenüber den privaten Haushalten und dem Unternehmenssektor verschulden. 2007 hat ausschließlich das Ausland mit massiven Handelsdefiziten gegenüber Deutschland die »Last« dieser Überschüsse getragen. In den Jahren zuvor hat aber auch der deutsche Staat zum Ausgleich der Salden beigetragen. Seit 2001 hat er sich deshalb mit mehr als 400 Milliarden Euro zusätzlich verschulden müssen. Die Guthaben des einen sind schließlich die Schulden der anderen. Irgendjemand muss sich verschulden.

Entsprechend können die Haushalte ihre Rentenansprüche – falls noch vorhanden – nicht mehr direkt an die Unternehmen, als deren Gläubiger und Mitbesitzer, richten, sondern an das Ausland und an den Staat. Der Staat muss über Steuern das ausgleichen, was die Unternehmen den Haushalten an Lohn vorenthalten haben. Das bedeutet eine zusätzliche Belastung des Sozialstaats, die dieser aber mangels Steuereinnahmen nicht tragen kann oder will. Die Folge davon ist der Um- und Abbau der sozialstaatlichen Einrichtungen.

Die steigenden Gewinne und die Finanzierungsüberschüsse der Großunternehmen haben aber noch eine weitere fatale Wirkung: Sie lösen eine sich selbst verstärkende Rückkoppelung aus. Statt in reale Investitionen fließen die Ersparnisse der Haushalte, zusammen mit den Finanzierungsüberschüssen der Unternehmen – vor allem der marktdominierenden Großunternehmen –, in den Finanzkreislauf. Statt in neue Fabriken zu investieren, kaufen sich die Unternehmen gegenseitig auf. Sie schalten damit die Konkurrenz aus und können ihre Gewinnmargen weiter erhöhen.

Das tun sie natürlich nicht allein, sondern mithilfe von Investmentbanken, Hedgefonds und anderen Finanzinstituten. In den vergangenen zehn bis zwanzig Jahren hat sich – nicht zuletzt alimentiert von den Pensionskassen und Investmentfonds – eine ganze Industrie herangebildet, die sich darauf spezialisiert hat, Firmen zu kaufen, zu fusionieren, aufzuteilen und über die Börsen mit Gewinn wieder zu verkaufen.

Das Heranwachsen dieser Branche hat die Wirtschaft und die Gesellschaft in verschiedener Weise verändert. Zum einen beansprucht der Finanzsektor einen immer größeren Teil des BIP. Die Statistik unterschätzt die Dynamik dieser Entwicklung, weil in Deutschland die Sektoren Finanzierung und Unternehmensdienstleistungen gemeinsam ausgewiesen werden. Ihr Anteil am BIP lag 1970 noch bei bescheidenen 14 Prozent, 1991 war er schon auf 23 und bis 2007 auf 29,2 Prozent des BIP angestiegen. Zum Vergleich: Der Anteil der öffentlichen Verwaltung liegt bei 5,7 Prozent.

Eine noch einschneidendere Entwicklung liegt darin, dass die neue Finanzelite – Analysten, Vermögensverwalter, Fondsmanager, Bankenbosse – die politischen und sozialen Kräfteverhältnisse grundlegend verändert haben. Die Finanzmanager sind gleichsam die Gewerkschaft des Kapitals. Während die Gewerkschaften der Arbeit Teuerungsausgleich und ein paar wenige Prozent Reallohnerhöhung fordern und zu diesem Zweck schon mal mit Streik drohen, hat die Gewerkschaft des Kapitals eine Eigenkapitalrendite von 20 Prozent zum Existenzminimum erklärt, und ihre Drohung ist die Auslagerung oder der Investitionsstreik.

Doch das ist nicht alles. Die Kaste der Geldverwalter macht ihre neu gewonnene Macht nicht nur gegenüber den Arbeitnehmern geltend, sondern auch gegenüber dem Staat. Man investiert oder nimmt seinen Wohnsitz dort, wo Subventionen fließen oder das Steuerklima günstig ist.

Das hat konkrete Folgen. Seit einigen Jahren gehen weltweit die Gewinnsteuern dramatisch zurück. Wie eine Studie[5] des Unternehmensberaters KPMG zeigt, sind die Steuersätze für Unternehmensgewinne seit 1999 weltweit von durchschnittlich 31,4 auf 25,9 Prozent und innerhalb der EU sogar von

34,8 auf 23,2 Prozent gesunken. Das ist der »immer härter werdende globale Steuerwettbewerb«, dem sich ein kleines Land ohne Rohstoffe natürlich nicht entziehen kann.

Doch wer treibt diesen Wettbewerb eigentlich an? Ist es Albanien mit einem Steuersatz von zehn Prozent? Oder Macao mit zwölf Prozent? Kaum. Diese Exoten spielen beim Kampf um die Ansiedlung von Firmen keine wichtige Rolle. Die Schweiz hingegen schon. Sie wurde schon 1999 mit einem Satz von 25,1 Prozent nur von Oman unterboten. 2008 figuriert die Schweiz (bzw. die Stadt Zürich) mit einem Satz von 21,17 Prozent weiterhin ganz unten auf der KPMG-Liste. Der KPMG-Liste kann der interessierte Investor entnehmen, dass der Steuersatz in den Kantonen Obwalden und Appenzell Ausserrhoden gar nur 12,66 Prozent beträgt, ein Wert, der nur noch von wenigen Exoten unterboten wird.

Bei den Einkommensteuern ist die Sache weniger klar. Zwar sind etwa in den USA, in Deutschland, in Frankreich oder in vielen Schweizer Kantonen die Sätze für Spitzenverdiener deutlich herabgesetzt worden, doch von einem globalen Trend zu sprechen wäre übertrieben, zumindest gibt es dafür keine statistischen Beweise. Gemäß der OECD-Studie »Taxing Wages 2007«[6] sind zwar die Steuersysteme in den Jahren 2000 bis 2007 insgesamt »weniger progressiv geworden«. Doch von einer generellen, überproportionalen Entlastung hoher Einkommen kann nicht die Rede sein. Insgesamt sind die durchschnittlichen Steuersätze aller OECD-Länder für alle drei untersuchten Lohnkategorien (Durchschnitt, 67 Prozent und 167 Prozent des Durchschnittslohns) leicht gesunken. Vor allem Familien mit Kindern wurden steuerlich entlastet.

Offensichtlich sind die reinen Arbeitseinkommen (noch?) zu wenig mobil, um zum Objekt eines länderübergreifenden Steuerwettbewerbs zu werden. Dieser konzentriert sich deshalb umso mehr auf die Einkommen aus dem Besitz und aus der Verwaltung von Wertpapieren. Genau auf diesem Gebiet spielt die Schweiz als größter grenzüberschreitender Vermögensverwalter der Welt eine zentrale Rolle. Die Schweiz ist nicht nur Profiteur, sondern auch Antreiber einer Entwicklung, welche die Weltwirtschaft aus den Angeln zu heben droht und den sozialen Frieden gefährdet.

Was kann man dagegen tun? Der erste Schritt zur Lösung besteht zweifellos darin, dass man erst einmal erkennt, dass es da ein Problem gibt, das man ohne internationale Absprachen und gegenseitige Konzessionen nicht lösen kann. Der Beinahe-Kollaps des globalen Finanzsystems dürfte diese Erkenntnisprozesse beschleunigen, denn er ist letztlich eine Folge der großen globalen Umverteilung von unten nach oben. Er hat – grob vereinfacht formuliert – dazu geführt, dass der Konsum, der den Deutschen durch die Lohnsenkungen vorenthalten wurde, letztlich in den USA stattgefunden hat. Leider wurde er aber mit Krediten auf überbewertete Liegenschaften finanziert statt mit Lohneinkommen. Das ist die Blase, die jetzt geplatzt ist.

Der zweite Schritt sind globale Spielregeln, die ebendiese Fehlentwicklungen in Zukunft verhindern sollen. Dabei steht der Steuerwettbewerb nicht an erster Stelle, sondern das Lohndumping, das vor allem Deutschland und China (Letzteres über eine billige Währung) aggressiv betreiben und von dem die Arbeitgeber bzw. Unternehmen weltweit profitieren. Das ist die Maschine, welche die Einkommen und Vermögen entstehen lässt, die einen globalen Steuerwettbewerb fast unvermeidlich gemacht haben.

Kapitel 5

Der globale Lohndruck – oder: Wie Megavermögen entstehen

Sogar den deutschen Medien fällt es allmählich auf. So berichtete etwa »Focus Online« Ende Juni 2008 auf Basis einer entsprechenden ZDF-Reportage:

»Für Melanie Specht läuft es – eigentlich – super. Mit 26 Jahren ist die lebenslustige Berlinerin zur Leiterin eines Friseursalons aufgestiegen, sie geht völlig in ihrer Arbeit auf, Lehrlingsausbildung inklusive, und ihre Kundinnen schwören auf sie. Es könnte also alles bestens sein. Ist es aber nicht, denn es gibt ein Problem: das Geld. Mit 5,50 Euro pro Stunde sieht sich die junge Frau mit den pechschwarzen Haaren schlechter gestellt als ein Hartz-IV-Empfänger.«

Und etwa zur gleichen Zeit konnte man im »Spiegel« die folgende Notiz lesen:

»Handel – Minilöhne auf dem Vormarsch.

Im Einzelhandel breiten sich die Minilöhne immer weiter aus. Fast ein Drittel der Beschäftigten erhält mittlerweile Stundenlöhne von weniger als 7,50 Euro brutto. Das geht aus den neuen Berechnungen des Instituts für Arbeit und Qualifikationen IAQ an der Universität Essen hervor. Danach verdienten zwölf Prozent aller Einzelhandelskräfte oder 317 520 Beschäftigte im Jahr 2006 sogar weniger als 5 Euro pro Stunde. In der Zwischenzeit könnte sich die Zahl der Niedriglöhner weiter erhöht haben. Während die Tarifparteien im Einzelhandel seit mehr als einem Jahr um einen Flächentarif ringen, erledigen in den Geschäften zunehmend sogenante Minijobber die Arbeit. Die Zahl der Billigkräfte, die maximal 400 Euro pro Monat verdienen, ist inzwischen auf mehr als 900 000 gestiegen. Gleichzeitig geht die Tarifbindung im Handel weiter zurück. Laut IAQ waren 2006 nur noch 37 Prozent der westdeutschen Betriebe Mitglieder im Arbeitgeberverband. Drei Jahre zuvor traf das noch auf fast die Hälfte aller Firmen zu.«

Seit Mitte der Neunzigerjahre, und im verstärkten Maß seit 2003, findet in Deutschland eine eigentliche Kernschmelze der Marktwirtschaft statt. Der Arbeitsmarkt hat praktisch aufgehört zu existieren. Statt mit zunehmender Produktivität zu steigen – wie dies in einer funktionierenden Marktwirtschaft eigentlich normalerweise sein sollte –, sinken die Löhne weit unter das Existenzminimum. Arbeit und Löhne werden staatlich zwangsbewirtschaftet. Der Arbeitsmarkt wird immer mehr durch eine Arbeits- und Sozialbürokratie ersetzt.

Für die Friseurin Melanie Specht etwa bedeutet das, dass sie regelmäßig beim Job-Center vorsprechen und ihre Mittellosigkeit immer wieder aufs Neue mit Dokumenten belegen muss, um die 700 Euro, die ihr netto bleiben, um 110 Euro aufstocken zu lassen. Aber auch damit reicht es eigentlich nicht. Für Nahrungsmittel bleiben ihr gerade mal etwa fünf Euro pro Tag. Eine kaputte Waschmaschine ist eine finanzielle Katastrophe. Noch hält sie – sie ist erst 26 – den Stress ohne sichtbare gesundheitliche Schäden aus. Von den zwei anderen Niedrigverdienern, die in der Reportage des ZDF ihr Schicksal schildern, ist einer wegen Depressionen in psychiatrischer Behandlung. Einer alleinerziehenden Arzthelferin mit zwei Töchtern und 1250 Euro brutto monatlich schlug die Finanznot nicht nur auf das Gemüt, sondern auch auf den Magen. Sie musste wegen eines offenen Magengeschwürs in die Notfallstation eingeliefert werden.

Solche Berichte liest und sieht man in den deutschen Medien in jüngster Zeit immer öfter. Was man nicht sieht oder hört, ist eine ernsthafte Diskussion darüber, wie man dies ändern könnte. Die vorherrschende Meinung zu diesem Thema fasste kürzlich der Münchner Ökonomieprofessor Hans-Werner Sinn im »Spiegel«-Interview in zwei Sätzen wie folgt zusammen: »Besser schlechte Jobs als keine Jobs. Es hat aber keinen Sinn, sich den Kräften der Globalisierung entgegenzustemmen und von politischer Seite die Lohnstruktur zu verändern.«

In der Tat ist es nicht leicht, sich den Kräften der Globalisierung entgegenzustellen. Aber vielleicht war es ja gar nicht die Globalisierung, die zu dem geführt hat, was das IAQ als »eine fast beispiellose Ausdifferenzierung des Lohn-Spektrums nach unten« bezeichnet. Wären wirklich die Kräfte der Globalisierung am Werk gewesen, wie Hans-Werner Sinn meint, dann müsste die Lohnentwicklung in Deutschland nur ein Beispiel unter vielen sein. Sie ist aber – bisher noch – beispiellos.

Doch Deutschlands Lohnpolitik ist leider auf dem besten Weg, Schule zu machen. Die schlimmen Folgen für Europa sind bereits spürbar. Sie werden aber – noch – der Globalisierung und den Chinesen angelastet, statt der verfehlten Wirtschaftspolitik der größten Wirtschaftsmacht Europas. Mit seiner Politik des Lohndumpings zwingt nämlich Deutschland seine Nachbarn, ebenfalls die Löhne zu senken, sonst verlieren sie gegenüber Deutschlands Exportweltmeistern vollends ihre Wettbewerbsfähigkeit. Wie in Deutschland kommt deshalb auch in den angrenzenden und konkurrierenden Ländern eine bisher noch nie dagewesene Umverteilung von unten nach oben in Gang. Was unten in der Lohntüte fehlt, sammelt sich oben bei den Gewinnen und Supersalären an.

Die Einkommen und die Vermögen werden sich noch mehr konzentrieren, und die neue Geldelite wird noch mehr Möglichkeiten und noch größere Anreize haben, sich der Besteuerung zu entziehen. Die Schweiz mit ihren verlockenden Steuersätzen und dem Bankgeheimnis hilft ihnen dabei. Dabei stellt sich natürlich auch die Huhn-Ei-Frage: Was war zuerst? Haben nicht Steueroasen wie die Schweiz den Teufelskreis ausgelöst, indem sie den Reichen in Deutschland und anderswo ein politisches Druckmittel in die Hand gegeben haben: Wenn ihr nicht wollt, wandern wir aus? Oder hat Deutschland mit seiner Politik des Lohndumpings erst die Konzentration des Reichtums herbeigeführt, die den Steuerwettbewerb von einem kleinen in ein riesiges Problem verwandelt hat?

Lohndumping? Zwar gehören Deutschlands Löhne noch nicht zu den niedrigsten in Westeuropa, geschweige denn im globalen Vergleich. Doch die absolute Lohnhöhe ist in diesem Zusammenhang nicht allein maßgeblich, sonst wäre längst sämtliche Arbeit dieser Welt nach China, Indien oder Polen abgewandert. Wichtig ist vielmehr die prozentuale Veränderung der Löhne. Und hier ist Deutschland eindeutig der Ausreißer nach unten.

Gemäß dem Bureau of Labor Statistics in den USA sind die Löhne der Fabrikarbeiter, umgerechnet in Euro, zwischen 1995 und 2006 in praktisch allen Industrieländern deutlich schneller gestiegen als in Deutschland.

Großbritannien	71 Prozent
Irland	60 Prozent
Italien	31 Prozent
Spanien	29 Prozent
USA	21 Prozent
Niederlande	17 Prozent
Frankreich	13 Prozent
Österreich	5 Prozent
Schweiz	minus 7 Prozent

(Anmerkung: In der Schweiz hat ein gegenüber dem Euro schwacher Franken die Löhne verbilligt. In Großbritannien hat das teure Pfund die Lohnkosten um rund zehn Prozent erhöht.)

Diese Zahlen sind für den globalen Wettbewerb nur bedingt aussagekräftig. Es kommt nicht nur auf die unterschiedlichen

Löhne, sondern auch auf die unterschiedliche Produktivität an. Je schneller die Produktivität steigt, desto mehr können die Löhne erhöht werden, ohne dass die Wettbewerbsfähigkeit sinkt. Entscheidend sind vielmehr die sogenannten Lohnstückkosten, also die Lohnkosten pro produzierte Einheit. Nach diesem Maßstab ist Deutschland erst recht ein Lohndrücker – oder Billiglohnland. Das belegen die folgenden Grafiken.

Entwicklung der Lohnstückkosten[1] im europäischen Vergleich
Ausgewählte Länder (Index: 1995=100, auf ECU/Euro-Basis)

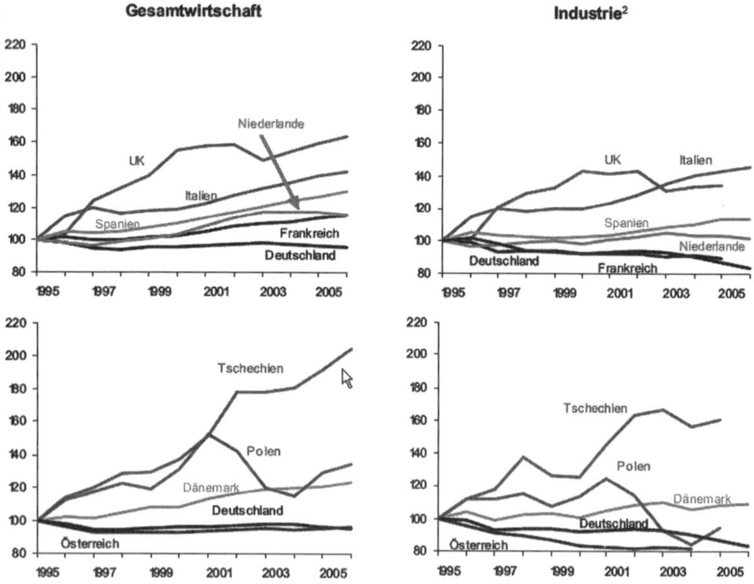

[1] Berechnung der Lohnstückkosten auf Basis von Personen, da nicht in allen Fällen Daten der geleisteten Stunden vorhanden sind.
[2] Verarbeitendes Gewerbe einschließlich Bergbau, Energie und Wasserversorgung (Bereiche C,D,E).
Quelle: Reuters EcoWin (Eurostat-VGR), Berechnungen des IMK.

Dass Deutschland in puncto Lohn und Binnennachfrage eine absolute Sonderstellung einnimmt, ist auch im Jahresbericht 2008 des Sachverständigenrates tabellarisch festgehalten worden – wenn auch nur in einem Minderheitenvotum. Danach ist in den Jahren 2000 bis 2007 das Unternehmerentgelt je Beschäftigtem in Deutschland jährlich nur um 0,8 Prozent gestiegen, im Euro-Raum (ohne Deutschland) jedoch um 3,2, in England um 4,0 und in den USA um 3,7 Prozent. Noch eklatanter sind die Unterschiede bei der Binnennachfrage. Sie hat in Deutschland mit einem jährlichen Wachstum von nur 0,2 Prozent praktisch stagniert, während sie in den anderen Wirtschaftsräumen um 2,3 bis 2,9 Prozent zugenommen hat. Deutschland hat also in nur acht Jahren auf 20 Prozent Konsum verzichtet. Das sind mehr als zwei Monatslöhne.

War da vielleicht die Globalisierung am Werk? Kaum, sonst wären die Löhne und Lohnstückkosten in Deutschland in etwa gleich stark oder schwach gestiegen wie in den übrigen Ländern. Oder traditionell formuliert: Der »Standort Deutschland« hätte seine Wettbewerbsfähigkeit nicht in diesem Ausmaß erhöhen können. Doch wenn nicht die Globalisierung schuld ist, wer dann? Für Professor Hans-Werner Sinn ist die Antwort klar: Schröder war's! Das zeigt der folgende Ausschnitt aus dem »Spiegel«-Interview vom 16. Juni 2008:

Spiegel: Der Standort Deutschland ist also doch nicht so schlecht, wie wir dachten?

Sinn: Der Standort hat sich durch die Schröder'schen Reformen verbessert. Wir haben wegen der Agenda 2010 und der Senkung des deutschen Mindestlohns, die damit einherging, 1,1 Millionen Jobs in Westdeutschland mehr, als es eine Wiederholung früherer Konjunkturmuster hätte erwarten lassen.

Spiegel: Welcher Mindestlohn? Bisher gibt es keinen flächendeckenden Mindestlohn in Deutschland.

Sinn: Lohnersatzleistungen, von der Sozialhilfe über die Arbeitslosenhilfe bis zur Frührente, wirken wie ein Mindestlohn. Die Gelder fließen, wenn man nicht arbeitet, und sie versiegen, wenn man es tut. Deshalb braucht man mindestens so viel Lohn, wie der Staat fürs Nichtstun zahlt. Die Leistungen wurden seit Willy Brandt immer mehr ausgebaut, mit dramatischen Konsequenzen für den Arbeitsmarkt. Von Boom zu Boom ging die westdeutsche Sockelarbeitslosigkeit um 800 000 hoch. Diese Gesetzmäßigkeit wurde mit der Agenda 2010 durchbrochen.

Spiegel: Wie das?

Sinn: Die Agenda hat den deutschen Mindestlohn durch zwei Maßnahmen verringert: Erstens wurde die Arbeitslosenhilfe gestrichen und zweitens ein Lohnzuschusssystem eingeführt, die Aufstockung bei Hartz IV. Beides hat die Lohnansprüche gesenkt. Je mehr Zuschuss man vom Staat kriegt, desto kleiner kann der Lohn sein. Als Folge dieser Reformen entstand ein Niedriglohnsektor. Und deshalb ist erstmals seit 1970 vom einen zum anderen Aufschwung die westdeutsche Sockelarbeitslosigkeit nicht um 800 000 Personen gestiegen, sondern um 300 000 gesunken.

Sinn gibt alles offen zu: Die Agenda 2010 hat in Deutschland »die Lohnansprüche gedrückt«. Sinn drückt auch dies etwas anders aus: »Als Folge dieser Reformen entstand ein Niedriglohnsektor.«

Das Problem mit Sinn ist, dass er – ausgestattet mit einer gut bezahlten, unkündbaren Stellung – diese grässliche Entwicklung positiv sieht oder zumindest als das kleinere Übel. Er glaubt, dass die Agenda 2010 Arbeitslosigkeit in schlecht bezahlte Arbeit umgewandelt habe. Wir werden auf diese unsinnige Behauptung noch zurückkommen. Was Sinn vorschwebt und was die Agenda 2010 installiert hat, ist ein System, in dem der weniger produktive Teil der Bevölkerung für einen derart niedrigen Lohn arbeitet, dass der Staat die Differenz zum Existenzminimum bezuschussen muss.

Was jetzt allmählich klar wird – was aber Sinn noch nicht begriffen hat –, ist, dass dieses System zwingend dazu führt, dass der weniger produktive Teil der Bevölkerung immer größer wird. Es kommt ein Teufelskreis in Gang. Welcher Unternehmer will und kann noch einen nach Tarif bezahlten Arbeitnehmer einstellen, wenn er einen Minijobber haben kann, zumal wenn der Konkurrent auch schon mit Minijobbern seine Kosten drückt?

Gleichzeitig dreht sich ein anderer Teufelskreis: Lohnzuschüsse kosten Geld. Zwar sinken die Lohnkosten insgesamt, weil die modernen Niedriglöhne auch mit staatlicher Aufstockung niedriger sind als die einstigen Tariflöhne. Aber es findet eine Umwandlung von Lohnkosten in Steuern statt. Lohnkosten müssen die Arbeitgeber wohl oder übel bezahlen, weil sie sonst zu wenig Personal haben. Steuern hingegen kann man umgehen, ohne die Folgen tragen zu müssen. Und der Anreiz, sich vor den Steuern zu drücken, wird immer größer, weil – der Agenda 2010 sei Dank – immer weniger Deutsche in der Lage sind, Steuern zu zahlen und damit die Steuerlast für den schwindenden Mittelstand immer höher wird.

Nun ist es ja nicht so, dass Deutschland insgesamt immer ärmer wird. Da müsste man sich ja sehr dumm anstellen in einer Welt, in der einem Chinesen und Inder die Ware praktisch gratis ins Haus liefern. Die Globalisierung hat die Menge von Gütern und Dienstleistungen, die unseren Wohlstand ausmachen, drastisch vergrößert. Selbst der starke Anstieg der Rohstoffpreise im Verlauf der vergangenen zwei Jahre hat die Industriestaaten bisher insgesamt noch nicht ärmer gemacht.

Was sich hingegen sehr wohl verändert hat, sind die internen Machtverhältnisse. Global tätige Unternehmen können damit drohen, die Produktion und damit die Arbeitsplätze in ein billigeres Land zu verlagern – es sei denn, man kommt ihnen bei Löhnen, bei Arbeitszeiten und bei Steuern entgegen. Diese Drohungen wirken umso mehr, wenn gleichzeitig noch ein Strukturwandel stattfindet, wenn also beispielsweise Schwellenländer plötzlich eine eigene Autoindustrie aufbauen.

Diese Veränderung der Machtstrukturen zeigt sich insbesondere in der Verteilung des Volkseinkommens zwischen Arbeits- und Kapitaleinkommen. Seit Ende der Siebzigerjahre bis 2002 veränderten sich die Verhältnisse nur wenig. 2002 hatten die Arbeitseinkommen mit 71,6 Prozent einen Anteil, der in etwa dem langjährigen Mittel entspricht. Doch dann ging es rasant bergab. Bis 2007 sackte die sogenannte Bruttolohnquote auf 64,8 Prozent ab. Analog dazu stieg der Anteil der Unternehmensgewinne von 28,4 auf 35,2 Prozent – eine Zunahme um etwa ein Viertel.

Diese Veränderung der Machtverhältnisse hat sicher auch mit der Globalisierung zu tun. Aber nirgendwo hat sie sich auch nur annähernd so stark ausgewirkt wie in Deutschland. In der Schweiz haben sich die Gewerkschaften schon früh mit einer Mindestlohnkampagne – kein Lohn unter 3000 Franken – erfolgreich zur Wehr gesetzt. Stundenlöhne von 5,50 Euro (etwa 9 Franken) sind in der Schweiz nicht denkbar, auch nicht im Einzelhandel oder im Reinigungsgewerbe – zwei Branchen, die in Deutschland besonders anfällig für Lohndrückerei sind.

Man kann es nicht oft genug wiederholen: In Deutschland hat eine geradezu dramatische Umverteilung stattgefunden, die jedoch in den Medien – über anekdotische Anmerkungen und Beschreibungen von Einzelschicksalen hinaus – bisher nur wenig Beachtung gefunden hat. Typisch dafür ist das Jahresgutachten 2007 des Sachverständigenrates. Dort wird jeweils in einem Anhang die »Entwicklung der personellen Einkommens- und Vermögensverteilung« dokumentiert. Die wichtigsten Fakten muss man sich aber mühsam aus den Tabellen errechnen. Das sind die relevantesten Trends:

- 1993 bis 2005 ist das durchschnittliche reale Markteinkommen (Einkommen aus Arbeit und Kapital ohne staatliche Renten und vor Steuern) um 3,8 Prozent gesunken.
- Dieser generelle Rückgang hat aber nicht alle gleichermaßen betroffen: Das Markteinkommen der ärmeren Hälfte der Haushalte ist von 1993 bis 2005 real um 28 Prozent gesunken.

- Das mittlere Markteinkommen des Durchschnittshaushalts ist im gleichen Zeitraum um 18 Prozent geringer geworden. Mehr als die Hälfte dieses Rückgangs (11 von 18 Prozentpunkten) entfällt allein auf die Zeit seit 2003.
- 60 Prozent der Haushalte sind, gemessen am Markteinkommen, zwischen 1995 und 2003 ärmer geworden. Weitere 30 Prozent haben ihr reales Einkommen in etwa halten oder ganz leicht verbessern können.
- Das ohnehin schon reichste Zehntel aller Haushalte hat sein reales Markteinkommen um weitere 15 Prozent erhöht.
- Staatliche Eingriffe haben die Umverteilung der Einkommen von unten nach oben nur teilweise ausgleichen können.

Gemessen an den Nettoeinkommen (nach Steuern, Renten und staatlichen Transfers wie Arbeitslosengelder usw.) hat sich die Verteilung wie folgt entwickelt:

- Die ärmsten 30 Prozent der Haushalte sind zwischen 1993 und 2005 im Schnitt um 6 Prozent ärmer geworden.
- Die ärmere Hälfte der Haushalte hat zwei Prozent reales Einkommen verloren.
- Der mittlere Haushalt (Median: 50 Prozent sind reicher, 50 Prozent ärmer) ist um 5,4 Prozent reicher geworden (d.h., der Verlust beim Markteinkommen wurde weitgehend ausgeglichen).
- Das reichste Zehntel der Haushalte hat sein reales Nettoeinkommen um 25 Prozent steigern können.

Anmerkung: Die Tatsache, dass dank der staatlichen Transfers alle Einkommensklassen gewonnen haben, die Umverteilung also kein Nullsummenspiel ist, lässt sich dadurch erklären, dass dic Unternehmen von ihren stark gestiegenen Gewinnen den Haushalten einen Teil von dem, was sie ihnen als Lohn weggenommen, in Form von Steuern wieder zurückgegeben haben. Wie stark die Lohnzurückhaltung den Sozialstaat aufgebläht hat, deuten die folgenden Fakten an:

- 1991 bestanden im Schnitt nur 9,1 Prozent der Einkommen der ärmeren Hälfte aus staatlichen Zuschüssen und weitere 37 Prozent aus staatlichen Renten.
- 2005 waren diese Anteile auf 17,1 und 44,6 Prozent gestiegen.

Diese Entwicklung ist erschreckend. Nicht nur für die Betroffenen in Deutschland, sondern auch für die Nachbarn, die mit einem solchen Billiglohnland konkurrieren müssen und darüber hinaus mit einem Ansturm von Arbeit suchenden Deutschen konfrontiert sind. Beinahe noch erschreckender als diese Fakten ist aber die Art und Weise, wie der hoch angesehene Sachverständigenrat (ein Kollegium von fünf Ökonomieprofessoren, darunter eine Schweizerin) damit umgeht. Nämlich gar nicht.

Im Hauptteil des Berichts wird das Problem der Ungleichheit nur zweimal am Rande erwähnt. Zunächst im Kapitel über das Bürgergeld, dann bei einer Abhandlung über den Investivlohn. In beiden Fällen erfahren wir, dass mit solchen Maßnahmen die Ungleichheit nicht kleiner werde. Damit gehen die Sachverständigen zu anderen Themen über. Das muss man sich einmal vorstellen. Da wird die Sozial- und Wirtschaftsstruktur Deutschlands innerhalb von wenigen Jahren richtiggehend umgepflügt. Da gibt es einen 600 Seiten dicken Bericht über die wirtschaftliche Entwicklung, und die Autoren – fünf hochbezahlte Sachverständige – nehmen die wichtigste Entwicklung einfach nicht zur Kenntnis.

Das Sonderkapitel (auf Seite 455) über die Einkommensverteilung ist ein Dokument der Verdrängung. Da heißt es beispielsweise: »Die Werte des arithmetischen Mittels der realen äquivalenzgewichteten Markteinkommen der Haushalte [...] zeigen eine nur geringe Veränderung über den gesamten Betrachtungszeitraum der Jahre 1991 bis 2005.« Alles gleich geblieben – nichts passiert. Wirklich nicht? Doch. In diesem Satz versteckt sich auch die Botschaft, dass Jahrzehnte des Wachstums 1991 praktisch zum Stillstand gekommen sind. Na ja, nicht ganz. Genau gerechnet sind die Markteinkommen der Haushalte in den 14 Jahren immerhin um 3,8 Prozent (0,25 Prozent pro Jahr) gestiegen.

Noch erschreckender als das Fast-Nullwachstum der Durchschnittseinkommen aber ist – wie man aus den Tabellen errechnen kann – der Rückgang des Medianeinkommens um 11,3 Prozent. Im Textteil fällt den Sachverständigen dazu nur dieser verklausulierte Satz ein: »Der Rückgang des arithmetischen Mittels und des Medians der Marktäquivalenzeinkommen vom Jahr 2002 bis zum Jahr 2005 ist auf eine starke Erhöhung der Besetzung des unteren Einkommensbereichs zurückzuführen und geht einher mit dem Rückgang der sozialversicherungspflichtigen Beschäftigung.«

Ein weiteres Beispiel für die Verdrängungskünste der Sachverständigen findet sich auf Seite 459: »Im internationalen Vergleich ist das Ausmaß an Einkommensungleichheit in Deutschland wenig auffällig«, heißt es da. Als Beleg zeigt man uns eine Grafik, deren Zeitreihe aber nur bis 2001 reicht – das Jahr, bevor die große Umverteilung in Deutschland angefangen hat. Entsprechend rosarot fällt denn auch die Schlussfolgerung aus: »Zusammenfassend ist festzuhalten, dass die Veränderungen der Einkommensverteilung im Vergleich zu der Analyse im Jahresgutachten 2006 relativ gering sind und die Richtung der Entwicklung bei den betrachteten Kennzahlen gleich geblieben ist. Es zeigt sich außerdem, dass das Steuer- und Transfersystem weitgehend seinem Umverteilungszweck gerecht wird, ein Auseinanderdriften der Markteinkommensverteilung wird merklich begrenzt. Aufgrund der Verbesserung der wirtschaftlichen Entwicklung ab dem Jahr 2006 kann auf eine Entspannung der sozialen Lage in den nächsten Jahren gehofft werden.«

Der letzte Satz hat sich inzwischen bereits als frommer Wunsch erwiesen. Trotz Hochkonjunktur, obwohl das BIP pro Kopf 2007 um 2,9 Prozent gestiegen ist, setzt sich der Abwärtstrend beschleunigt fort. Eine neue Auswertung des sozioökonomischen Panels des DIW (Deutsches Institut für Wirtschaft) zeigt, dass der nominelle Stundenlohn des Durchschnittsdeutschen 2006 im Westen noch einmal um 1,6 und im Osten gar um 5,7 Prozent gesunken ist. Am unteren Rand, bei den rund 22 Prozent der Beschäftigten im Niedriglohnsektor, ist der Rückgang sogar noch dramatischer. Er beläuft sich auf 3,8 Prozent im Westen und 9,7 Prozent im Osten.

Richtig bleibt, dass das Steuer- und Transfersystem das Auseinanderdriften der Markteinkommensverteilung bisher »merklich begrenzt« hat. Was die »Sachverständigen« aber nicht sehen, ist, dass die Begrenzung immer dringlicher wird und immer schwieriger zu finanzieren ist. Jeder zusätzliche Euro, den die Unternehmer ihren »unproduktiven« Minijobbern abzwacken, zwingt die Steuerzahler dazu, 50 Prozent mehr Steuern zu bezahlen, und nimmt der Wirtschaft 50 Cent Kaufkraft weg.

Kein Wunder, dass die Großverdiener ihr Geld in der Schweiz in Sicherheit bringen und die »echten Leistungsträger« versuchen, für ihre Arbeit wenigstens in der Schweiz, in Österreich oder in Dänemark einen anständigen Lohn zu erhalten. Leistung muss sich wieder lohnen – notfalls im Ausland.

Die Politik des staatlichen Lohndumpings wird damit gerechtfertigt, dass sie Arbeitsplätze schaffe. Hans-Werner Sinn etwa spricht im oben erwähnten »Spiegel«-Interview von einem Rückgang der Sockelarbeitslosigkeit um 300000. Und er sagt auch, warum: »Die Statistik belegt meine These. So haben zum Beispiel besonders die Langzeitarbeitslosen und über 50-Jährigen zusätzliche Jobs bekommen, also genau die Personen, deren Lohnansprüche gesenkt wurden. Der Zusammenhang ist eindeutig.«

Nichts ist eindeutig. Dass die Arbeitslosigkeit besonders stark bei denjenigen abgenommen hat, deren Löhne besonders stark gesenkt bzw. bezuschusst wurden, erstaunt nicht, ist aber kein Beleg dafür, dass eine Politik des Lohndumpings per Saldo mehr Arbeit schafft. Auch der Rückgang der Arbeitslosigkeit, deren Definition laufend geändert wird, ist bestenfalls ein schwaches Indiz für den Erfolg einer Arbeitsmarktpolitik. Ein weit besseres Maß ist die Zahl der geleisteten Arbeitsstunden, zumal dazu international vergleichbare Statistiken[1] vorliegen. Sie geben Sinn insofern recht, als sie zeigen, dass die Zahl der in Deutschland geleisteten Arbeitsstunden zwischen dem Tiefststand von 2003 und dem Boomjahr 2007 um 2,1 Prozent zugenommen hat. Richtig ist aber auch, dass die Zahl der geleisteten Arbeitsstunden von 2003 bis 2007 in praktisch allen Ländern stärker zugenommen hat als in Deutschland.

- Spanien: 15,4 Prozent
- USA: 5,7 Prozent
- frankreich: 4,2 Prozent
- Schweiz: ebenfalls 4,2 Prozent
- Dänemark: 4,1 Prozent
- Schweden: 3,6 Prozent usw.

Über noch längere Zeiträume gesehen hat Deutschland in puncto Arbeit ohnehin einen miserablen Leistungsausweis. Seit 1991 erstmals eine gesamtdeutsche Statistik erstellt wurde, ist das Arbeitsvolumen trotz 6 Prozent Zunahme der Erwerbspersonen um 3,3 Prozent oder fast 2 Milliarden Arbeitsstunden jährlich gesunken. Und das, obwohl wir 2007 wahrscheinlich den Höhepunkt eines konjunkturellen Aufschwungs erlebt haben.

Doch das Schlimmste kommt noch: Deutschland verdankt

die Zunahme der Beschäftigung seit 2003 per Saldo ausschließlich dem von 86 auf 171 Milliarden Euro fast verdoppelten Außenhandelsüberschuss. Ohne diesen Überschuss wäre die geleistete Arbeitszeit sogar um rund 800 Millionen Stunden oder 1,4 Prozent[2] gesunken. Deutschlands Konjunktur lebt seit 2002 praktisch ausschließlich vom Export. Während etwa in Großbritannien und Frankreich der private Konsum im Schnitt jährlich um rund 2,5 Prozent wächst, konsumierten die Deutschen 2007 real insgesamt nicht mehr als 2002. Pro Kopf ist der Konsum sogar zurückgegangen.

Im Klartext bedeutet das, dass Deutschland seine Arbeitslosigkeit exportiert. Die einstige Konjunkturlokomotive ist – durch Lohndumping – zum Bremsklotz Europas geworden. Der sichtbarste Ausdruck dieser veränderten Lage sind die Außenhandelsdefizite der europäischen Nachbarn. In Frankreich etwa war der Außenhandel 2004 mit einem Überschuss von rund 1 Milliarde Euro praktisch noch ausgeglichen. Dann nahm das Defizit Jahr für Jahr zu. 2007 erreichte es 39 Milliarden Euro, wovon 29 Milliarden auf Deutschland entfielen. 2008 wird schon ein Defizit in der Größenordnung von 50 Milliarden befürchtet.

In einem Interview mit der französischen Tageszeitung »Libération«[3] im Februar 2008 sagte der wohl bekannteste französische Ökonom, Professor Jean-Paul Fitoussi: »Frankreichs Exporte werden sich erholen, sobald sich die Lohnentwicklung in Deutschland wieder in vernünftigen Bahnen bewegt und der Euro damit schwächer wird. Frankreich könnte es Deutschland gleichtun und seine Löhne senken, um die eigene Konjunktur auf Kosten der anderen über die Exporte anzukurbeln. Aber das werden wir nicht tun, denn mit einer solchen Politik schaden sich letztlich alle.«

Wie Fitoussi richtig bemerkt, schadet Deutschlands Billiglohnpolitik den Nachbarn nicht nur direkt über die Handelsdefizite gegenüber Deutschland, sondern auch indirekt, weil Deutschlands Überschüsse – und die von der Europäischen Zentralbank verfolgte Politik der hohen Zinsen – maßgeblich für den hohen Wechselkurs des Euro verantwortlich sind. Damit leiden die Exporte der Euroländer auch im Handel mit den Nicht-Euro-Ländern. In Italien, das von der Entwicklung besonders hart betroffen ist, gibt es sogar immer wieder mal Stimmen, die den Austritt aus dem Euro-Währungsverbund fordern.

Doch hat Deutschland überhaupt eine Wahl? Gibt es eine Alternative zu einer Politik, die ja nicht darauf abzielt, den Nachbarn zu schaden? Das erklärte Ziel besteht ja darin, die Leute, deren Arbeit wegen der Globalisierung nicht mehr konkurrenzfähig ist, mit staatlichen Zuschüssen wieder »arbeitsmarktfähig« zu machen. Um noch einmal Hans-Werner Sinn zu zitieren: »Wenn der eigene niedrige Lohn aufgestockt wird, kann ein sozial akzeptables Gesamteinkommen entstehen, ohne dass man seine Wettbewerbsfähigkeit verliert. Das ist der Weg der Agenda 2010. Sie hat uns 1,25 Millionen Aufstocker in Deutschland gebracht.« Dass viele Menschen damit nicht mehr – wie es der »Spiegel« formulierte – »von ihrer Hände Arbeit leben können«, muss man laut Sinn leider in Kauf nehmen: »Ansonsten müsste man die Firmen zwingen, auch solche Menschen zu beschäftigen, die ihnen weniger bringen als sie kosten. Das Großexperiment dazu haben wir auf deutschem Boden bereits gemacht.«

Deshalb läuft jetzt in Deutschland ein anderes Großexperiment, in dem der Staat nicht die Unternehmen, sondern seine Bürger mit finanziellem und moralischem Druck zwingt, Arbeiten zu verrichten, für die unter normalen Umständen niemand bereit wäre, einen Marktpreis zu zahlen – wahrscheinlich deshalb, weil niemand die Produkte dieser Arbeit braucht –, oder kaufkräftig genug ist, sie sich leisten zu können. Die Erfolgsaussichten dieses Experiments sind gleich null, weil es auf zwei gravierenden Denkfehlern beruht. Diese Fehler sind nicht leicht zu erkennen. Sie haben sich im Verlauf der Jahrhunderte ins Betriebssystem (vor allem) der deutschen Ökonomen eingeschlichen.

Der erste Fehler ergibt sich bei der Frage, wer denn eigentlich in einer Volkswirtschaft die Arbeitsplätze schafft. Sinn und Gleichgesinnte gehen wie selbstverständlich davon aus, dass die Unternehmen diese Leistung erbringen. Diese Annahme entspricht der betriebswirtschaftlichen Realität. Schließlich sind es die Firmen, die Leute einstellen und entlassen. Aus volkswirtschaftlicher Sicht stellt sich dieser Vorgang jedoch etwas differenzierter dar. Primär entscheiden die Konsumenten mit ihrer Nachfrage darüber, wie viel produziert wird. Ohne Nachfrage keine Produktion, ohne Produktion keine Arbeit.

Dann erst treten die Unternehmen auf den Plan. Sie streiten sich darum, wer die Nachfrage der Haushalte befriedigen darf. Dabei gewinnt das effizienteste Unternehmen, und damit wird auch der Arbeitsaufwand minimiert. Leicht überspitzt kann man sagen: Die Konsumenten schaffen die Arbeit, die Unternehmen schaffen sie wieder ab. Die Unternehmen beschließen zwar, wo gearbeitet wird – in Polen oder in Deutschland. Sie bestimmen mit ihrer Art der Lagerhaltung und den Investitionsentscheidungen auch darüber, wann die Arbeit gemacht wird. Aber über die Quantität der Arbeit entscheidet letztlich der Konsument bzw. die Konsumnachfrage.

Diese Unterscheidung ist zentral, wenn es darum geht, Arbeitslosigkeit zu verringern bzw. die Beschäftigung insgesamt zu erhöhen. Mit niedrigen Löhnen kann man zwar die Arbeit in einen bestimmten Betrieb oder in eine bestimmte Region verlagern, aber insgesamt sorgt man damit nur dafür, dass die Nachfrage sinkt und damit die Arbeit insgesamt weniger wird. Das ist das, was Fitoussi meint, wenn er sagt: »Mit einer Politik des Lohndrückens schaden sich letztlich alle selbst.«

Das bringt uns zum zweiten Denkfehler, der sich im Begriff »Produktivität« versteckt. Sinn und Konsorten sagen, dass der Marktlohn der Produktivität entsprechen muss. Jeder kann nur zu einem Lohn eingestellt werden, der nicht höher ist als die Produktivität seiner Arbeitskraft. Ein zu hohes Arbeitslosengeld verhindert, dass wenig produktive Leute die Arbeit finden, die ihrer Produktivität entspricht. Sie fallen deshalb aus dem Arbeitsmarkt heraus und der Sozialhilfe zur Last. Folglich, so die »geniale« Idee der Lohnbezuschussung, ist es für den Staat und für den Arbeitslosen besser, wenn der Staat die Differenz zwischen dem Produktivitätslohn und der Sozialhilfe übernimmt. Dadurch spart der Staat Geld, und der ehemals Arbeitslose hat weiterhin gleich viel – oder ein wenig mehr – Einkommen wie bisher, dazu kommt die Genugtuung, einer sinnvollen Beschäftigung nachgehen zu können.

Das klingt logisch. Aber aus volkswirtschaftlicher Sicht müssen wir doch zuerst einmal die Frage klären, warum es denn heute überhaupt Millionen von Arbeitslosen gibt. Ökonomen gehen solche Fragen immer nach dem gleichen Muster an: Sie fragen nach der Abweichung vom Modell des vollkommenen, durch keinerlei Marktmacht, Kartelle oder Regulierungen behinderten Wettbewerbs.

Ein solcher vollkommener Wettbewerb führt – das kann man mathematisch beweisen – zu einem System, das immer wieder zum Gleichgewicht tendiert. Das bedeutet nicht zuletzt, dass es bei vollkommenem Wettbewerb keine Arbeitslosigkeit geben kann. Das Modell hat Generationen von Ökonomen beschäftigt, und es liefert, bei allen inzwischen offenkundig gewordenen Mängeln, immer noch die Faustregel für die Wirtschaftspolitik: Wenn Probleme auftreten, suche zuerst nach den Abweichungen vom Idealzustand. Es könnte sein, dass sie am Missstand schuld sind.

Im Falle des Arbeitsmarktes sind diese Abweichungen schnell gefunden: Gewerkschaften, Mindestlöhne, Sozialversicherung, Kündigungsschutz. Sie alle sind im Modell nicht vorgesehen, und sie verhindern, dass sich die Löhne »frei« nach unten bewegen bzw. die Löhne so weit auseinandergehen können, wie es der Markt verlangt.

Doch warum sind die durchschnittlichen Stundenlöhne seit bald 60 Jahren ständig gestiegen? Warum haben sich auch die Lohnunterschiede bis vor gut zehn Jahren in engen Grenzen gehalten? Warum steigen auch im mathematischen Modell des perfekten Marktes, das heißt bei einem vollständig deregulierten Arbeitsmarkt, die Löhne im Gleichschritt mit der Produktivität?

In der Modellbetrachtung ist die Antwort klar: Die Löhne steigen in der Tendenz, weil die Arbeitnehmer mit steigender Produktivität weniger Arbeit anbieten. Und die Löhne erholen sich auch bei konjunkturellen Schocks und tendieren zum Gleichgewicht zurück, weil die Arbeitnehmer bei sinkenden Löhnen ihr Angebot an Arbeit verringern. Das sind, wie schon frühere Generationen von Ökonomen bewiesen haben, zwei zentrale Bedingungen des Modells. Sind sie nicht erfüllt, stellt sich das Gleichgewicht nie ein.

Damit haben wir also zumindest zwei Gruppen von Abweichungen vom Referenzsystem, die als Gründe für die Arbeitslosigkeit infrage kommen: In der ersten Gruppe finden wir Regulierungen und Markthemmnisse wie Gewerkschaften, Mindestlöhne, Arbeitslosengeld usw. In der zweiten Gruppe finden wir all die Umstände, die dazu führen, dass Arbeitnehmer bei sinkenden Löhnen – modellwidrig – mehr Arbeit anbieten. Dazu gehört insbesondere das Fehlen von finanzieller Sicherheit.

Welche der beiden Abweichungen ist nun die entscheidende? Welche davon soll man zuerst beseitigen? Wer sich diese Frage ernsthaft stellt und das Modell des vollkommenen Wettbewerbs ernst nimmt, kommt schnell auf den Verdacht, dass die angeblich wettbewerbsfeindlichen Institutionen des Arbeitsmarktes in Wirklichkeit ein systemkonformes Funktionieren des Arbeitsmarktes überhaupt erst ermöglichen. Ohne die finanzielle Sicherheit des Sozialstaats besteht die Gefahr, dass sich jeder konjunkturelle Abschwung verstärkt, weil sinkende Löhne zu einem erhöhten Arbeitsangebot führen.

Das Modell des perfekten Wettbewerbs kann also – richtig angewandt – durchaus nützlich sein, wenn es darum geht, eine Liste von Verdächtigen aufzustellen. Aber mehr darf man von ihm nicht verlangen. Es gibt insbesondere keine Auskunft darüber, in welcher Reihenfolge Abweichungen von den idealen Bedingungen beseitigt werden müssen, damit sich das Gleichgewicht wieder einstellt. Eine rein mathematische Auslegung des (rein theoretischen) Modells zeigt, dass das Modell nur im Gleichgewicht ist, wenn alle Bedingungen ohne Ausnahme erfüllt sind. Eine einzelne Deregulierungsmaßnahme oder Reform führt nicht zum Gleichgewicht.

Also muss man sich auf andere Methoden besinnen, beispielsweise auf die Empirie und auf die Historie. Statt zu fragen, wie sich soziale Institutionen mit einem rein abstrakten Modell vertragen, kann man die Frage stellen, wie sie sich in der Praxis bewährt haben, welche »Gesetzmäßigkeiten« in der Vergangenheit zu beobachten waren. Dabei zeigt sich, dass die Marktwirtschaft erst dann breiten Wohlstand geschaffen hat, nachdem die inhärent schwache Stellung der Arbeitnehmer durch die Gewerkschaften und durch Gesetze gestärkt worden war. Und es ist wahrscheinlich auch kein Zufall, dass die realen Einkommen der Mehrheit der Deutschen zu sinken begonnen haben, nachdem die Agenda 2010 die Lohnskala nach unten geöffnet hat.

Kapitel 6

Der Kampf um die Vermögen der Reichen

Uli Hoeneß, Großmetzger und Manager von Bayern München hat die Zusammenhänge durchschaut. »Russland wird Fußballeuropameister«, sagte er im ZDF-Sportstudio, »und schuld daran sind die Atomkraftgegner in Deutschland.«

Schon drei Tage später war diese Prognose Makulatur. Russlands Nationalteam schied bei der Euro 2008 im Halbfinale gegen Spanien sang- und klanglos mit 0:3 aus. Doch in der Begründung für die falsche Prophezeiung liegt doch eine tiefere Wahrheit. »Indem wir weiterhin russisches Gas und Erdöl verbrennen, statt auf eigene Energie zu setzen«, so Hoeneß, »finanzieren wir russische Oligarchen wie Roman Abramowitsch, die von ihren Milliarden nebenbei auch noch ein paar hundert Millionen in den russischen Fußball investieren.«

Hoeneß' Attacke gegen Abramowitsch ist ein wenig unfair. Man muss heute nicht unbedingt Erdöl und Erdgas kaufen, um mit seinem Geld nebenbei auch noch ein paar Superreiche zu alimentieren. Auch in jeder Pille stecken heute ein paar Spurenelemente und Gewinnpromille, die Pharmamanager wie Daniel Vasella von Novartis zu Multimillionären machen und Besitzerfamilien wie den Bertarellis, ehemals Eigentümer des Biotech-Unternehmens Serono, zu Milliarden verhelfen.

Hoeneß' Sorgen möchte man haben. Dass Milliardäre Fußballclubs kaufen, können wir verschmerzen. Dass sie auch ganze Regierungen in den Sack stecken, und zwar nicht nur in Bananenrepubliken, sollte uns mehr Kummer machen. Wenn die finanzielle Macht zu einseitig verteilt ist, hat es die Demokratie schwer. Aber es geht auch um unsere Einkommen. Unter der von den Reichen beherrschten Bush-Regierung ist der Anteil der reichsten ein Prozent der US-Haushalte am Vor-Steuer-Einkommen um nicht weniger als acht Prozentpunkte gestiegen. Zudem hat Bush die Steuerlast der Superreichen um 491 Milliarden Dollar gesenkt. Das ist so, als würde jeder der 99 Prozent ärmsten Haushalte den Topverdienern jedes Jahr einen Scheck in Höhe von 7000 Dollar überweisen.

Die steigende Zahl der Superreichen ist also ein Problem, das weit über unseren Rahmen hinausreicht. Über die genaue Zahl der Reichen und über die weltweiten Vermögen zirkulieren sehr unterschiedliche Zahlen – sie reichen von 17 400 Milliarden Dollar bis zu 145 300 Milliarden Dollar. Doch die scheinbaren Widersprüche lösen sich weitgehend auf, wenn man die unterschiedlichen Definitionen berücksichtigt.

Die niedrigste Zahl – 17 400 Milliarden Dollar weltweit für das Jahr 2007 – stammt vom Londoner Finanzberater Scorpio Partnership, der sich selbst als »leading global wealth management consultant« bezeichnet. Seine Statistik misst lediglich das von den Banken aktiv verwaltete Privatvermögen der sogenannten High Net Worth Individuals, HNWI, also von Leuten, die netto eine Million oder mehr Dollar Wertpapiervermögen besitzen und professionell verwalten lassen. Diese Vermögen sollen übrigens zwischen 2005 und 2007 um 27 Prozent zugenommen haben. Eine beeindruckende Zahl.

Mit 1896 Milliarden Dollar an verwalteten Vermögen ist die UBS laut Scorpio die Nummer eins unter den Vermögensverwaltungsbanken. 27 davon verwalteten 2007 je mindestens 100 Milliarden Dollar Privatvermögen. Die zehn größten verwalteten insgesamt 8100 Milliarden.

Der »World-Wealth-Report 2008« von Capgemini und Merrill Lynch schätzte die Zahl der HNWIs weltweit auf zehn Millionen. Ihr Besitz soll sich auf 40 700 Milliarden Dollar summieren. Der Unterschied zu den Zahlen von Scorpio dürfte daher rühren, dass Capgemini und Merrill Lynch nicht nur die von Vermögensverwaltungsbanken aktiv verwalteten Privatvermögen zählen bzw. schätzen, sondern auch Anlagefonds und andere Anlageformen für die »kleinen« Leute.

Die britische Barclays Bank nennt in ihrem Bericht »Evolving Fortunes« über die Finanzvermögen in fünfzig Ländern weit größere Zahlen. Danach gab es 2007 allein in den USA 16,6 Millionen Millionärshaushalte mit einem Gesamtvermögen von 39 800 Milliarden Dollar. In England besitzen laut Barclays 4 Millionen Haushalte insgesamt 15 500 Milliarden Dollar. Deutschland liegt mit 2,4 Millionen Haushalten und 12 100 Milliarden Dollar auf dem sechsten Rang. Die Schweiz figuriert nicht unter den reichsten zehn Ländern, ebenso wenig wie China und Indien.

Verwaltete Vermögen in Mrd. $

	total	nur Haushalte über 1 Mio. $
USA	63 400	39 800
Japan	19 100	6 300
Deutschland	12 100	4 600
England	15 400	9 300
Frankreich	13 100	6 800
Italien	12 600	6 700
Spanien	5 200	2 000
Kanada	4 400	3 400
Summe	145 300	78 900
Zum Vergleich:		
BIP der 8 Länder	31 500	
BIP global	53 600	

Quelle: Barclays Wealth

Dass Barclays so viel höhere Zahlen ausweist, hat vor allem zwei Gründe: Sie zählt erstens den Immobilienbesitz mit. Zweitens führt sie getrennte Statistiken für die HNWI (mehr als eine Million Dollar Wertpapiervermögen) und für die Summe der Vermögen aller US-Bewohner, auch der weniger reichen. Die Zahl von 145 300 Milliarden Dollar bzw. 63 400 Milliarden allein für die USA scheint enorm, ist aber plausibel. So weist etwa die US-Notenbank Fed in ihrer Flow-of-Funds-Statistik ein Finanzvermögen von nicht weniger als 45 405 Milliarden Dollar für die gesamten US-Haushalte aus. Dazu kommt noch der Immobilienbesitz, der nach Angaben von Barclays bei den US-Haushalten fast 50 Prozent des Gesamtvermögens ausmacht.

Die starke Zunahme der Vermögen destabilisiert die Wirtschaft

Die Zahlen sind riesig, vor allem wenn man sie ins Verhältnis setzt. In praktisch allen Industrieländern hat sich die sogenannte finanzielle Tiefe laufend vergrößert. Das heißt, die laufende Wertschöpfung ist im Verhältnis zum Wertpapier- und zum beleihbaren Immobilienvermögen kleiner geworden.

Das bedeutet, dass selbst geringe Veränderungen im Kurs der Wertpapiere die Vermögenslage der Haushalte sehr viel mehr verändern als Ersparnisse oder Defizite bzw. Ausgabenüberschüsse aus dem laufenden Einkommen. Ein Beispiel: Im ersten Quartal 2008 hat sich der Wert des Finanzbesitzes der US-Haushalte um 2,1 Prozent verringert. In absoluten Zahlen sind das 1335 Milliarden Dollar oder fast die Hälfte des laufenden Einkommens der US-Haushalte von 2920 Milliarden Dollar. Weil im selben Zeitraum auch die Häuserpreise um sieben Prozent gesunken sind, wurde auch die zweite Hälfte des laufenden Einkommens durch Wertminderungen mehr als ausgelöscht. Alles, was die US-Haushalte durch Arbeit oder

Kapitaleinkommen verdient haben, ist per Saldo durch die Wertveränderung bei den Vermögen wieder zunichtegemacht worden.

Diese Wertveränderungen sind aus drei Gründen mehr als rein rechnerische Größen.

1. Wertveränderungen beeinflussen das Konsum- und Investitionsverhalten der Haushalte. Die bis 2006 stark steigenden Immobilienpreise etwa haben die US-Haushalte dazu verleitet, mehr Hypotheken aufzunehmen und damit den laufenden Konsum zu finanzieren. Gut die Hälfte der Zunahme des Konsums seit 2000 lässt sich auf diese Weise erklären. Sinkende Immobilienpreise haben die umgekehrte Wirkung. Die Veränderung der Aktienkurse wirkt ähnlich, aber weniger stark.
2. Starke Wertveränderungen bei Immobilien und Wertpapieren können zur Pleite von Haushalten und damit von Kreditbanken führen und so Finanzkrisen verursachen. In jüngster Zeit gab es praktisch alle fünf Jahre eine größere Finanzkrise.
3. Wertschwankungen verändern das Anreizsystem der Wirtschaft. Wer in der Lage ist, Wertveränderungen an den Kapital- und Immobilienmärkten auszulösen oder erfolgreich darauf zu spekulieren, kann damit viel mehr Geld verdienen als durch produktive Wertschöpfung. Allein schon das Verwalten von Finanzvermögen ist ungemein lukrativ. Die UBS etwa, der Marktführer auf diesem Gebiet, rechnet mit Bruttoeinnahmen von 2,4 Millionen Franken pro Kundenberater, wovon im Schnitt gut 600 000 Franken als Lohn und Bonus ausbezahlt werden.

Der dritte Punkt ist in unserem Zusammenhang besonders wichtig. Die enormen Verdienstmöglichkeiten im Finanzbereich haben entscheidend dazu beitragen, dass sich die laufenden Einkommen und vor allem die Vermögen zunehmend in den Händen einer kleinen Finanzelite konzentrieren, die zudem sehr mobil ist.

Beispiel USA: Schon in den Clinton-Jahren 1993 bis 2000 haben die US-Haushaltseinkommen (ohne realisierte Kapitalgewinne) des einkommensstärksten Prozents der Bevölkerung um jährlich 10,3 Prozent real zugenommen. Die der übrigen 99 Prozent nur um 2,7 Prozent. Insgesamt hat das oberste eine Prozent 45 Prozent des gesamten Einkommenszuwachses für sich allein beansprucht.

Im Aufschwung der Bush-Jahre von 2002 bis 2006 war die Verteilung noch viel einseitiger. Das reichste Prozent steigerte seine Einkommen jährlich um 11 Prozent, während die »ärmsten« 99 Prozent nur 0,9 Prozent dazugewinnen konnten, und auch das nur, weil die Arbeitsleistung pro Haushalt zugenommen hat. Damit gingen 75 Prozent (!) des ganzen Mehrwerts an das ohnehin schon reichste Prozent der Haushalte.

Beispiel Deutschland: Seit 2003 ist der gesamte Zuwachs der Haushaltseinkommen nur an das oberste Zehntel der Haushalte gegangen. 96 Prozent aller Vermögen gehören der reicheren Hälfte der Deutschen. Das reichste Viertel besitzt 75 Prozent davon.

In Großbritannien haben sich die Einkommen unter der Labour-Regierung von 1996/97 bis 2006/07 über alle fünf Einkommensklassen (ärmste bis reichste 20 Prozent) hinweg erstaunlich gleichmäßig um je etwa zwei Prozent jährlich real erhöht. Betrachtet man allerdings nur die jüngste Entwicklung ab 2005, so zeigt sich insgesamt ein realer Stillstand über fast alle fünf Einkommensklassen hinweg. Unterteilt man die Haushalte jedoch in Hundertstel, so stellt man fest, dass die obersten zwei Prozent ihre Einkommen deutlich steigern konnten, während das unterste Zehntel Verluste bis zehn Prozent erlitten hat. Auch in Großbritannien setzt sich offenbar der Trend zur Konzentration der Einkommen fort.

Wie sich das auf die Konzentration der Vermögen auswirkt, scheint klar, schlägt sich aber in den Statistiken noch nicht nieder. Allerdings war die Verteilung schon 2003 ziemlich einseitig. Das reichste Prozent besaß damals 34 Prozent aller Finanzvermögen, die reichsten fünf Prozent verfügten über 58 Prozent. Die ärmere Hälfte der Bevölkerung hatte praktisch gar keine Wertpapiere (ein Prozent des Gesamtvermögens).

Genug der Statistiken. Das Gesamtbild ist klar. Ein immer größerer Teil der Vermögen und der Einkommen konzentriert sich in immer weniger Leute Händen, und bei diesen Personen handelt es sich um Bankangestellte, Finanzdienstleister, Firmenchefs und Stars aus dem Show- und Sportbusiness – also um Menschen, die geografisch mobil sind. Sie können auswählen, wo sie ihren Steuersitz haben und wo sie ihre Vermögen verwalten lassen.

Bei dieser Ausgangslage ist es nicht verwunderlich, dass sich der latent immer schon bestehende Wettbewerb der Staaten und Gemeinden um die reichen Steuerzahler verschärft hat. Die Rechnung ist schnell gemacht: Ein Einkommensmillionär ist auch bei niedrigen Steuersätzen (von, sagen wir, 20 Prozent oder 200 000 Franken) für sein Steuerdomizil ein rentables Geschäft. Selbst wenn die neu zuziehenden Reichen nicht nur viel Geld, sondern auch viele schulpflichtige Kinder haben sollten, halten sich die zusätzlichen Kosten in engen Grenzen.

In der Schweiz belaufen sich die durchschnittlichen Staatsausgaben pro Haushalt auf gut 40 000 Franken. Zieht man die – von Millionären nur selten in Anspruch genommenen – Ausgaben für die soziale Wohlfahrt ab, so bleiben gut 30 000 Franken. Ein Millionärshaushalt würde also mit einem Steuersatz von weniger als fünf Prozent die vom ihm verursachten Ausgaben decken. Dazu reicht aber in der Regel schon die Mehrwertsteuer aus, auch wenn Einkommensmillionäre erstens nur einen kleinen Teil ihrer Einnahmen für Konsumzwecke brauchen und sich zweitens auch öfter mal an ihren Zweit-, Dritt- und Viertwohnsitzen aufhalten.

Noch lohnender wird das Geschäft, wenn man nicht nur die

Reichen, sondern auch ihre Vermögen anziehen und verwalten kann. Was kostet es beim heutigen Stand der Informationstechnologie, ein Wertpapierportfolio von einer Millionen Franken oder Euro zu verwalten? Fast nichts. Die Pensionskasse Gastro Social des Gastgewerbes in der Schweiz etwa weist im Geschäftsjahr 2007 bei einem Anlagevermögen von 3,4 Milliarden Franken Vermögensverwaltungskosten von 612 000 Franken aus.[1] Das sind weniger als 0,02 Prozent, im Bankenjargon 2 Basispunkte. Was bringt es, Vermögen zu verwalten? Die Großbanken sind unzufrieden, wenn der Bruttoertrag aus der Vermögensverwaltung unter 100 Basispunkte fällt.

Mit anderen Worten: Zwei Prozent der Vermögensverwaltung ist harte Arbeit, 98 Prozent sind Saus und Braus. Und um diesen Saus und Braus wird weltweit hart gekämpft. Bei diesem Kampf hat die Schweiz die Nase weit vorne. Wie weit, erfahren wir im nächsten Kapitel.

Kapitel 7

7000 Milliarden Franken – die Schweiz als Drehscheibe der globalen Vermögensverwaltung

Der 11. Dezember 2007 war für Marcel Rohner (damals 43) der bisher schwerste Tag seiner noch jungen Karriere. Er musste im Londoner Marriott Hotel den versammelten Bankanalysten und dem eigenen Kader erklären, warum seine Bank trotz einer Abschreibung von 16 Milliarden Franken auf US-Hypothekenpapiere auch in Zukunft ein Goldesel bleiben werde. Wie macht man das, ohne unglaubwürdig zu wirken?

Der neue CEO fand den Dreh. »Was immer in der Weltwirtschaft passieren mag«, beschwor er die Finanzgemeinde, »ein Trend bleibt: die stete Zunahme des globalen Reichtums.« Allein im Oktober und November hätten »Ultra High Net Worth Individuals« der UBS weitere 30 Milliarden Franken anvertraut. Die Gesamtsumme liege jetzt bei 2332 Milliarden. Dieser »one global trend«, so Rohner, werde noch Jahrzehnte anhalten und sämtliche Divisionen der UBS beflügeln.

Schon ein paar Wochen früher, als die UBS erstmals seit ihrer Neugründung aus der Fusion des Schweizerischen Bankvereins mit der Schweizerischen Bankgesellschaft einen Quartalsverlust vermelden musste, verwies man trotzig auf Vermögensverwaltung als unerschöpfliche Quelle des Reichtums: »Alle übrigen Geschäftseinheiten von UBS zeigen anhaltende Stärke. Das Wealth Management hat ein ausgezeichnetes Quartal hinter sich und arbeitet profitabler denn je. Die Fähigkeit zur Akquisition von Neugeldern ist ungebrochen, wie der starke Zufluss von CHF 40,2 Milliarden im Wealth Management im dritten Quartal zeigt. Die Einkünfte im Wealth und Asset Management blieben hoch, gestützt auf die verwalteten Vermögen, die per 30. September 2007 einen Stand von CHF 3100 Milliarden erreichten.«

In einem Punkt hat Rohner wohl recht: Der eine große Trend hält an. Die globalisierte Weltwirtschaft spuckt immer mehr Multimillionäre und Milliardäre aus und lässt sich dabei auch von Krisen und Konjunkturflauten nicht abhalten. Im Gegenteil: Je turbulenter die Zeiten, desto schneller scheinen sich die Vermögen in wenigen Händen zu konzentrieren.

In einem anderen Punkt scheint sich der Chef der UBS getäuscht zu haben. Der eine globale Trend muss nicht zwingend Liquidität auf die Mühlen der UBS leiten. Seit dem dritten Quartal 2007 – als der Pegel noch bei 3100 Milliarden Franken lag – ist es mit dem damals noch mit Abstand größten Vermögensverwalter stetig bergab gegangen. Im ersten Quartal 2008 verwaltete die UBS nur noch 2759 Milliarden Franken Privatvermögen und Assets (Fonds und Ähnliches). Proportional dazu sind auch die Nettogewinne auf rund 2,7 Milliarden Franken geschrumpft.

Was für die größte Schweizer Bank gilt, trifft auch für die Schweiz insgesamt zu. Ihr Platz als führendes Zentrum der Verwaltung von Offshore-Geldern ist keineswegs auf alle Ewigkeit gesichert. (Unter Offshore-Vermögen versteht man Vermögen, die außerhalb des Landes verwaltet werden, in dem der Eigentümer seinen Wohnsitz hat.) Genau wie die UBS hat auch die Schweiz in jüngster Zeit einen deutlichen Rückschlag hinnehmen müssen, der nicht nur durch die sinkenden Aktienkurse verursacht worden sein dürfte. Die folgende Tabelle zeigt die Entwicklung der ausländischen Vermögen in Kundendepots von Schweizer Banken:

Jahr	Ausländische Vermögen bei Schweizer Banken in Mrd. Franken
2002	1625
2003	1849
2004	1967
2005	2554
2006	2872
2007 Okt.	3233 (Höchststand)
2007	3072
2008 Aug.	2815

Diese rund 3000 Milliarden Franken sind allerdings nur derjenige Teil des ausländischen Vermögens in der Schweiz, der auf Verwaltungsdepots von Schweizer Banken liegt und somit nicht in der Bilanz der Banken erscheint. Daneben haben Ausländer aber auch direkte Guthaben bei Banken und Versicherungen, sie verfügen über Treuhandgelder und über Fonds. All das sind mögliche Verstecke für Geld, das ausländischen Steuerbehörden entzogen worden ist. In der Fachzeitschrift für Steuerfragen »Tax Notes« vom 10. Dezember 2007 wird der Versuch unternommen, ein Gesamttableau der ausländischen Vermögen in der Schweiz zu entwerfen und gleichzeitig abzuschätzen, wie viel davon den Steuerbehörden entzogen sein könnte (mehr darüber im nächsten Kapitel). Die Übung ergibt ein Gesamttotal von 5866 Milliarden Dollar[1], was zum damaligen Umrechnungskurs von 1,22 Franken pro Dollar einer Summe von 7156 Milliarden Franken entspricht.

Die 5866 Milliarden Dollar sind eine weit höhere Zahl als diejenigen, die man in diesem Zusammenhang meistens liest und zitiert. Die Schweizerische Bankiervereinigung schätzt den Anteil der Schweiz am weltweiten Vermögensverwaltungsgeschäft auf neun Prozent. Bezogen auf das internationale Ge-

Steuerflucht-Potenzial in der Schweiz per Ende 2006 in Milliarden Dollar

Art der Guthaben	Total	Davon potenzielle Steuerflucht
Bankguthaben	2621	0
Treuhandguthaben	356	356
Wertpapierdepots	2356	858
Lebensversicherungen	170	49
Fonds und Hedgefonds	363	94
Gesamtsumme	5866	1357

schäft (die Bankiervereinigung meidet den anrüchigen Begriff »Offshore«) seien das 28 Prozent. 28 Prozent wovon? Die Bankiervereinigung bezieht sich in diesem Zusammenhang auf den »World Wealth Report« von Capgemini und Merrill Lynch. Für das Jahr 2007 weist dieser eine Summe von 40700 Milliarden Dollar aus. Neun Prozent davon wären etwa 3800 Milliarden Dollar, also deutlich weniger als die oben erwähnten knapp 6000 Milliarden Dollar.

Doch dieser Unterschied ist erklärbar. Erstens interessiert sich der »World Wealth Report« nur für Leute, die eine Million Dollar oder mehr an Wertpapieren von einer Bank verwalten lassen und sich dort als High Net Worth Individuals behandeln lassen können. Nun gibt es aber auch noch Kleinvieh. Dazu gehört nach dieser Definition schon, wer seine Millionen auf mehrere Banken verteilt. Dazu kommen ferner noch die Gelder, die nicht auf Wertpapierdepots liegen, sondern etwa in Kassaobligationen oder Sparbüchern (und die deshalb in den Bankbilanzen auf der Passivseite verbucht werden müssen) sowie Lebensversicherungen, Fonds usw.

Dass die Schweiz ein Weltzentrum der Vermögensverwaltung ist, bestreitet niemand. Auch hinsichtlich der Summe der in der Schweiz liegenden ausländischen Vermögen weichen die Schätzungen nicht allzu weit voneinander ab, sofern man genau hinsieht, was hier verglichen wird. Die große Frage bleibt hingegen, wie viel von diesem Geld auf Steuerflucht oder gar Steuerbetrug beruht. Darüber gehen die Meinungen und Schätzungen weit auseinander. Offizielle Zahlen gibt es dazu verständlicherweise nicht.

Als erste Annäherung stützen wir uns auf die oben bereits erwähnte Studie von »Tax Notes«. Sie untersucht nicht, wie viel unversteuertes ausländisches Geld tatsächlich in der Schweiz liegt, sondern nur, welche dieser Gelder sich überhaupt für Steuerflucht eignen. Die Steuerberater von »Tax Notes« nehmen sich alle Posten einzeln vor.

Zunächst zu den direkten Guthaben bei Banken. Ihr Zinsertrag unterliegt einer Verrechnungssteuer von 35 Prozent, die sich der Besitzer von der Steuerbehörde zurückerstatten lassen kann, sofern er das entsprechende Einkommen und Vermögen deklariert hat. Zwar sei es theoretisch denkbar, so die Autoren der »Tax Notes«, dass diese Guthaben aus unversteuertem Einkommen oder Erbschaften stammen. »Doch es scheint völlig unwahrscheinlich, dass ein potenzieller Steuerflüchtling Verrechnungssteuer bezahlt, wo es doch viel billigere und sicherere Möglichkeiten gibt, die Diskretion und die Expertise des schweizerischen Bankensystems zu geniessen.« Dazu, so fährt der Bericht mit ironischem Unterton fort, gebe es zwei Möglichkeiten: das Treuhandkonto und das Vermögensverwaltungskonto.

Bei Treuhandkonten handelt es sich um Depositen, die Schweizer Banken im eigenen Namen, aber auf Rechnung ihrer Kunden an Finanzplätzen wie Guernsey oder Jersey tätigen, die keine Quellensteuer kennen. Auch die Bank bleibt von lästigen Steuern befreit. Im Merkblatt »Treuhandkonto der Eidgenössischen Steuerverwaltung« heißt es dazu: »Schaltet sich bei Darlehen eine Bank als Treuhänderin des Gläubigers ein, so wird grundsätzlich die Bank aus der treuhänderischen ›Entgegennahme‹ von Geldern nicht verrechnungssteuerpflichtig; denn der Treugeber begründet nicht ein (echtes) Kundenguthaben.«

Der sogenannte Treugeber hat dadurch einen doppelten Vorteil: Es kann sein Vermögen vor dem Fiskus verstecken und zahlt zunächst noch keine Verrechnungssteuer. Die »Tax Notes« zitieren dazu aus einem Working Paper der OECD[2] wie folgt: »Dieses Vorgehen erlaubt einem ausländischen Steuerflüchtling, ziemlich sicher zu sein, dass es niemandem auffällt, wenn er vergessen sollte, seine Guthaben und den Ertrag daraus in der Steuererklärung aufzuführen.«

Ähnliches gilt im Prinzip für die Vermögensverwaltungskonten. Per Ende 2006 lagen auf solchen Konten Wertpapiere ausländischer Kunden im Umfang von 2356 Milliarden Dollar, wovon 856 Milliarden auf private Anleger entfielen. Das entspricht auch dem von »Tax Notes« geschätzten Steuerfluchtpotenzial. »Weil es keine Quellensteuer gibt und keine routinemäßigen Meldungen an die Steuerbehörden der Herkunftsländer, ist es durchaus denkbar, dass bei diesen Konti Steuerflucht mit im Spiel ist«, heißt es in dem Report.

Private Lebensversicherungspolicen und Fonds eignen sich ebenfalls sehr gut zur Steuerhinterziehung. »Tax Notes« schätzt die Summe auf 49 bzw. 94 Milliarden Dollar. Zusammen ergibt das eine Gesamtsumme von rund 1400 Milliarden Dollar. Das ist, wie erwähnt, eine Obergrenze. Die Wirklichkeit liegt irgendwo darunter. Aber wo? Die Frage lässt sich nicht beantworten. Dazu sind die globalen Finanzströme viel zu komplex. Man kann nur Bruchstücke zusammentragen:

Die Banca d'Italia schätzt die unversteuert aus Italien ins Ausland geschaffte Summe auf 500 Milliarden Euro. Als Italien 2003 eine Steueramnestie durchführte, kehrten gut 70 Milliarden nach Italien zurück, fast 60 Prozent davon aus der Schweiz. Verteilen sich die nicht zurückgeführten Steuerfluchtgelder etwa gleich, dann dürften weiterhin um die 270 Milliarden Euro aus Italien auf Schweizer Bankkonten liegen.

Das deutsche Bundesfinanzministerium stellte im Januar 2003 fest, dass in Bankenkreisen das in der Schweiz, Liechtenstein und Luxemburg angelegte deutsche Steuerfluchtkapital auf 450 bis 550 Milliarden Euro geschätzt wird. Das entspricht einem Viertel von Deutschlands BIP. (Wie viel davon in der Schweiz liegt, wollte das Bundesfinanzministerium nicht verraten. Fragt man den ehemaligen Finanzminister Hans Eichel heute, so drückt er sich ebenfalls um eine Antwort: »Da müssen Sie schon Ihre Bankiervereinigung fragen.«)

Der EU entgehen nach Schätzungen der EU-Kommission von 2006 durch Steuerbetrug – die Definition der EU schließt die einfache Steuerhinterziehung nach Schweizer Recht mit ein – jährlich Steuereinnahmen in Höhe von 200 bis 250 Milliarden Euro.

Für die Schweiz gibt es nur indirekte Schätzungen über die Steuerhinterziehung. Dafür werden die deklarierten Angaben mit den Wirtschaftsstatistiken verglichen. 1995 entsprachen die hinterzogenen Vermögenswerte 22,3 Prozent des BIP oder rund 83 Milliarden Franken.

Die Verluste durch Steuerhinterziehung der reichen Eliten in Entwicklungsländern sind beträchtlich, aber noch schwieriger zu schätzen als diejenigen in den Nachbarländern der Schweiz. Die englische Entwicklungsorganisation Oxfam vermutet, dass Entwicklungsländern allein durch entgangene Steuern auf Vermögenserträge – also ohne die Besteuerung der Vermögen selbst zu berücksichtigen – 15 Milliarden Dollar jährlich entgehen. 28 Prozent der offshore angelegten Vermögen von Privatpersonen weltweit liegen in der Schweiz. Falls dieser Anteil auch für die Gelder aus Entwicklungsländern zutreffen sollte, wäre die Schweiz mitverantwortlich für den Verlust von rund vier Milliarden Dollar Steuereinnahmen in diesen Ländern.

Das Tax Justice Network schätzt die Summe der offshore platzierten Vermögen auf 11 500 Milliarden Dollar. Bei einer unterstellten Rendite von fünf Prozent und einem Steuersatz von 30 Prozent für diese Einnahmen beträgt der Steuerverlust 172 Milliarden Dollar. Bei einer Rendite von 7,5 Prozent beträgt der Steuerverlust schon 255 Milliarden Dollar.

Kapitel 8

Milliardäre basteln sich ihre Schweiz zurecht – oder: Wie viele Schweizer unter dem Steuerwettbewerb leiden

Zugegeben, der Titel dieses Kapitels ist geklaut. Er stammt aus dem »Spiegel«, der das Buch »Reichtum ohne Leistung« des ehemaligen Chefs des Statistischen Amts des Kantons Zürich, Hans Kissling, zum Anlass genommen hat, um über die Konzentration des Reichtums in der Schweiz und über die zunehmende Entmündigung der Schweizer zu berichten. Gemäß Kisslings Buch ist die Schweiz dasjenige Industrieland, in dem die reichsten zehn Prozent der Bevölkerung mit 71 Prozent den höchsten Anteil am steuerbaren Gesamtvermögen haben, noch vor den USA, die in dieser Rangliste mit 70 Prozent zu Buche stehen.

Die Zahl vermittelt allerdings einen falschen Eindruck, weil im steuerbaren Einkommen die Guthaben in den Pensionskassen ebenso wenig mitgezählt sind wie die Ansprüche an die staatliche Altersvorsorge AHV. Allein die AHV-Rente entspricht für einen durchschnittlichen Haushalt beim Eintritt ins Rentenalter einem Kapital von mindestens 500 000 Franken. Auch die universelle Krankenversicherung kommt einem substanziellen Sparbatzen gleich. In den USA gibt es nichts dergleichen.

Trotz dieser Einschränkung bleibt eine Tatsache bestehen: Die Vermögenskonzentration an der Spitze nimmt auch in der Schweiz stark zu. Schuld daran ist nicht zuletzt der Finanzplatz mit seiner Spezialität der Vermögensverwaltung. Erstens weil die Vermögensverwaltung an sich eine Tätigkeit ist, die Einkommens- und Vermögensmillionäre am Laufband generiert. Zweitens weil die Vermögensverwaltungsindustrie immer mehr Superreiche in die Schweiz lockt. Drittens steigt die Vermögenskonzentration auch deshalb, weil der globale Kampf um die Reichen und der damit verbundene Steuerwettbewerb die politische Macht der Vermögenden und Großverdiener stärken. Vom Tisch der Reichen fällt zwar auch für die Ärmeren etwas ab, doch unter dem Strich bzw. unter dem Tisch fällt die Bilanz für die große Mehrheit der Schweizer wohl eher negativ aus.

Diese neue Dynamik hat der schweizweit bekannte deutschstämmige Public Relations Manager Klaus Stöhlker in einem Beitrag zum Nationalfeiertag im Zürcher »Tages-Anzeiger«[1] so formuliert:

»Aus den Konzernen, Hochschulen, internationalen Organisationen und Verbänden kommt eine neue Generation, die nationalen Reflexen abgeschworen hat. Wer täglich Umgang hat mit gebildeten Chinesen, Russen, Brasilianern oder Türken, wird die Weisheiten der politischen und kulturellen Führer der Schweiz schmunzelnd oder erstaunt zur Kenntnis nehmen. Die Mitglieder dieser Gruppe, die unseren Wohlstand weitgehend bestimmen, verlangen, dass Bund, Kantone und Gemeinden für sie eine Umgebung schaffen, die ihren Ansprüchen genügt, sei dies sozial, kulturell oder in Steuerfragen. Das genau ist die nicht öffentlich diskutierte, aber praktizierte Vision der Schweiz, wie sie von den klügsten Politikern und Chefbeamten anvisiert wird.«

Doch nicht nur Politiker und Chefbeamte, sondern auch die »klügsten« unter den Journalisten haben die Zeichen der Zeit schon erkannt. In einem Kommentar über die steigende Zahl von Europa-Hauptsitzen internationaler Firmen in der Schweiz schreibt Andreas Valda im »Tages-Anzeiger«:[2]

»Was könnte der Schweiz Besseres passieren? Im Endstadium des Standortentscheids sind solche Aspekte wichtig: Die Lebensqualität (darunter eine saubere und pünktliche S-Bahn), die persönliche Sicherheit, die politische Stabilität, flexible Mitarbeiter und ein liberales Arbeitsgesetz. Doch bevor solche Argumente erwogen werden, braucht es harte Kriterien: Tiefe Steuern bringen die Schweiz auf die Shortlist, in die engere Auswahl, wenn es um Ansiedlungen geht. Da lohnt es sich zu investieren. In die S-Bahn, aber auch in tiefere Steuern.«

Anders als der »Spiegel« verlauten lässt, sind es also nicht nur die Milliardäre, die sich eine Schweiz basteln. Es kommen noch ein paar Top-Manager, Professoren und andere dazu, und diese Gruppe, »die unseren Wohlstand bestimmt«, wird auch noch von den »klügsten« Politikern, Chefbeamten und Journalisten unterstützt. Klug sind sie – laut Stöhlker – vor allem deshalb, weil sie erkannt haben, woher der Wind weht, und weil sie – mit Stöhlker – wissen: »Wer unseren Wohlstand bestimmt, bestimmt auch unsere Politik.« Friedrich Dürrenmatt hätte Stöhlker in gelben Schuhen[3] auf die Bühne geschickt.

Nun ist es zwar richtig, dass die reichen Ausländer, sofern sie in der Schweiz Einkommen erzielen, das Bruttoinlandsprodukt erhöhen. Doch dies als »unseren« Wohlstand zu bezeichnen ist zumindest stark übertrieben. Zwar fallen vom Tisch der Reichen ein paar Brosamen herunter, von denen unter anderen PR-Berater satt werden, doch auch diese Brosamen sind einseitig verteilt.

Bekanntlich ist die Schweiz kein kommunistisches Land. Dass im Bruttoinlandsprodukt alle Einkommen auf einen Haufen geworfen werden, ist eine rein statistische Übung. Das Privateigentum bleibt unangetastet. Es ist auch keineswegs so, dass ein steigendes Bruttoinlandsprodukt höheren Wohlstand für fast alle bedeutet. Diese Zeiten sind leider vorbei. Auch in der Schweiz steigen die realen Arbeitseinkommen des Durchschnittshaushalts trotz Wirtschaftswachstums seit ein paar Jahren nicht mehr. In vielen Ländern (Deutschland, USA, Österreich) sinken sie sogar, während die hohen Einkommen munter steigen. Mit großer Wahrscheinlichkeit hängt das damit zusammen, dass die internationale Elite die Macht nicht nur hat – wie Stöhlker schreibt –, sondern sie auch zu ihren eigenen Gunsten ausspielt.

Sogar Stöhlker scheint zu ahnen, dass dies nicht zwingend zum Vorteil aller ist: In der »Südostschweiz« hatte er Anfang Juli Folgendes geschrieben:[4] »Ergo, das Schweizervolk beginnt langsam zu leiden, während die wohlhabenden Schweizer zusammen mit den reichen Ausländern, die von Bund und Kantonen steuergünstig ins Land eingeladen worden sind, ein Leben in Freude führen.«

Auch hier übertreibt der PR-Berater. Es ist nicht das ganze Schweizer Volk, das leidet. Die Grundbesitzer zum Beispiel leiden nicht. Dank der großen Nachfrage der zugezogenen Reichen und der reich gewordenen Einheimischen gewinnen ihre Immobilien rasch an Wert. Benachteiligt sind allerdings die Mieter. Obwohl die Hypothekenzinsen (die rund 60 Prozent der Mietkosten ausmachen) in den vergangenen zehn Jahren um fast ein Drittel von 5 auf 3,45 Prozent gesunken sind, haben sich die Mieten im Schnitt um 17,3 Prozent erhöht. Die übrigen im »Index Konsumentenpreise« enthaltenen Güter und Dienstleistungen haben sich demgegenüber nur um 10,7 Prozent verteuert.

Das trifft vor allem das ärmste Fünftel der Haushalte. Sie müssen einen immer größeren Teil ihres schwindenden Einkommens für die Miete ausgeben. Gemäß der offiziellen Haushaltsbudgeterhebung sieht die Entwicklung zwischen 2003 (der ältesten verfügbaren Zahl) und der neuesten Erhebung 2006 wie folgt aus:

- 2003: Bruttoeinkommen: 3238 Franken, davon Miete: 910 Franken = 28%, Nettoeinkommen nach Miete: 2328 Franken.

- 2006: Bruttoeinkommen: 3050 Franken, davon Miete: 1007 Franken = 33%, Nettoeinkommen nach Miete: 2043 Franken.

Bei diesen Zahlen fällt zunächst der Rückgang der Bruttoeinkommen auf, der nach Berücksichtigung der Inflation rund zehn Prozent ausmacht. Wie uns das Bundesamt für Statistik mitteilt, sind 2006 allerdings die Erhebungsmethoden geändert worden, was den Rückgang des Einkommens weitgehend erklärt. Unter dem Strich bleibt allerdings ein leichter Rückgang des realen Bruttoeinkommens, gekoppelt mit einer starken Zunahme der Mietkosten.

Arme Haushalte wohnen in der Regel zur Miete in alten Liegenschaften, doch davon gibt es immer weniger. Wer eine alte Liegenschaft in guter und vor allem steuergünstiger Lage besitzt, weiß, dass er mit einem Neubau oder mit einem Verkauf des Grundstücks eine Kundschaft bedienen kann, die locker 10000 Franken oder mehr pro Quadratmeter Wohnfläche zu bezahlen fähig ist.

Damit kommt ein Verdrängungskampf in Gang, der dazu führt, dass sich immer mehr Durchschnittshaushalte auf dem freien Markt nach einer neuen, finanziell tragbaren Wohnung umsehen müssen. Das ist vor allem in den Finanzzentren beinahe unmöglich. Gemäß dem Internetportal Homegate kosteten im Kanton Genf im August 2008 die billigsten 3,5- bis 4-Zimmer-Wohnungen 1800 Franken pro Monat. Im Kanton Zug lag das günstigste Angebot bei 1590 Franken, und auch in der Stadt Zürich gab es gerade mal zwei Angebote unter 1500 Franken, beide für 1450 Franken.

Doch der ärmere Teil der Schweizer verliert nicht nur dadurch, dass er immer mehr mit hohen Mieten belastet und an die Schattenhänge verdrängt wird, sondern auch durch immer schlechtere öffentliche Dienste. Die Gleichung »mehr S-Bahn = weniger Steuern« geht nur auf, wenn sich die Reichen zu den Reichen gesellen und dadurch die Steuersätze sinken können, ohne dass auch die Steuereinnahmen zurückgehen. In Gemeinden wie etwa Zumikon, Freienbach oder Küsnacht, in der die Bewohner im Schnitt rund 200 000 Franken pro Jahr verdienen, schwemmt ein Steuersatz von fünf Prozent pro Einwohner genauso viel Geld in die Staatskasse wie ein Steuersatz von 20 Prozent in Städten oder Gemeinden wie Biel, wo die Steuerzahler im Schnitt nur ein Jahreseinkommen von 50 000 Franken haben.

Dieser Prozess der sozialen Entflechtung lässt sich beispielsweise an der eidgenössischen Steuerstatistik ablesen. Sie teilt die Steuerpflichtigen in sechs Einkommensgruppen auf, die jedes Jahr der Teuerung angepasst werden. Im Jahr 2004 erreichte man die höchste Gruppe, wenn man 580 000 Franken Jahreseinkommen oder mehr deklarierte. Schweizweit gehörten 0,23 Prozent aller Steuerpflichtigen zu dieser reichsten Gruppe. Dieser Anteil hat sich seit 1978 nicht wesentlich verändert.

Doch innerhalb der Kantone haben sich die Anteile deutlich verändert. Die Großverdiener sind in die steuergünstigen Kantone gezogen. Den größten Anteil von Spitzenverdienern wies 2004 der Kanton Schwyz mit 0,88 Prozent auf. Neun Jahre zuvor lag dieser Anteil mit 0,27 Prozent noch im Bereich des gesamtschweizerischen Durchschnitts. Nummer zwei auf dieser Rangliste ist der Kanton Zug mit einem Anteil von 0,84 Prozent, was fast einer Verdoppelung gegenüber 1995 entspricht. Auch im Kanton Nidwalden hat sich der Anteil der Superreichen innerhalb weniger Jahre mehr als verdoppelt, während er etwa im Hochsteuerkanton Bern von 0,15 auf 0,10 Prozent gesunken ist.

Diese Veränderungen sind für die Bevölkerung unerheblich, aber für die Staatskasse von entscheidender Bedeutung. So entfallen etwa auf die 0,88 Prozent Superreichen des Kantons Schwyz 17,5 Prozent des gesamten steuerbaren Einkommens, und sie haben 44,6 Prozent der (stark progressiven) Bundessteuer bezahlt. Zehn Jahre vorher entfielen auf die Superreichen in Schwyz nur sechs Prozent der Einkommen und 20 Prozent der Bundessteuern.

Aus der Optik der Steuerbehörden und der Steuerzahler bedeuten diese Zahlen, dass der Kanton Schwyz die Steuersätze deutlich senken kann, ohne irgendwelche Einbußen bei den Steuereinnahmen zu erleiden. Beispielsweise hätte Schwyz alle Steuersätze gleichmäßig um rund zehn Prozent senken können. Setzt man die Schere gezielt bei den Superreichen an, so sind dort Steuersenkungen von 20 Prozent und mehr durchaus möglich.

Für Hochsteuerkantone und Gemeinden wie Bern bedeutet die Abwanderung von Millionären umgekehrt, dass die Steuersätze entsprechend erhöht werden müssen. Doch das ist noch längst nicht alles: Gegenläufig zur Wanderung der Reichen in die Steueroasen ziehen die Armen in die weniger reichen Kantone und in die städtischen Zentren, weil sie nur noch dort einigermaßen preisgünstigen Wohnraum finden. Auch sie werden Opfer einer Beuteteilung: Die zuziehenden Reichen müssen nämlich ihre Steuerersparnisse mit den einheimischen Landbesitzern teilen, die ihre Grundstücke und Häuser entsprechend teurer verkaufen oder vermieten. Damit wird die Luft für die weniger Bemittelten dünn.

Die ärmeren Kantone und Gemeinden verlieren damit nicht nur Steuereinnahmen, sondern es werden ihnen auch noch zusätzliche Ausgaben insbesondere für Sozialhilfe und Schule, Integration von Ausländern usw. aufgebürdet, was wiederum die Steuerlast erhöht und damit auch den Anreiz für die verbliebenen Reichen, sich eine steuergünstigere Wohngemeinde zu suchen und damit die verlassene Gemeinde finanziell weiter zu schwächen.

Kurz: Der Steuerwettbewerb zwischen Kantonen, Städten und Gemeinden hat zur Folge, dass die Gesellschaft sozial auseinanderdividiert wird und dass ganze Landstriche mit öffentlichen Gütern unterversorgt sind. Es findet ein regelrechtes »Race to the bottom« – ein Rennen in den Abgrund – statt.

Der Kampf um die Millionäre und niedrige Steuern dürfte damit zumindest für eine große Minderheit, wenn nicht sogar für die Mehrheit der Schweizer mehr Nachteile als Vorteile bringen, und es wird für viele Eidgenossen immer schwerer, in den Randgebieten einer Schweiz zu wohnen, die sich Milliardäre für ihren Gebrauch gebastelt haben.

Kapitel 9

Hurra, wir sind Vermögensweltmeister – doch was haben wir eigentlich davon?

Die Ausländer bringen ihr Geld in die Schweiz. Gut. Aber was haben wir davon? Und wer sind eigentlich »wir«? Die ganze Schweiz? Fällt für alle etwas ab oder nur für ein paar wenige? Und wenn ja, ist die Tatsache, dass die Schweiz das große Vermögensverwaltungszentrum der Welt ist, für einige Schweizer vielleicht sogar von Nachteil?

Statt schwierige Fragen zu stellen, hält man sich in der Schweiz (wie anderswo) meist lieber an die konventionelle Antwort. Diese gilt zunächst einmal für den Bankenplatz insgesamt und lautet wie folgt:

»Die Banken sind in mancherlei Hinsicht eine bedeutende Branche der Schweizer Wirtschaft: Als Arbeitgeber offerieren sie eine Vielzahl qualifizierter Stellen mit überdurchschnittlichen Löhnen; als Steuerzahler beteiligen sie sich zu einem beträchtlichen Teil an der Finanzierung der öffentlichen Hände; als Motoren der Wertschöpfung und Zentren der Innovation schließlich vermitteln sie Impulse für die gesamte Wirtschaft und Gesellschaft.«

Das Zitat stammt – natürlich – von der Schweizerischen Bankiervereinigung. Sie pflegt mit ihren 54 Mitarbeitern und einem Jahresbudget von rund 40 Millionen Franken den guten Ruf des Schweizer Finanzplatzes im In- und Ausland. Dazu gehört auch, dass den Schweizern folgende Fakten immer wieder eingetrichtert werden:

»Die Schweizer Banken

- erwirtschaften mehr als 10% des BIP
- beschäftigen über 3% der Erwerbstätigen
- verwalten ein Drittel der weltweit grenzüberschreitend verwalteten Privatvermögen
- verwalten rund CHF 4900 Mrd. Wertschriften in Kundendepots
- tragen rund CHF 10 bis 15 Mrd. an die Finanzen der öffentlichen Hände bei.«

Es ist aufschlussreich, dass in diesen heiligen fünf Punkten der Bankiervereinigung zweimal die Vermögensverwaltung erwähnt wird – zuerst im Hinblick auf das internationale Geschäft, dann mit einer eindrucksvollen Zahl für das Gesamtgeschäft. Alle anderen Leistungen des Bankensystems – wie etwa der Zahlungsverkehr, das Hypothekengeschäft oder die Versorgung der produzierenden Wirtschaft mit Krediten und Risikokapital – werden nicht separat aufgeführt. Dieses Versehen ist wahrscheinlich genauso wenig ein Zufall wie die Tatsache, dass die Bankiervereinigung – die eigentlich die Interessen aller Banken vertreten sollte – traditionell von einem Privatbankier, also von einem Vermögensverwalter, präsidiert wird.

Das schweizerische Finanzsystem wird offensichtlich – was keineswegs erstaunt – in einem Ausmaß von der Vermögensverwaltung dominiert, wie das in »normalen« Ländern nicht der Fall ist. Ferner hat die Schweiz, wegen der Vermögensverwaltung, einen sehr stark aufgeblähten Finanzmarkt. Die zehn Prozent Anteil der Banken am Bruttoinlandsprodukt – den die Bankiervereinigung bei jeder Gelegenheit stolz hervorhebt – ist eben auch ein Klumpen Risiko. Lohnt sich dieses Risiko? Kann sein. Aber wenn man diese Frage seriös beantworten will, muss man zumindest zwei Nachteile in Rechnung stellen:

Zum einen muss man sich fragen, ob eine nationale Bankenindustrie, die darauf spezialisiert ist, bereits gemachte Vermögen zu verwalten, in der Lage ist, auch bei der Schaffung neuer Werte Spitzenleistungen zu bringen. Eine Firmenkultur, welche die Angestellten darauf konditioniert, den Arrivierten zu Diensten zu sein, ist vielleicht ein Hindernis, wenn es darum geht, der produzierenden Industrie und den Privathaushalten zu dienen.

In der Tat zeigt sowohl der »Global Competitivness Report« des World Economic Forum (WEF) als auch das »World Competitivness Yearbook« des Lausanner IMD-Management-Instituts, dass die Schweiz in puncto Zugang der Firmen zu Bankkrediten sowie zu Risikokapital nicht gut abschneidet. In der diesbezüglichen Rangliste des WEF liegt die Schweiz auf den Plätzen 22 (Kredit) und 23 (Risikokapital). In den IMD-Ranglisten reichte es gar nur zu den Plätzen 25 und 29. Sämtliche skandinavischen sowie die englischsprachigen Länder liegen deutlich vor der Schweiz.

Die Gründe dafür sind leicht zu erklären: In der Realwirtschaft werfen die meisten Investitionsprojekte reale Renditen von drei bis fünf Prozent ab. Nur wenige bringen deutlich mehr. Da trifft es sich gut, dass in der Schweiz viel gespart wird und das Kapital deshalb günstig ist. Die Banken können sich mit Sparkonten, Kassaobligationen usw. locker mit zwei bis drei Prozent refinanzieren. Deshalb wäre eigentlich zu erwarten, dass sich Schweizer Firmen bei ihren Schweizer Banken günstig mit Krediten eindecken können.

Doch da gibt es leider noch ein paar Umstände, die für die produzierende Wirtschaft weniger bekömmlich sind. Beispielsweise der, dass unsere vom Vermögensverwaltungsgeschäft verwöhnten Banken auch im normalen Bankgeschäft von Unternehmen und Kleinkunden saftige Preise verlangen. Nehmen wir die neuesten Zahlen, das zweite Quartal 2008 der UBS. Sie weist im »Business Banking Switzerland« eine Cost/Income-Ratio von 51,1 Prozent aus. Im Klartext: eine Bruttomarge von fast 50 Prozent. Und das, obwohl die Lohnkosten mit – auf ein Jahr hochgerechnet – 149 000 Franken pro Kopf gut 60 Prozent über dem Schweizer Durchschnitt liegen.

Trotz dieser hohen Lohnkosten hat die UBS in dieser Geschäftssparte einen Quartalsgewinn von 598 Millionen Franken erzielt. Das eingesetzte Eigenkapital wird mit vier Milliarden Franken beziffert. Daraus errechnet sich eine Eigenkapitalrendite von sage und schreibe 59,8 Prozent. Das ist toll für die Aktionäre, aber teuer für die Kunden.

Selbst bei einer Eigenkapitalrendite von »nur« 25 Prozent verteuert sich jeder Kredit, der mit acht Prozent Eigenkapital unterlegt sein muss, schon mal um mindestens zwei Prozentpunkte. Damit sind wir, zusammen mit drei Prozent Refinanzierungskosten, bereits bei fünf Prozent Zins angelangt, doch das ist noch lange nicht alles. Unternehmenskredite erfordern nämlich einen hohen Arbeitsaufwand. Man muss einige Business-Pläne, Bilanzen und sonstige Dokumentationen studieren und viele Gespräche führen, um die Kreditwürdigkeit eines Kunden und die Erfolgschancen seines Projekts beurteilen zu können. Bei Personalkosten von durchschnittlich 150000 Franken läppert sich das schnell mal zu einigen tausend oder zehntausend Franken zusammen, und das für eine Kreditsumme, die bei Mittelstandsfirmen typischerweise bei etwa 300000 Franken liegt. Drittens bleibt ein Restrisiko, das – auch wenn es letztlich nicht zu Verlusten führt – zu Rückstellungen zwingt. Damit liegt die Messlatte bzw. die Verhandlungsbasis schnell mal bei sieben, acht oder zehn Prozent Jahreszins, und damit ist für die meisten Projekte und Unternehmer die Schmerzgrenze überschritten. Das gilt insbesondere für Jungunternehmer, die noch über keinen langjährigen Leistungsausweis und über wenige beleihbare Sicherheiten verfügen.

Ob sich der Werkplatz und der Finanzplatz friedlich ergänzen oder ob zwischen den beiden ein Konkurrenzverhältnis herrscht, sind Fragen, die in der Schweiz immer wieder mal diskutiert werden. Anlass dazu ist beispielsweise ein steigender Frankenkurs, der die Ausfuhren verteuert. In solchen Situationen würde es die Exportwirtschaft gern sehen, dass die Nationalbank die Zinsen senkt und damit den Franken schwächt. Eine solche Schwächung kommt dadurch zustande, dass Anleger – vor allem ausländische – ihre dann niedriger verzinsten Anlagen in Schweizer Franken gegen höher verzinste Wertpapiere in Dollar, Euro oder Yen eintauschen. Dies ist natürlich nicht nach dem Geschmack der Banken, die dadurch Marktanteile zu verlieren drohen. Im Gegensatz zum Werkplatz ist deshalb der Finanzplatz im Zweifelsfall immer für hohe Zinsen und einen starken Franken.

Auch wenn sich die Konjunktur erhitzt, geraten der Finanz- und der Werkplatz wegen des Personals aneinander. Die Banken entwickeln in solchen Situation einen schier unstillbaren Hunger nicht nur nach Buchhaltern, Finanzfachleuten, Sekretärinnen und anderem administrativen Personal, sondern auch Mathematiker, Physiker, Ingenieure, Biologen usw. finden bei Banken und Versicherungen eine Beschäftigung, die in der Regel 30 bis 50 Prozent besser bezahlt ist als in der Industrie.

Wenn dann aber die Hochkonjunktur allmählich in eine Rezession mündet, dann geht das Wehklagen über die Welt der Finanzen erst richtig los. In den meisten Fällen werden Rezessionen nämlich durch Ereignisse in der Finanzwelt ausgelöst – durch Börsencrashs zum Beispiel, durch das Platzen von Kreditblasen im Immobiliensektor oder einfach dadurch, dass die Zentralbanken wieder einmal die Inflation durch hohe Zinsen bekämpfen und damit bewusst eine Abschwächung der Konjunktur hervorrufen – die dann öfter mal etwas zu heftig ausfällt.

In der Schweiz wirkt sich die Instabilität des Finanzsektors deshalb besonders stark auf die übrige Wirtschaft aus, weil der Finanzplatz so groß und mächtig ist. Die folgende Tabelle zeigt, wie stark die Wertschöpfung der Banken schwankt und wie sehr dadurch auch das ganze Bruttoinlandsprodukt beeinflusst wird.

Veränderungen in Prozent zum Vorjahr

Jahr	BIP	Bankensektor
2000	3,6	13,6
2001	1,2	–12,6
2002	0,4	– 2,8
2003	–0,2	4,8
2004	2,5	2,3
2005	2,5	8,5
2006	3,5	8,8
2007	3,1	7,6
2008 Halbjahr	0,4	– 4,2

Quelle: Seco

Die OECD hat in ihrer Wirtschaftsanalyse über die Schweiz 2007 vor diesen konjunkturellen Abhängigkeiten gewarnt:

Zwischen 1991 und 2002 hatten die Banken in sechs von zwölf Jahren eine negative oder Nullwachstumsrate. In den Jahren 2004 bis 2007 trug der Finanzsektor wiederum stark zum Konjunkturaufschwung bei; aber zuvor war er nach dem Platzen der Börsenblase 2001 der eigentliche Auslöser einer Rezession mit einer Entlassungswelle auch im Bankenbereich.

Nicht nur die schwankende Wertschöpfung der Banken wirkt sich direkt auf das Bruttoinlandsprodukt aus, sondern es kommen auch wichtige Finanzmarktindikatoren wie Zinsschwankungen, Gewinnfluktuationen, hoher Wechselkurs des Schweizer Frankens hinzu. Diese zyklischen Schwankungen der Bankenaktivität sind nach dem OECD-Bericht 2007 über die Schweiz »zu einem gewissen Grad verantwortlich für die Überempfindlichkeit des schweizerischen BIP-Wachstums im letzten Jahrzehnt«.

Wenden wir uns nun der Wertschöpfung des Finanzplatzes im Allgemeinen und der Vermögensverwaltung als Dienstleistungsexport im Besonderen zu. Dabei müssen wir zunächst einmal kurz über das Begriffspaar »Wertschöpfung« und »Wertabschöpfung« reden. Genau genommen misst nämlich die volkswirtschaftliche Gesamtrechnung nicht, wie viel jede Branche zum gemeinsamen Bruttoinlandsprodukt beiträgt, sondern nur, wie viel sie davon für sich selbst beansprucht. Sie misst, was die anderen Branchen, der Staat, die Haushalte und das Ausland unseren Banken für ihre Dienstleistungen bezahlt haben. 2007 waren das genau 43,8 Milliarden Franken bei einer Gesamtsumme (bzw. BIP) von 509 Milliarden Franken.

Die Public-Relations-Spezialisten der Schweizerischen Bankiervereinigung formulieren das – wie oben erwähnt – folgendermaßen: »Die Schweizer Banken erwirtschaften mehr als 10% des BIP.«

Man kann diese Fakten jedoch auch ganz anders formulieren, genauer und weniger schmeichelhaft für die Banken: »Jeder zwölfte Franken, den wir ausgeben, geht für die Banken drauf.«

Diese Formulierung ist allerdings ein wenig irreführend. Die 43,8 Milliarden Franken umfassen nämlich auch die Ausländer und insbesondere die Steuerflüchtlinge, die für die Vermögensverwaltungsdienste der Schweizer Banken viel Geld bezahlen müssen. 2007 waren das gemäß der Zahlungsbilanzstatistik der Nationalbank immerhin 14,7 Milliarden Franken. Da umgekehrt die Schweizer nur für 1,6 Milliarden Franken Dienstleistungen bei ausländischen Banken eingekauft haben, sind die Bankendienstleistungen hinter der Pharmaindustrie unser zweitwichtigster Devisenbringer.

Damit ist auch gesagt, wie viel die Schweizer 2007 insgesamt für Bankendienstleistungen ausgeben bzw. bezahlen mussten, nämlich 30,7 Milliarden Franken oder immerhin rund sechs Prozent des BIP. 1985, im ersten Jahr, für das es solche Statistiken gibt, lag dieser Anteil noch bei 3,3 Prozent, war also nur etwa halb so hoch. Eigentlich hätte man erwarten können, dass die Prozentzahl eher sinkt, denn das Bankgeschäft besteht zur Hauptsache aus Datenverarbeitung, und auf diesem Sektor war der technologische Fortschritt besonders rasant. So gesehen darf man vermuten, dass nicht nur die Ausländer, sondern auch die Schweizer fur ihre Bankendienstleistungen einen unnötig hohen Preis bezahlen müssen.

Doch lassen wir diese Nebenbemerkung. Die 14,7 Milliarden Franken Export von Bankendienstleistungen sind in der Tat ein wichtiger Beitrag für die Schweizer Wirtschaft. Angesichts der rund 3000 Milliarden Franken ausländischer Vermögen, die 2007 in der Schweiz verwaltet wurden, könnte man sogar wesentlich mehr erwarten. Die Schweizerische Bankiervereinigung weist nämlich den Return on Assets, also den Bruttoertrag aus den verwalteten Vermögen, mit 1,05 Prozent aus. Diese hohe Gewinnmarge gilt allerdings nur für die Privatkunden. Institutionelle Anleger, denen rund zwei Drittel der Wertpapiere gehören, zahlen deutlich weniger.

Die Vermögensverwaltung ist ein hoch profitables Geschäft, und die Beteiligten sind stolz darauf. So schreibt etwa die Schweizerische Bankiervereinigung in ihrer Broschüre »Wealth Management«:[1]

»Die Bruttomargen der Schweizer Vermögensverwalter haben sich trotz der internationalen Konkurrenz als erstaunlich widerstandsfähig erwiesen. Sie schwankten in den vergangenen Jahren zwischen 80 und 120 Basispunkten (0,8 bis 1,2 Prozent). Die Margen sind bei den Ultra-High-Networth Individuals (Anleger mit 10 Millionen Fr. und mehr) wegen der Verhandlungsmacht dieses Kundschaft tendenziell niedriger. Im Off-Shore-Geschäft sind sie hingegen höher, weil dort die Preissensitivität nicht so ausgeprägt ist. [...] Unabhängig von der Art des Geschäftsmodells sind Bruttogewinnmargen von 50 Prozent oder mehr erreichbar, was qualitativ gute und stabile Gewinne generiert.«

Entwicklung des Return on Assets

1990	0,4%
1995	0,5%
2000	0,9%
2005	1,05%

Quelle: Schweizerische Bankiervereinigung

Im Klartext: Die Anleger sind gutmütige Goldesel. Vor allem, wenn sie aus dem Ausland kommen (Offshore-Geschäft), ist es ihnen eigentlich egal, wie viel sie für die Leistungen ihrer Schweizer Banken bezahlen. Warum das wohl so ist, darüber spekuliert die Bankiervereinigung wohlweislich nicht, aber der Verdacht liegt nahe: Wenn ich auf mein Einkommen 30 Prozent spare, weil ich es unversteuert in die Schweiz bringe, dann kommt es mir auf ein halbes Prozent Kommission mehr oder weniger nicht an. Oder von der anderen Seite her formuliert: Wenn ich dir schon helfe, dein Vermögen von der Steuer zu befreien, dann will ich auch etwas davon haben.

Es findet also eine Art Beuteteilung statt. Wie diese genau aussieht, kann man beispielsweise im Geschäftsbericht der UBS 2007, Spartenberichterstattung International Wealth Management und Swiss Banking, nachlesen (siehe Übersicht auf Seite 157).

Wie man sehen kann, hat die UBS die Vorgabe der Bankiervereinigung nicht ganz erfüllen können. Der Gewinn beträgt etwas weniger als 50 Prozent des Gesamtertrags. Gemessen an den 5 bis 15 Prozent, die in der Industrie und im Gewerbe üblich sind, geschweige denn an den zwei bis drei Prozent im Einzelhandel, sind das traumhafte Margen. Und noch eins: Diese Margen kommen zustande, obwohl die Vermögensverwaltungsbanken Saläre bezahlen, die etwa dreimal so hoch sind wie im Rest der Wirtschaft. Die UBS-Vermögensverwal-

Verwaltete Vermögen:	1284 Mrd. Fr.
Gesamtertrag	12,9 Mrd. Fr.
Gesamtaufwand	6,6 Mrd. Fr.
Davon Personal	3,9 Mrd. Fr.
Gewinn	6,3 Mrd. Fr.
Gewinnmarge:	48,8 %
Personalbestand	15800
Personalaufwand pro Kopf	243000 Fr.
Gewinn pro Kopf	399000 Fr.
Wertschöpfung pro Kopf	642000 Fr.

tungstochter, die Bank Julius Bär, wendet für ihre Angestellten im Schnitt sogar 322000 Franken pro Kopf im Jahr auf. In diesem Durchschnitt sind auch Schreibkräfte und Empfangspersonal mit eingerechnet.

Vor dem Hintergrund unserer Frage – Was bringt die internationale Vermögensverwaltung der Schweiz? – kann man diese Zahlen unterschiedlich interpretieren. Positiv gewendet kann man sagen, dass dieser Exportzweig hochqualifizierte und gut bezahlte Jobs mit mehr als 600000 Franken Wertschöpfung pro Kopf in die Schweiz bringt. Doch die Kehrseite ist offensichtlich: Gemessen an der Wertschöpfung von immerhin 14,8 Milliarden Franken schafft diese Branche nur wenige Arbeitsplätze. Genauere Zahlen dazu hat selbst die Schweizerische Bankiervereinigung nicht. Sie gab auf Anfrage lediglich bekannt, dass sie die Wertschöpfung des Private Banking auf 20 Milliarden Franken und die Zahl der Beschäftigten (inklusive selbstständige Vermögensverwalter) auf 50000 schätzt, ohne zwischen In- und Ausland zu unterscheiden. Daraus kann man hochrechnen, dass die Vermögensverwaltung für Ausländer in der Schweiz rund 30000 Arbeitsplätze schafft – deutlich weniger als ein Prozent aller Beschäftigten.

Daraus darf man allerdings nicht schließen, dass der Schweiz nur 30000 Jobs verloren gingen, falls die Vermögensverwaltung aus irgendeinem Grund – beispielsweise wegen der Aufgabe des Bankgeheimnisses – in andere Finanzzentren abwandern sollte. Ein beträchtlicher Teil der 14,8 Milliarden Franken, welche die reichen Ausländer auf Schweizer Banken liegen haben, wird nämlich hier ausgegeben und schafft so Arbeitsplätze für Immobilienhändler, Juweliere, Autoverkäufer, aber auch für Staatsangestellte, Lehrer, Migros-Verkäuferinnen usw. Die genaue Zahl ist schwer zu schätzen, sie dürfte aber bei über 50000 liegen.

Ist das alles, unter dem Strich gesehen, wirklich ein Grund, das Bankgeheimnis – wie das die Schweizer Regierung tut – durch dick und dünn zu verteidigen? Konkret gefragt: Wie groß wäre der materielle Verlust, wenn die Schweiz auf den gesetzlichen Schutz des Bankgeheimnisses verzichten würde? Die Meinungen dazu gehen auseinander. Die Großbanken etwa betonen gern, dass ausländische Geldgeber vor allem wegen des Know-how der Schweizer Banken und wegen der politischen Stabilität ihr Geld in der Schweiz anlegen. Träfe das zu, so könnte man auf das Bankgeheimnis ohne größeren materiellen Verlust verzichten. Bei den Privatbanken hingegen tönt es ganz anders.

Konrad Hummler, der St. Galler Privatbankier, nimmt im Interview[2] mit der »Weltwoche« kein Blatt vor den Mund:

Weltwoche: Gerade die Grossbanken haben lange behauptet, Steuerhinterziehung sei für uns kein wichtiges Geschäft mehr.

Hummler: Das ist Lug und Trug.

Weltwoche: Auch für Grossbanken?

Hummler: Aber sicher. Meinen Sie denn, die enorme Platzierungskraft unserer Grossbanken komme aus anderen Geschäftsfeldern? Die Antwort ist klar: Nein.

Weltwoche: Warum behaupten sie das Gegenteil?

Hummler: Weil es für international tätige Banken natürlich eine heikle Position ist, Praktiken zu verteidigen, die im einen Land als schwer illegal gelten, im anderen aber nicht. Es ist eine angenehme Lebenslüge.

Weltwoche: Das Bankgeheimnis bleibt ein Lebensnerv unseres Finanzplatzes?

Hummler: Absolut.

Eine ähnliche Meinung hatte auch Ivan Pictet, Teilhaber der größten Genfer Privatbank Pictet & Cie., 2004 im Interview mit der Wirtschaftszeitung »Cash«[3] vertreten:

Cash: Was würde ein Wegfall des Bankgeheimnisses bedeuten?

Pictet: Gefährdet wäre mehr als ein Drittel der in der Schweiz verwalteten Vermögen. Die Abflüsse wären damit also massiv, nicht nur bei den Schweizer Banken. Die ausländischen Banken in der Schweiz, die etwa 20 Prozent der hiesigen Vermögen verwalten, müssten schliessen. Ich schätze, dass wir 30 Prozent weniger Beschäftigte in der Vermögensverwaltung hätten. Da würde ein Teufelskreis in Bewegung gesetzt, der uns gegenüber unseren Konkurrenten London und New York stark zurückwerfen würde.

Übertreiben Pictet und Hummler? Wahrscheinlich schon. Schließlich ist es in ihrem Interesse, die Folgen eines Abschieds vom Bankgeheimnis möglichst drastisch zu schildern – um ebendiesen Abschied noch möglichst lange hinauszuzögern. In einem Punkt muss man ihnen aber wohl recht geben: Zumindest auf kurze Frist und rein in Franken und Rappen gesehen dürfte sich ein Verzicht auf das Bankgeheimnis nicht nur für die direkt betroffenen Vermögensverwalter negativ auswirken.

Auf mittlere und lange Frist hingegen sieht die Bilanz wohl anders aus, vor allem, wenn wir das Bankgeheimnis in seinem größeren Zusammenhang betrachten, nämlich als ein Instrument des Steuerwettbewerbs. Unter diesem Blickwinkel geht es nämlich nicht nur um die Frage, was wäre, wenn es kein Bankgeheimnis gäbe, sondern auch darum, was wäre, wenn der Steuerwettbewerb national und international eingedämmt würde. Wie verändert sich die Schweiz, wenn wir nicht mehr das Steuerparadies der Reichen und zum Teil auch der Anrüchigen sind? Oder wie verändert sich unser Leben, wenn die Schweiz – wie das die Bankiervereinigung will – noch mehr als bisher zur globalen Finanzdrehscheibe wird?

Mehr dazu im nächsten Kapitel.

Kapitel 10

Das Bankgeheimnis ist leider kein Nullsummenspiel

Vom Schweizer Bankgeheimnis profitieren vor allem die großen Vermögensverwaltungszentren Genf und Zürich. Doch der virulenteste Verfechter des Bankgeheimnisses, Konrad Hummler, stammt aus St. Gallen. Dort ist er geschäftsführender Teilhaber einer kleinen, aber – wie es in diesem Zusammenhang immer heißt – feinen Vermögensverwaltungsbank, der Bank Wegelin.

Nur etwa einen Kilometer vom Wegelin-Hauptsitz entfernt, in einer Villa leicht oberhalb der Universität St. Gallen, leitet Professor Manfred Gärtner die Forschungsgemeinschaft für Nationalökonomie. Der aus Deutschland stammende Ökonom ist der wohl härteste Gegner des Bankgeheimnisses. Das wissen allerdings nur wenige Insider, denn im Gegensatz zu Hummler hängt Gärtner seine Erkenntnisse nicht an die große Glocke. Er will keinen politischen Einfluss ausüben. Vielleicht auch deshalb, weil er weiß, dass in der Ökonomie auch »Erkenntnisse« immer nur Teilwahrheiten sind, abhängig von Annahmen und von historischen Zufälligkeiten. Morgen kann alles ganz anders sein.

Trotz seiner Zurückhaltung ist Gärtner so etwas wie das Enfant terrible unter den Schweizer Ökonomen – oder eben der Bock, den man zum Gärtner gemacht hat. So hatte er etwa in den Neunzigerjahren die These vertreten und belegt, dass die Zentralbanken mit der Inflationsbekämpfung nicht nur kurz-, sondern auch langfristig mehr Schaden anrichten, als Nutzen stiften. Je unabhängiger die Zentralbank, so fand Gärtner heraus, desto größer sind die Schäden – gemessen an verpasstem Wirtschaftswachstum –, die sie mit ihrer Geldpolitik anrichten. Das war die Zeit, als (auch) die Schweizerische Nationalbank (SNB) ihre Unabhängigkeit dazu nutzte, die Inflation mit hohen Zinsen zu bekämpfen und dabei von fast allen Ökonomen unterstützt wurde. Jahre danach änderte die SNB ihre Zinspolitik und räumte die Fehler der frühen Neunzigerjahre ein.

Seit ein paar Jahren beschäftigt sich Gärtner intensiv mit den Fragen des Steuerwettbewerbs und des Bankgeheimnisses. Gärtner kommt dabei zu brisanten Schlussfolgerungen, die aber kaum Staub aufwirbeln, weil er seine Erkenntnisse in Studien mit obskuren Titeln wie »Macroeconomic effects of bank secrecy when tax evasion is endogenous«[1] oder »Can tax evasion tame Leviathan governments?«[2] abfasst.

Worum geht es? Fangen wir bei den Ergebnissen an: Das Bankgeheimnis nutzt der Schweiz, aber es schadet den anderen europäischen Ländern in hohem Maße. Dank des Steuerwettbewerbs und des Bankgeheimnisses ...

- sind die direkten Einkommensteuern in der Schweiz um rund 50 Prozent niedriger als ohne Bankgeheimnis.
- sind die Vermögen der Schweizer Rentner 17 Prozent höher als ohne Steuerflucht.
- können die Schweizer über das ganze Leben gesehen 34 Prozent mehr konsumieren.
- steigen die Löhne der Schweizer um 17 Prozent.
- steigen die Kapitaleinkommen der Schweiz um 19 Prozent.

Klare Verlierer des Steuerwettbewerbs und des Bankgeheimnisses sind die großen Länder ohne Bankgeheimnis. Für sie sieht die Rechnung wie folgt aus:

- Die Sätze der Einkommensteuer steigen durch die Einführung des (schweizerischen) Bankgeheimnisses von 53,6 auf 54,5 Prozent.
- Die Vermögen der Rentner sinken um zwei Prozent.
- Der Konsum nimmt um zwei Prozent ab.
- Die Löhne sinken ebenfalls um zwei Prozent.
- Die Kapitaleinkommen sinken um 1,3 Prozent.

Nun könnte man annehmen, dass die Wirkung des Bankgeheimnisse über alle Länder hinweg gesehen positiv ist, weil der positive Effekt in der Schweiz prozentual viel stärker ist als die negative Wirkung in den anderen Ländern. Das ist aber nicht so, weil die Schweiz viel weniger Einwohner hat als der Rest Europas. Unter dem Strich bleibt folgendes Ergebnis:

Das Bruttoinlandsprodukt aller Länder nimmt durch das Bankgeheimnis um 0,6 Prozent ab.

Woher weiß Professor Gärtner das so genau? Nun, er weiß es natürlich nicht so genau. Gärtner will seine Zahlen nur als Illustration und grobe Anhaltspunkte verstanden wissen. Wichtig sind für ihn vor allem die Vorzeichen. Eine signifikante Erkenntnis ist dabei, dass das Bruttoinlandsprodukt aller Länder durch das Bankgeheimnis abnimmt. Ob die Abnahme genau 0,6 Prozent beträgt, dafür will Gärtner seine Hand nicht ins Feuer legen. Die Zahlen sind nur bestmögliche Schätzungen aufgrund des vorhandenen Datenmaterials. Um Gärtners Ergebnisse richtig beurteilen zu können, müssen wir nun aber doch ein paar Worte über die Machart der Studie verlieren. Was genau hat unser Professor untersucht, und wie ist er dabei vorgegangen?

Gärtner ging von der – nicht zuletzt von seinem Nachbarn, dem Bankier Konrad Hummler, vertretenen – populären These aus, wonach ein Bankgeheimnis in Ländern wie der Schweiz auch Ländern wie Deutschland nutzt, weil es nämlich die dortigen Regierungen zwingt, ihre Bürger nur maßvoll zu besteuern. Gärtner hat diese These nicht von vornherein verworfen.

Er wollte prüfen, ob sie stimmt bzw. unter welchen spezifischen Umständen sie zutreffen könnte.

Die Sache ist nämlich nicht ganz einfach: Wenn Land CH ein Bankgeheimnis einführt, hat das zum Resultat, dass Privatvermögen von EU-Ländern nach CH fließt. Land EU verliert damit Steuereinkommen. Da das Bankgeheimnis in der Regel mit einer Quellensteuer gekoppelt ist, wird zumindest ein Teil der Vermögenserträge aus dem transferierten Vermögen jetzt in CH versteuert. Das ist sozusagen der Erstrundeneffekt.

In der zweiten Runde werden nun die beiden Länder auf die veränderten Bedingungen reagieren. CH wird aufgrund der zusätzlichen Steuereinnahmen seine Steuersätze senken, um so noch mehr Reiche anzulocken. Land EU wird möglicherweise die Steuern senken – das gilt es herauszufinden –, und es wird sein Steuersystem ändern: Es wird die Steuern auf die Kapitalerträge senken, um so den Anreiz zur Steuerflucht nach CH zu verringern. Entsprechend müssen dann aber die Steuern auf Löhne und Arbeitseinkommen erhöht werden.

Dies wiederum trifft die Generationen unterschiedlich. Die junge Generation, die noch nichts gespart hat und deshalb kaum über Kapitaleinkommen verfügt, sieht ihr Einkommen durch die höheren Lohnsteuern verringert, die Generation der Rentner profitiert, selbst wenn sie ihr Vermögen nicht in CH versteckt.

Doch nicht nur der Staat reagiert, indem er seine Steuerpolitik ändert, auch der Markt passt sich an. Durch die Steuerflucht ist in den EU-Ländern weniger Kapital vorhanden. Das Kapital wird dadurch teurer. Umgekehrt muss die junge Generation mehr Arbeit anbieten, wenn sie ihren Lebensstandard trotz der Steuererhöhungen halten will. Vielleicht arbeitet sie auch weniger, weil es sich nach der Steuererhöhung nicht mehr lohnt.

Wie das letzte Beispiel zeigt, ist nicht immer von vornherein klar, wie Arbeitnehmer, Haushalte, Unternehmen oder Regierungen auf bestimmte Veränderungen reagieren. Die Theorie lässt verschiedene Deutungen zu. Deshalb braucht es die Empirie, also die beobachteten Fakten. Gärtner hat also zunächst einmal die Fakten zusammengetragen, die für sein Modell relevant sind. Erstens geht es dabei um die Ausgangsgrößen – das Bruttoinlandsprodukt der beteiligten Länder etwa. Dabei ist vor allem wichtig, um wie viel die kleinen CH-Steuergeheimnis-Länder kleiner sind als die EU-Länder. Dann kommen die Löhne, die Kapiteleinkommen usw. Zweitens muss man zumindest die Vorzeichen dessen kennen, was die Ökonomen Elastizitäten nennen: Wie reagiert eine Regierung auf sinkende Einnahmen aus der Kapitalbesteuerung? Arbeiten die Lohnempfänger mehr oder weniger, wenn ihre Nettolöhne sinken? Um wie viel Prozent arbeiten sie mehr, wenn der Reallohn um x Prozent sinkt?

All diese Fakten und empirisch erhärteten Zusammenhänge hat Gärtner nun in ein dynamisches Modell eingebaut, das über 15 Generationen läuft. Nur so lassen sich die komplexen Wechselwirkungen einigermaßen verlässlich beurteilen. Der Charme solcher quantifizierten mathematischen Modelle liegt weniger darin, dass sie auf die Kommastelle genaue Ergebnisse ausspucken, sondern vielmehr darin, dass man besser abschätzen kann, wo die Knackpunkte liegen. Zu diesem Zweck verändert man bestimmte Elastizitäten (etwa die Reaktion der Kapitalbesitzer auf Veränderungen der Einkommensteuer oder die Reaktion des Staates bzw. die Veränderungen der Steuersätze auf eine verstärkte Kapitalflucht). Dann schaut man, wie stark sich die Endergebnisse verändern.

Von einer wichtigen Größe haben wir noch nicht gesprochen. Die Verfechter des Bankgeheimnisses gehen davon aus, dass niedrigere Steuern und entsprechend niedrigere Staatsausgaben grundsätzlich gut seien. Dahinter steckt die Annahme, dass die Regierenden vor allem am Erhalt und an der Ausdehnung ihrer Macht interessiert sind und deshalb Staatsausgaben tätigen, die den Bürgern gar nichts nutzen. Eine mildere Version dieser Theorie besagt, dass der verschwenderische Staat jederzeit in der Lage wäre, seine Leistungen mit weniger Aufwand zu erbringen, sofern man ihn durch niedrigere Steuereinnahmen dazu zwänge. Beide Theorien laufen darauf hinaus, dass die Wohlfahrt der EU-Länder durch einen Rückgang des öffentlichen Konsums nicht geschmälert würde.

Diese Annahme ist natürlich umstritten. Ob man ein Bankgeheimnis aus Sicht der EU-Länder als gut oder schlecht bewertet, hängt ganz wesentlich davon ab, wie hoch oder niedrig man den Nutzen von Staatsausgaben einstuft. Kommen Gärtners negative Ergebnisse vielleicht daher, dass er den Nutzen der Staatsausgaben sehr hoch gewichtet? Im Gegenteil – die Antwort ist ein klares Nein. Die Ergebnisse seiner Modellrechnung beruhen auf der Annahme, dass Hummler und Konsorten recht haben, dass Staatsausgaben zumindest in dem Umfang, der zur Diskussion steht, ohne jede Nutzeneinbuße gestrichen werden könnten.

Doch wenn Gärtners negative Ergebnisse nicht durch die niedrigeren Staatsausgaben bedingt sind, wodurch dann? Nun, es bleiben im Wesentlichen drei Wirkungsmechanismen: Zum einen durch das Kapital, das den EU-Ländern durch die Steuerflucht in die CH-Länder verloren geht. Zweitens durch Veränderung in den Produktionsabläufen, welche durch die Verschiebung des Kapitals hervorgerufen werden. Drittens, weil die Steueroptimierung und -hinterziehung an sich ein aufwendiger, arbeits- und kapitalintensiver, aber unproduktiver Vorgang ist.

Nun mag man einwenden, dass Gärtners Studie nur eine von vielen sei und man sicher auch zu gegenteiligen Ergebnissen kommen könne. Dieser Einwand ist theoretisch richtig. Auch Gärtner gibt zu, dass das letzte Wort in dieser Frage noch nicht gesprochen ist. Wissenschaftliche Erkenntnis, und das gilt erst recht für die Ökonomie, ist immer auch das Ergebnis einer Auseinandersetzung zwischen verschiedenen Wissenschaftlern und wissenschaftlichen Schulen. Es gehört zum Einmaleins jeder wissenschaftlichen Untersuchung, dass sie sich zuerst einmal einen Überblick verschafft über das, was andere zu dem Thema schon geschrieben haben – wobei abweichende Meinungen besonders zu berücksichtigen sind.

Und da gibt es – abgesehen vom Biertisch und von Kampfparolen – bisher fast nichts. Nur eine Studie[3] kommt zu dem Ergebnis, dass das Bankgeheimnis »eine positive Wirkung haben könnte«. Das Modell, das die Autoren zu diesem Resultat bringt, geht davon aus, dass sämtliche Steuern ausschließlich auf das Vermögen und dessen Erträge erhoben werden und dass die Konsumenten auf eine zu hohe Steuer mit einer Senkung ihrer Sparquote reagieren, was ihr Vermögen vermindert, worauf die Regierungen wiederum mit einer Erhöhung der Steuern reagieren. Um einen solchen Teufelskreis zu durchbrechen, so die Autoren, könnte es hilfreich sein, wenn ein Nachbarland ein Bankgeheimnis einführt.

Wenn dieses Beispiel eines zeigt, dann dies: Man muss schon sehr unrealistische Annahmen treffen, um das Bankgeheimnis auch aus der Sicht der Drittländer rechtfertigen zu können.

Auch Manfred Gärtner hat in sein Modell eine sehr unwahrscheinliche Annahme zugunsten des Bankgeheimnisses eingeführt, nämlich dass zusätzliche Staatsausgaben keinen zusätzlichen Nutzen stiften. Dennoch kommt er zum Schluss, dass der durch das Bankgeheimnis verschärfte Steuerwettbewerb schädlich ist. Das heißt aber auch, dass der vom Bankgeheimnis angerichtete Schaden möglicherweise noch viel größer ist.

Reine Notwehr

Gärtners Gegner sehen es natürlich anders. Der zuständige Finanzminister, Bundesrat Hans-Rudolf Merz, etwa plädiert zunächst einmal auf Notwehr: »Unser Land hat wenig natürliche Vorteile, die es für Investoren attraktiv machen«, hebt Merz an und lässt dann eine Litanei folgen, die jedem Afrikaner das Wasser in die Augen treibt: »Als Land mit schwierigen topografischen Bedingungen, ohne Meeresanstoss, ohne natürliche Handelsplätze und ohne bedeutende Rohstoffe sind wir auf ein attraktives Steuerklima angewiesen – und dies in höherem Masse als andere Staaten, die von einem grossen Binnenmarkt profitieren.«

Und dann wagt unser Bundesrat einen poetischen Ausflug ins Tierreich: »Wie der Pfau, der sein Rad schlägt, um seine Schönheit und Vorzüge zu präsentieren, kann der Staat über öffentliche Leistungen, Regulierungen, Steuerwesen und Sozialleistungen Anreize setzen, dass sich Unternehmen bei ihm niederlassen. Es ist eine Realität: Wie eine private Unternehmung steht der Staat im Wettbewerb um gute Kunden.«

Merz hat da nicht ganz unrecht: Der Steuerwettbewerb existiert. Es gibt einen grenzüberschreitenden Kampf um gute Steuerzahler und um Unternehmen, die Arbeitsplätze schaffen. Dieser Herausforderung muss sich eine Landesregierung stellen und die bestmögliche Strategie entwickeln.

Doch es gibt auch noch eine zweite Ebene: Man kann versuchen, zusammen mit anderen Ländern und Regierungen (bzw. zwischen Kantonen und Gemeinden) die Spielregeln so zu verändern, dass der Steuerwettbewerb eingeschränkt wird. Dies scheint dann sinnvoll, wenn man zu dem Schluss kommt, dass der Steuerwettbewerb insgesamt mehr Schaden als Nutzen bringt. Oder um es in der Sprache der Spieltheorie auszudrücken: Es könnte sein, dass der Standortwettbewerb ein Gefangenendilemma ist, aus dem man sich am besten mit einer gemeinsamen Absprache – im konkreten Fall mit einer Steuerharmonisierung – befreit.

Also geht es in einem ersten Schritt nicht darum, die optimale Strategie im Steuerwettbewerb zu entwickeln. Vielmehr muss vorab geklärt werden, ob der Steuerwettbewerb generell – also für alle betroffenen Länder – der Steuerharmonisierung überlegen ist oder nicht:

Professor Wolf Schäfer von der Universität Hamburg hat diese Frage gestellt. Im von Professor Franz Jaeger herausgegebenen Sammelband »Steuerwettbewerb«[4] schreibt er:

»Entscheidend ist, dass der politischen Harmonisierung die dynamische Funktion des Entdeckungsverfahrens ebenso fehlt wie die Machtbegrenzung gegenüber den Privaten. Harmonisierung zementiert dic ausgehandelten Standards, Innovation ist ihr fremd, sie zu verändern, erfordert in der Regel hohe Transaktionskosten. Aus allem Gesagten folgt, dass die politische Harmonisierung trotz der damit verbundenen Skalenerträge dem Systemwettbewerb grundsätzlich unterlegen ist.«

Ganz ähnlich wie Schäfer argumentiert im selben Buch auch Bundesrat Hans-Rudolf Merz: »Der Steuerwettbewerb schützt die Bürger vor übermässigem Steuerappetit der Regierungen. Er ist einer der wenigen disziplinierenden Instrumente.« Und: »Der Steuerwettbewerb ist sodann ein Entdeckungsverfahren für neue, innovative Besteuerungssysteme. Erfolgreiche Systeme werden imitiert, erfolglose dagegen vermieden.«

Schäfer und Merz benutzen beide den Begriff »Entdeckungsverfahren«, den Friedrich August von Hayek seinen Anhängern hinterlassen hat. Hayek ist zumindest im deutschsprachigen Raum der prominenteste Vertreter des Primats des Marktes vor der Politik. In seinem inzwischen berühmt gewordenen Aufsatz »Der Wettbewerb als Entdeckungsverfahren«[5] schreibt er:

»Es ist nützlich, sich ins Gedächtnis zu rufen, dass überall dort, wo wir uns des Wettbewerbes bedienen, dies nur damit gerechtfertigt werden kann, dass wir die wesentlichen Umstände nicht kennen, die das Handeln der im Wettbewerb Stehenden bestimmen. [...] Daher möchte ich [...] den Wettbewerb einmal systematisch als ein Verfahren zur Entdeckung von Tatsachen betrachten, die ohne sein Bestehen entweder unbekannt bleiben oder doch zumindest nicht genutzt werden würden. [...]

Aber wir tun den Leistungen des Marktes Unrecht, wenn wir gewissermaßen ›von oben herunter‹ beurteilen, nämlich durch den Vergleich mit einem idealen Standard, den wir in keiner bekannten Weise erreichen können. Wenn wir sie, wie das allein zulässig erscheint, ›von unten hinauf‹ beurteilen, d.h. im Vergleich mit dem, was wir mittels irgendeiner anderen uns zur Verfügung stehenden Methode erreichen können, insbesondere im Vergleich mit dem, was produziert würde, wenn Wettbewerb verhindert würde – [...] so muss die Leistung des Marktes beträchtlich erscheinen. [...] In moderner Sprache können wir sagen, dass wir ein Nicht-Null-Summen-Spiel spielen, dessen Regeln darauf abzielen, die Dividende (im eigentlichen Sinn des zu Teilenden) zu vergrößern, das aber den Anteil der einzelnen zum Teil dem Zufall überlässt.«

Uff! Das war kompliziert. Heruntergebrochen auf unsere Frage »Steuerharmonisierung oder Steuerwettbewerb« will uns Hayek Folgendes sagen: Es ist zwecklos, mit einer Steuerharmonisierung einen idealen Zustand erreichen zu wollen. Überlassen wir die Sache lieber dem freien Spiel des Wettbewerbs. Der Markt findet für uns die optimale Lösung, auf die wir ohne ihn nie gekommen wären, also auch nicht durch den demokratischen Austausch von Argumenten.

Dass die vom Markt entdeckten Lösungen die besseren sind, ergibt sich für Hayek daraus, dass sie den Test des Marktes bestanden haben. Genau besehen ist das ein klassischer Zirkelschluss: Die Ergebnisse des Marktmechanismus sind besser, weil sie aus dem Marktmechanismus hervorgehen. Der Marktmechanismus ist besser, weil er Ergebnisse hervorbringt, auf die wir ohne den Markt niemals gekommen wären, weil wir die »wesentlichen Umstände« gar nicht kennen. Folglich sind wir auch gar nicht in der Lage, die Kriterien zu entwickeln, nach denen wir die Ergebnisse der Marktselektion beurteilen können.

Das Gleiche gilt auf dieser generellen Ebene allerdings auch für die Demokratie. Es gibt keinen Beweis dafür, dass die Verfahren der Demokratie effizientere Lösungen hervorbringen als die des Marktes. Es gibt keine Methode, die uns erlaubt, von vornherein festzustellen, welcher der beiden Prozesse – Markt oder Demokratie – die besseren Ergebnisse liefert.

Doch darauf kommt es letztlich gar nicht an. Selbst wenn

es zuträfe, dass wir »ein Nicht-Null-Summen-Spiel spielen«, bei dem am Schluss insgesamt mehr herausschaut – die »Gesamtdividende« also vergrößert wird –, stellt sich immer noch die Frage, ob wir unsere Lebensumstände aktiv gestalten oder ob wir sie unbeeinflussbaren Mächten überlassen wollen, wie etwa dem Ausgang eines Spiels. Es könnte ja sein, dass die Nerven, die wir während des Spiels strapazieren, den eventuellen Mehrertrag nicht wert sind. Oder anders ausgedrückt: Es stellt sich die Frage nach dem Verhältnis von Prozessnutzen zu Ergebnisnutzen.

Dieses Begriffspaar wurde insbesondere vom Zürcher Ökonomen Bruno S. Frey in die Wirtschaftswissenschaften eingeführt. Er hat den Nutzen besserer Ergebnisse (etwa eines höheren Lohns) mit dem Nutzen unterschiedlicher Prozesse verglichen. Generelles Fazit: Das Ergebnis ist Nebensache, der Prozess ist alles. Konkretes Fazit: Der Nutzen demokratischer Prozesse ist hoch. So bringt etwa das bisschen Mehr an direkter demokratischer Mitbestimmung, das die Bürger von Deutschschweizer Kantonen im Vergleich zu denjenigen der französischsprachigen Schweiz genießen, mehr Zusatznutzen als ein um 25 Prozent höheres Einkommen.[6]

Schauen wir uns unter diesem Gesichtspunkt noch einmal den Handel an, den uns Hayek anbietet. Er mutet uns zu, unser Einkommen vom Ausgang eines »Nicht-Null-Summen-Spiels« abhängig zu machen, das zwar die »Dividende« vergrößern soll, »das aber den Anteil der Einzelnen zum Teil dem Zufall überlässt«.

Das ist so ziemlich genau das Gegenteil von dem, was uns die moderne Glücksforschung – die Hayek noch nicht gekannt und die Schäfer noch nicht in sein Denksystem eingebaut hat – lehrt. Nämlich dass die Menschen sehr unglücklich werden, wenn sie ihr Schicksal Prozessen überlassen müssen, die sie nicht kontrollieren können. Das ist genau das, was die Demokratie so wertvoll macht: Sie bietet uns ein Entscheidungsverfahren, das uns zumindest das Gefühl gibt, unser Schicksal aktiv beeinflussen zu können, und das es uns leicht macht, Ergebnisse auch dann zu akzeptieren, wenn sie nicht zu unseren Gunsten ausfallen.

Dass die Befürworter des Steuerwettbewerbs nicht allzu viel von der Demokratie halten, zeigt sich auch am zweiten Element ihrer Begründung, wonach der Steuerwettbewerb die Bürger vor dem Staat schütze und »eines der wenigen disziplinierenden Instrumente« sei, so Bundesrat Hans-Rudolf Merz. Das zeugt nicht gerade von einem großen Vertrauen in die Institution der Demokratie. Hinter der Frage »Steuerharmonisierung oder Steuerwettbewerb« steckt letztlich also auch die Frage, ob wir der Demokratie vertrauen oder nicht.

Dazu kommt nun noch, dass selbst die These, wonach der Systemwettbewerb die Gesamtdividende erhöhe, zumindest im Fall des Steuerwettbewerbs nachweislich falsch ist. Nachweislich in dem Sinne, dass diese These der Logik des vollkommenen Marktes widerspricht, auf die sich die Anhänger des Systemwettbewerbs berufen. Der Grund dafür liegt darin, dass die klassische Theorie – und viele ihrer modernen Anhänger – die Existenz von öffentlichen Gütern ignorieren. Sie kommen in ihrer Theorie einfach nicht vor. Das ist ein grober Fehler, denn bei öffentlichen Gütern kann der Markt bzw. der Preiswettbewerb eben nicht funktionieren, weil es – per Definition – keine private Nachfrage gibt.

Erinnern wir uns: Der Preiswettbewerb führt dazu, dass die Anbieter ihre Preise so lange senken müssen, bis diese den effektiven Kosten entsprechen. Sind die Preise höher, findet der Nachfrager – in der Theorie – immer einen Anbieter, der den Kostenpreis fordert. Für den Steuerwettbewerb sagt die Theorie deshalb vorher, dass jeder Bürger mit seinen Steuern nur noch die öffentlichen Leistungen bezahlt, die er momentan gerade beansprucht. Verlangt der Staat oder die Gemeinde mehr, findet der Steuerbürger eine andere Gebietskörperschaft, die bereit ist, seine Konditionen zu akzeptieren.

Dies bedeutet zunächst einmal, dass niemand mehr bereit

sein wird, mit seinen Steuern andere zu subventionieren. Das geht aber nur, wenn die Reichen zu den Reichen ziehen und die Armen bei den Armen bleiben. Damit aber werden sich die ärmeren Gemeinden eine ausreichende Versorgung mit öffentlichen Gütern (Schulen, Krankenhäusern, Straßen usw.) nicht mehr leisten können.

Zweitens bedeutet dies aber auch eine generelle Unterversorgung mit öffentlichen Gütern. Diese zeichnen sich dadurch aus, dass sie – wie die Ökonomen sagen – nicht rivalisierend sind. Eiscreme kann nur einer essen. Es ist ein rivalisierendes Produkt. Von einem Straßennetz oder von der öffentlichen Sicherheit profitieren alle (nicht rivalisierend). Das bedeutet auch, dass die marginalen Kosten der öffentlichen Güter weit unter den Durchschnittskosten liegen. Wenn ein Straßennetz schon mal besteht, kostet es praktisch nichts, einen zusätzlichen Bürger darauf fahren zu lassen. Wenn das Schulsystem schon mal da ist, kostet ein zusätzlicher Schüler höchstens einen kleinen Bruchteil eines Lehrergehalts (seine marginalen Kosten sind also gering). Und so weiter.

Da aber beim totalen Wettbewerb die Preise nicht auf die Durchschnittskosten, sondern auf die marginalen Kosten gedrückt werden, führt Steuerwettbewerb in der Logik des vollkommenen Marktes – auf den sich seine Anhänger berufen – dazu, dass die öffentlichen Güter ganz allgemein nicht mehr ausreichend finanziert werden können und dass eine Umverteilung nicht mehr möglich ist. Genau diese Schlussfolgerung ziehen auch die beiden Ökonomen Lars Feld und Gebhard Kirchgässner in einem Aufsatz für die »Neue Zürcher Zeitung«:[7]

»Unterstellt man, dass öffentlich angebotene Leistungen nicht individuell konsumiert werden können – ihre marginalen Kosten mithin gering sind –, würde deren Bereitstellung zu Grenzkostenpreisen die Durchschnittskosten nicht decken. Die im gegenseitigen Wettbewerb stehenden Gebietskörperschaften müssten dann den Steuerpreis der öffentlich angebotenen Leistungen im Extremfall auf null senken. Falls die Steuern nicht auf immobile Faktoren abgewälzt werden können, folgt daraus ein zu geringes Niveau der bereitgestellten öffentlichen Leistungen; rein öffentliche Güter würden möglicherweise überhaupt nicht mehr angeboten. Noch gravierendere Probleme können sich bei dezentral betriebener Einkommensumverteilung ergeben. Gebietskörperschaften mit stärkerer Umverteilung ziehen Bürger mit niedrigerem Einkommen an, während Bürger mit höherem Einkommen wegen der geringeren Steuerbelastung in Gebietskörperschaften mit geringerer Umverteilung wandern. Im Gleichgewicht wird dann weniger Einkommen umverteilt. Dies kann – wie z.B. in den ›privaten Städten‹ in den Vereinigten Staaten – bis zur Segregation der Bevölkerung führen, wobei die Umverteilung (fast) gänzlich zum Erliegen kommen kann.«

Was Kirchgässner hier schildert, nennt sich im Fachjargon das »Race to the bottom«-Argument. Dazu schreibt Kirchgässners Fachkollege Wolf Schäfer: »Festzustellen ist, dass das ›Race to the bottom‹-Argument eine modelltheoretische Fiktion ohne empirische Relevanz darstellt. Das zeigen vielfältige Studien der OECD und die Schweiz in Bezug auf ihren kantonalen Steuerwettbewerb.«

Schäfers Argument ist zunächst einmal intellektuell unredlich. Man kann nicht einerseits den Steuerwettbewerb dadurch rechtfertigen, dass die individuelle Optimierung der Steuern zu einem kollektiv optimalen Ergebnis führe, und gleichzeitig behaupten, dass diese individuelle Optimierung nicht in einem nennenswerten Ausmaß stattfinde. Entweder oder.

Ob Schäfers Argument inhaltlich richtig ist, hängt auch vom Standpunkt ab. Viele von der Hartz-IV-Reform betroffenen deutschen Arbeitslosen haben wohl nicht zu Unrecht den Eindruck, dass sie sich »at the bottom« befinden, weil in Deutschland in puncto Sozialstaat ein »race to the bottom« stattgefunden habe. Zudem kann man diese Frage wohl nicht mit einem Rückgriff aus eine Studie aus dem Jahr 1998 beantworten. Der Steuerwettbewerb hat sich seither deutlich verschärft, und die Einkommen konzentrieren sich immer mehr in den Händen einer äußerst mobilen Minderheit. Wir haben es hier wahrscheinlich nicht mit einer linearen Entwicklung zu tun, sondern mit einem Kippeffekt, dessen Auswirkungen wohl erst in ein paar Jahren auch für den Normalbürger spürbar werden.

All diese Argumente sprechen nicht gegen eine gewisse Steuervielfalt. Sie bedeuten nicht, dass die Steuern überall genau gleich sein müssen. Nicht alle Länder, Kantone oder Gemeinden wollen die gleichen öffentlichen Dienstleistungen. Nicht alle streben das gleiche Ausmaß an sozialer Absicherung an. Es mag sogar unter gewissen Umständen nützlich sein, wenn die Bürger ihren Regierungen nicht nur mit Abwahl, sondern auch mit Abwanderung drohen können.

Doch genau dieser »Systemwettbewerb« oder diese »Abstimmung mit den Füßen« wird mit dem Bankgeheimnis pervertiert. Es erlaubt nämlich den Bürgern, von den öffentlichen Dienstleistungen eines Hochsteuerlandes zu profitieren, ihr Einkommen oder Vermögen jedoch in einer Steueroase (nicht) zu versteuern. Man kann abwandern oder mit der Abwanderung drohen, ohne die Mühsal eines Wohnsitzwechsels auf sich nehmen zu müssen. Das Gleiche gilt für die Pauschalbesteuerung dann, wenn – wie etwa im Fall von Freddy Quinn – der Wohnsitz nur pro forma in die Schweiz verlegt wird. Auch fiktive Hauptsitze von Briefkastenfirmen oder Gewinnverschiebungen durch Transferpreise haben die gleiche Wirkung. Man wirtschaftet oder wohnt hier, entrichtet seine Steuern aber dort.

Schon diese wenigen Beispiele zeigen, dass sich ein gewisses Maß an Steuerharmonisierung selbst dann aufdrängt, wenn man – wie etwa der CDU-Politiker und Steuerexperte Friedrich Merz – von den Segnungen des Systemwettbewerbs grundsätzlich überzeugt ist. »Ohne eine gewisse Harmonisierung der steuerlichen Bemessungsgrundlage ist ein fairer Wettbewerb innerhalb der Europäischen Union gar nicht möglich«, meinte Merz[8] auf derselben Tagung, bei der auch sein schweizerischer Namensvetter Hans-Rudolf auftrat.

Das Gleiche gilt auch innerhalb der Schweiz, wo der Steuerwettbewerb unter anderem durch den eidgenössischen Finanzausgleich und durch eine stark progressive direkte Bundessteuer stark eingeschränkt ist. So wie die Schweiz ein Interesse daran hat, den Steuerwettbewerb zwischen den einzelnen Kantonen und Gemeinden in Schranken zu halten, so hat auch Europa ein legitimes Interesse, Spielregeln für den Steuerwettbewerb aufzustellen und durchzusetzen. Diesem Prozess kann sich die Schweiz als aktiver Mitspieler im europäischen Standortwettbewerb nicht entziehen.

Die Nachbarn würden sich zu wehren wissen.

Kapitel 11

Wie sich ein Land selbst korrumpiert – oder: Ein Staat gräbt anderen ein Schlupfloch und fällt selbst hinein

Ruhm und Ehre müssen Sepp Blatter viel bedeuten. Er ist nicht nur Präsident des Weltfußballverbands FIFA mit prunkvollem Sitz in bester Lage am Zürichberg, sondern auch Ritter der Französischen Ehrenlegion, Träger des Olympischen Ordens und des »Order of Good Hope« der Republik Südafrika, Empfänger des »American Global Award for Peace« und des »Ordens der zwei Nile« des Sudan. Hinzu kommen Auszeichnungen in Jordanien, Marokko, Tunesien, Jemen, Dschibuti und Bolivien. Bundeskanzlerin Angela Merkel verlieh ihm das Bundesverdienstkreuz. Einmal durfte er sich vor der Königin von England im Buckingham Palace verneigen. Ein andermal wurde er vom Sultanat von Pahang (Malaysia) zum Ritter (Dato) geschlagen. Er schnappt sich überall die Ehrentitel. Er trifft in jedem Land die höchsten Würdenträger. Sepp Blatter, Oberhaupt von 250 Millionen Fußballspielern in 1,5 Millionen Mannschaften und 300 000 Vereinen, will als Wohltäter der Menschheit gelten. Das bringt ihm Ansehen, seinem Geschäft aber erkleckliche steuerliche Vorteile.

Der gerissene Oberwalliser an der Spitze des Weltfußballs hat aus der schönsten Nebensache der Welt in dreißig Jahren Einsatz ein globales Milliardenbusiness gemacht – und aus der FIFA selber eine Geldmaschine. Die Firma erwirtschaftet Erträge in Höhe von einer Milliarde Franken im Jahr. Normalerweise müsste sie auch Hunderte von Millionen Franken Steuern zahlen. Blatter aber macht dem Fiskus erfolgreich weis, die FIFA sei noch heute nichts als ein gemeinnütziger Verein, »eine nicht gewinnorientierte Organisation«. So zahlt er nur 900 000 Franken Steuern, ein Klacks.

Darauf angesprochen, ist er leicht gekränkt. Wie sehr das Gemeinwohl gerade ihm, sagt Blatter, am Herzen liege, gehe doch allein daraus hervor, dass die WM 2010 durch seinen persönlichen Einsatz an Südafrika vergeben worden sei, an den Schwarzen Erdteil, den die meisten Manager zum hoffnungslosen Fall erklärten, leider auch die Spitzen des Internationalen Olympischen Komitees (IOC) mit Sitz in Lausanne. Nie, ereifert sich Blatter – nebenher selbst IOC-Mitglied –, nein, noch gar nie hätten die in Lausanne auch nur erwogen, die Spiele an Afrika zu vergeben. Fürs IOC sei Afrika nämlich »kein Markt« – und deshalb fänden die Olympischen Spiele immer nur in erfolgreichen Industrie- und Schwellenländern statt, ausnahmslos.

Nach Blatters Ansicht arbeitet das IOC also offenkundig gewinnorientiert. Nicht anders urteilt er über den europäischen Fußballverband UEFA mit Hauptsitz in Nyon, auf halbem Weg zwischen Lausanne und Genf gelegen. Die UEFA habe viel zu stark auf die Interessen der großen Vereine zu achten, und unter denen habe ein »abgeirrter wildwestartiger Kapitalismus« um sich gegriffen: Die neureichen Könige von Europas Clubfußball würfen mit »pornografischen Geldbeträgen« um sich; solche Millionensummen für einzelne Spieler seien »einfach Wahnsinn«. Da hat Blatter ganz recht – nur verschweigt er, wie stark auch er auf europäische Gelder angewiesen ist und wie hart er selbst und seine 400 Mitarbeiter um Marktanteile, Sponsoren, Fernseh- und Marketingrechte kämpfen. Erst recht übergeht er die Korruptionsvorwürfe, die seine Wahl zum FIFA-Präsidenten 1998 überschatteten. Damals setzte er sich gegen seinen Mitbewerber, UEFA-Präsident Lennart Johansson, nur knapp und mithilfe afrikanischer Stimmen durch.

Die einst ehrenamtlichen Dachverbände haben sich längst zu hochprofitablen Weltfirmen entwickelt. Untereinander spinnefeind, stimmen sie, wenn's ums Steueroptimieren geht, plötzlich überein und beanspruchen für sich unverdrossen den alten Status der Gemeinnützigkeit. FIFA, UEFA und IOC, die zu den weltweit mächtigsten Sportorganisationen gehören, erzielen Riesenumsätze, müssen aber fast ausschließlich nur Mehrwertsteuern entrichten. Die UEFA, die mehr als zwei Milliarden Franken Einnahmen erzielt, entrichtet nur 10 Millionen Franken Steuern. Würde sie besteuert wie andere Firmen, müsste sie glatt das 23-Fache zahlen: 230 Millionen. Dies hat Professor Gebhard Kirchgässner von der Universität St. Gallen, eine Kapazität im Steuerrecht, errechnet. Sein klarer Befund: »Die UEFA ist ein Dienstleistungsunternehmen wie andere auch, und sie sollte deshalb steuerlich genauso behandelt werden.«

Die finanzstärksten Sportverbände sind die Champions im Erschleichen steuerlicher Vorrechte. Sie müssen sich für ihre Privilegien kaum noch selbst rechtfertigen. Regierungs- und Stadtpräsidenten aus ihren Sitzkantonen tun alles für sie. Die Waadt, die 25 der 30 in der Schweiz ansässigen internationalen Sportverbände beherbergt – das IOC bereits seit 1915 –, stellt deren eifrigste Lobbyisten.

Reine Versager im Steueroptimieren sind dagegen echt gemeinnützige Institutionen wie Alters- und Pflegeheime, Waisenhäuser und Kinderkrippen: Erbringen auch sie Dienstleistungen, unterliegen sie – im Gegensatz zu den Abzockern des Weltsports – der normalen Steuer. Führt beispielsweise eine Heilsarmee nebenher einen Hotelbetrieb, wird sie dafür wie jeder Dienstleister besteuert. Ein IOC, das für Fairness in der Welt einstehen will, schwimmt im Geld und zahlt null Steuern.

Solchen Zynismus empfanden selbst die ethisch nicht gerade übersensiblen eidgenössischen Steuerpolitiker bis vor wenigen Jahren noch als unschön. Nur widerstrebend stimmte etwa noch FDP-Finanzminister Kaspar Villiger (1995–2003) der Befreiung des IOC von der Mehrwertsteuer zu. Im Zeitalter der nomadischen Manager müsse man, erklärte Villiger den Parlamentariern, jederzeit damit rechnen, dass Organisationen und Firmen »wunderbare Offerten« erhielten und ihren Sitz an steuergünstigere Orte – »so etwa nach Monaco« – verlegten. Der Bundesrat habe »auf die real existierende Welt, wie sie heute ist« zu reagieren, sagte Villiger und beklagte den Druck, unter dem Parlament wie Regierung stünden: »Dafür möchte ich mich entschuldigen.« Dem Ständerat riet er: »Nase zu und zustimmen.«[1] Die Kleine Kammer, die sich gern als das »juristische Gewissen des Parlaments« ausgibt, segnete das unappetitliche Geschäft mit 22 zu 8 Stimmen ab.

Immerhin eine denkwürdige Szene, die sich in den heiligen Hallen des Berner Bundeshauses abspielte: Einmal wenigstens bekannte sich die offizielle Schweiz ihrer politischen Korruption schuldig und schämte sich zugleich vor aller Welt dafür. Dies war jedoch noch nicht das Ende der Geschichte. Beim IOC häuften sich Skandale dermaßen, dass die zusätzliche Befreiung von Mehrwertsteuer immer mehr Empörung in der Schweiz weckte. Für einmal hatte in dieser Sache sogar das IOC selbst ein Einsehen. Kleinlaut bliesen die Olympier zum Rückzug und verzichteten aus Gründen der Reputation ausnahmsweise auf die geplante Vergrößerung ihres Steuerschlupflochs – womit das IOC nachträglich die Schweizer Politik, die vor ihm in die Knie gesunken war, erst recht diskreditierte.

Kaspar Villiger war der letzte Schweizer Finanzminister, der sich für die Steuergerechtigkeit verwendete. Wer Schlupflöcher systematisch aufsuchte und ausnutzte, hatte ihn gegen sich. Der ehemalige Zigarren- und Fahrradfabrikant hatte sich, ehe er Bundesrat wurde, so gut wie nie um Steuern gekümmert – er bezahlte sie ohne Begeisterung, doch konnte und wollte er ihnen nicht ausweichen. Er verkaufte sein Unternehmen, als er in den Bundesrat gewählt wurde. Der Finanzminister ging in die Luft, als er 1996 von anderen Millionären hörte, die keine

Steuern zahlten. Kurzerhand ließ er von Professor Dr. Urs Behnisch in einem 250-Seiten-Bericht[2] alle Steuerlücken auflisten und schlug »Sofortmassnahmen zur Förderung der Steuergerechtigkeit« vor: Besteuerung privater Kapitalgewinne, Begrenzung von Schuldzinsenabzügen, Verhinderung steuerlicher Zusatzprivilegien beim Vorsorgesparen. Der Wirtschaftsliberale wollte »mit möglichst wenig Massnahmen, die rasch realisierbar und mehrheitsfähig sind, möglichst viel Gerechtigkeitswirkung erzielen«. Er beantragte auch mehr Kontrollen und wollte dafür hundert neue Steuerbeamte einstellen.

Aus Villigers Vorschlägen ist nichts geworden. Die Wirkung, die der FDP-Finanzminister mit seinem Einsatz für mehr Steuergerechtigkeit erzielte, ist bezeichnend für die real existierende Schweizer Demokratie:

Erstens wurde der Expertenbericht von Urs Behnisch zum Verkaufsschlager. Wegen starker Nachfrage musste er sogar nachgedruckt werden. Der Grund: Steuer- und Vermögensberater, Treuhänder, Banken, Versicherungen und Anwälte gierten förmlich nach dem Papier. Sie fanden darin nämlich Schlupflöcher, die sie zum Teil noch selbst nicht kannten.

Zweitens wurde Villigers Maßnahmenbündel durch die rechten Parteien und Lobbys emsig hintertrieben und vereitelt. Einer der schärfsten parteiinternen Villiger-Kritiker, Hans-Rudolf Merz, wurde 2003 zu seinem Nachfolger gewählt. Rückblickend gab Merz als neuer FDP-Finanzminister zu: »Der Bericht Behnisch enthielt tatsächlich viele Vorschläge, welche gemacht wurden mit dem Ziel, das Steuersystem zu verbessern. Aber die Vorschläge wurden in anderem Zusammenhang dann jeweils gestrichen und teilweise auch stark reduziert. Und es gibt keine Anzeichen dafür, dass sich die Grundsituation geändert hätte.«[3]

Kaspar Villiger war darauf aus, die legale Steuervermeidung zu begrenzen. Und er wollte die illegale Hinterziehung nicht länger wie ein Kavaliersdelikt behandeln. Er wies seine Experten an, die Mängel der Schweizer Steuerordnung offen auf den

Tisch zu legen. Der Staat habe »das ganze Steuerstrafrecht zur Farce« gemacht, stellte der Bericht Behnisch denn auch ehrlich fest. Den Behörden seien im Kampf gegen Hinterzieher »die Hände gebunden«, denn in der Schweiz hätten delinquierende Steuerpflichtige das Recht, zu schweigen, die Aussage zu verweigern und keine Dokumente einzureichen: »Neben die hohe Dunkelziffer von nicht entdeckten Steuerhinterziehungen tritt die Unmöglichkeit, einen erheblichen Teil der vermuteten und entdeckten Delikte aufgrund der fehlenden Zwangsmittel zu verfolgen und zu ahnden.« Villigers Experten forderten Remedur: Sie schlugen die »Herstellung der Waffengleichheit zwischen Steuerbehörden und Steuerpflichtigen« vor. Die Behörden müssten, falls nötig, auch Zwangsmittel einsetzen können, etwa Hausdurchsuchungen oder Zeugeneinvernahmen.

In der Regierung drehte Hans-Rudolf Merz die Stoßrichtung der Steuerpolitik glattweg um. Im Gegensatz zu seinem Amtsvorgänger wollte er Steuerlücken nicht mehr schließen – vielmehr öffnete er neue, wo er nur konnte. So gab Merz zum Beispiel frühzeitig zu erkennen, dass er gewillt war, die internationalen Sportverbände auch in Zukunft zu privilegieren – und hielt sich deshalb die Nase durchaus nicht zu. Weniger Steuern, weniger Staat – dies war sein politisches Programm von jeher. Zum Stichwort »Sozialstaat« fielen Merz als Ständerat auch nur zwei Wörter ein: »unbezahlbare Überversorgung«.[4] Auf die Frage, wem er einen Nobelpreis für Politiker verleihen würde, antwortete er: »Margret Thatcher«. Die »Eiserne Lady« brachte nach seiner Meinung »England wieder auf Kurs«. Thatcher sei »eine ordnungspolitische Alternative zur 68er-Bewegung« gewesen, schwärmte er und fügte bei: »So etwas braucht auch die Schweiz. Dafür möchte ich mich – so weit dies ein Mitglied des Bundesrates überhaupt kann – auch in der Schweiz einsetzen.«

In der Tat, Hans-Rudolf Merz, ein kluger, belesener, umgänglicher, untersetzter, sanftmütig wirkender und leidenschaftlich kämpfender Glatzkopf, hat den Ehrgeiz eines Systemveränderers. Undenkbar, dass er jemals wie Villiger erklären würde: »Das erste Ärgernis ist diese neu aufkeimende Steuerkonkurrenz in allen Bereichen.« Für Merz kann es gar nicht genug Wettbewerb zwischen Oasen aller Art geben. Er hat das ganze Konzept Villigers auf den Kopf gestellt. Mit Forderungen nach einer Steueramnestie konfrontiert, würde Merz auch nie wie Villiger »moralische Skrupel« anmelden und Hinterziehung zur Straftat erklären: »Darf man jemanden einfach straffrei erklären, der über Jahre von etwas profitiert hat?«

Urs Ursprung, Direktor der Eidgenössischen Steuerverwaltung, noch von Villiger ernannt, war entschlossen, dessen Vorgaben umzusetzen. Kaum im Amt, im Jahr 2000, forderte Urs Ursprung eine »widerspruchsfreie Steuerordnung«. Die zunehmende Mobilität des Kapitals mache dessen Besteuerung »immer schwieriger«. Leider würden »Lücken [...] systematisch aufgespürt und ausgenützt, international«. Er frage sich, »wie sich ein Staat überhaupt noch finanzieren kann, wenn das so weitergeht«. Noch vor Amtsantritt flog der höchste Steuerbeamte der Schweiz kurz entschlossen mit Familie auf eigene Rechnung für mehrere Monate in die USA. Er wollte, ehe er in Bern sein neues Amt antrat, die Tricks amerikanischer Steueranwälte an Ort und Stelle auskundschaften. Ihn nahm wunder, wie es Abzockern gelingt, durch alle Lücken zu schlüpfen und »zum Beispiel ein und dieselbe Fabrik dreimal abzuschreiben«. Als »Gastarbeiter« bei einem großen Beratungskonzern in Kalifornien nahm der temporäre Schweizer Wirtschaftsspion im Dienste einer höheren Gerechtigkeit die Steuerplanung amerikanischer Global Player verstohlen unter die Lupe. Der Staatsdiener gedachte internationalen Steuervermeidern die Stirn zu bieten. Nach der Rückreise nach Bern rückte der neue Chef der Eidgenössischen Steuerverwaltung den Steueroptimierern zu Leibe.

Direktor Ursprung konnte nicht ahnen, dass drei Jahre später einer der politischen Interessenvertreter der Steuervermeider in der Schweiz zu seinem direkten Vorgesetzten aufsteigen würde. Das Klima im Finanzdepartement schlug um, als Kaspar Villiger 2003 durch Hans-Rudolf Merz abgelöst und die liberale Steuerpolitik durch eine neoliberale ersetzt wurde. Merz arbeitete, ehe er ins Berner Bundeshaus kam, viele Jahre für die mächtigste Unternehmerdynastie der Schweiz, die Familie Schmidheiny, und dies prägt Denken und Handeln des Finanzministers zutiefst bis auf den heutigen Tag. Für Max und Stephan Schmidheiny reiste Merz als selbstständiger Unternehmensberater rund um den Erdball – 1,3 Millionen Flugkilometer in zwölf Jahren. Er verblieb selbst als Politiker im Bannkreis der Schmidheiny-Dynastie.

Was die Schmidheinys von allen anderen Großindustriellen des Landes unterscheidet, ist die Zähigkeit ihres Familienimperiums. Die Schmidheinys sind seit hundert Jahren und vier Generationen im globalen Geschäft. Wichtig für die einzigartige Langlebigkeit ihrer Dynastie war und ist eine global optimierte Steuerplanung.

Sogar Hans-Rudolf Merz, Sohn eines Textilunternehmers in Herisau (Appenzell Ausserrhoden), wäre womöglich Erbe oder Miterbe einer florierenden Firma geworden, hätte sein Vater auf die globale Konkurrenz in seiner Branche auch global reagiert, also hauptsächlich im Ausland produziert und das Inland als Steueroase genutzt. Stattdessen fiel Vater Merz dem Strukturwandel in der Textilbranche zum Opfer. Seine Fabrik endete in einer Konkursliquidation.

Der Sohn haderte mit dem Schicksal. Dass die meisten Familienbetriebe schon in der ersten Generation untergehen, ließ Hans-Rudolf Merz zeitlebens keine Ruhe. Später brachten ihn Statistiken über die Lebenserwartung von Familienunternehmen ins Grübeln. »Die durchschnittliche Lebensdauer von Familienunternehmen beträgt nicht mehr als 25 Jahre, und nur gerade ein Drittel überleben in die zweite, noch zehn Prozent in die dritte Generation«, rechnete Merz nach: »Familien, die in direkter Linie die vierte Generation im Geschäft erreichen, gehören zu den sehr seltenen Ausnahmen.« Eine solche Rarität aber lebte von jeher ganz in seiner Nähe. Die Schmidheinys, eine St. Galler Zement- und Baustoff-Dynastie mit globalem Aktionsradius, schickten Kinder der dritten und vierten Generation ins selbe Internat, in dem Merz heranwuchs: jenes der Ausserrhoder Kantonsschule Trogen.

Merz, zunächst Assistent am St. Galler Institut für Finanzwirtschaft, dann Vizedirektor des Ausbildungszentrums Wolfsberg der UBS (damals Schweizerische Bankgesellschaft, SBG), fasste erst Tritt im Leben, als er zu den Schmidheinys fand. Vom Wolfsberg holte ihn Industriekapitän Max Schmidheiny (1908–1991) mit dem Spruch: »Das hier ist schade für Sie! Da unten sind Sie Frühstücksdirektor!« Merz, fortan Schmidheinys Berater, lernte bei ihm, worauf es im Geschäftsleben ankam. Hochwichtig war weniger Staat. Am allerwichtigsten waren weniger Steuern. Dies wiederum hatte Max Schmidheiny bei seinem Vater gelernt, bei Konzerngründer Ernst Schmidheiny, der als FDP-Nationalrat (1911–1919) und Ratgeber des autoritären Finanzministers Jean-Marie Musy (1920–1934) die Steuerpolitik der Schweiz beeinflusste. Ernst Schmidheiny wurde von politischen Gegnern als Ritter von »Jean-Marie Musys Tafelrunde« angeprangert.

Der Steuerwiderstand war und blieb Tradition des Hauses. Max Schmidheiny, Mitglied des Patronatskomitees der »Schweizerischen Aktion für gesunde Steuern«, stachelte das Volk zum Steuerwiderstand an. Das Kampfblatt der Bewegung, »Der Steuerbatzen«, erreichte zeitweise eine Auflage von 150000 Exemplaren. Im Nationalrat forderte Max Schmidheiny ab 1959 weniger Staatsausgaben. Der FDP-Abgeordnete wollte seine Ratskollegen zum Sparen zwingen und bekämpfte auch eine Erhöhung ihrer Tagesgelder. Der geizige Milliardär erregte Kopfschütteln. Nach vier Jahren, 1963, trat er aus dem Nationalrat aus, weil ihn, wie er sagte, »das Geschwafel anödete, die dumme Schnorrerei, die Zeitvergeuderei«. Seitdem überließ er die politischen Fronteinsätze seinen engsten Mitarbeitern. Sein erster Nachfolger im Nationalrat, Alfred Hummler, der in der Holderbank-Direktion und im Family Office von Max Schmidheiny gearbeitet hatte, verteidigte 1970 in Bern das Bankgeheimnis tapfer gegen dessen erste Schweizer Gegner, die SP-Genossen Jean Ziegler und Helmut Hubacher. 1971 wurde der Schmidheiny-Vertreter jedoch vom Volk abgewählt.

Sein grantiger Mentor spielte nun den außerparlamentarischen Oppositionellen. Offen bezichtigte er den Bundesrat »einer Art wirtschaftlichen Raubbaus«. Darauf erwiderte FDP-Finanzminister Nello Celio, »dass der sparsamste Haushalt nicht immer der beste ist«, und wies Schmidheinys Polemik als »politischen Unsinn« zurück. Jetzt hatte der Industrielle die Nase voll. Er verlagerte einen Teil der Produktion ins Ausland, bis nach Singapur.

1978 gründete er eine »Max Schmidheiny-Stiftung«, um auch kommende Generationen an seinem geistigen Erbe teilhaben zu lassen. Nach seinem Tod 1991 ehrte Sohn Thomas in der Tat sein Vermächtnis, nannte Parlamentarier »Gartenzwerge« und Ratsbeschlüsse »idiotisch« und beklagte, »dass die Gesamtmasse der Politiker in die Mediokrität abgesunken ist«. Die Max Schmidheiny-Stiftung eröffnete im Wahljahr 1995 mit ihrem neoliberalen Weißbuch »Mut zum Aufbruch« die große Offensive gegen den – in der Schweiz durchaus solide finanzierten – Sozialstaat. Die Streitschrift der Konzernherren wühlte das Land auf. Die Linke erhielt Auftrieb. Die Sozialdemokraten (SP) erzielten bei der Wahl einen Erdrutschsieg.

Allmählich merkten die Schmidheinys, dass sie mit Provokationen ihrem großen Ziel, ihre Steuerlasten radikal zu senken, nicht näher kamen – im Gegenteil. Hans-Rudolf Merz, literarisch ambitionierter Unternehmensberater, wies sie in Buchform auf andere Wege hin. Er schilderte in einer historischen Erzählung mit dem Titel »Der Landammann«[5] die politischen und auch sexuellen Abenteuer des Ausserrhoder Politikers Hans Ruckstuhl, der dem Volk 1920/21 höhere Steuern vorschlug und prompt abgewählt wurde. »Im Freiheitsdrang der Appenzeller steckte schon immer ein gehöriger Schuss hand-

Frank-Walter Steinmeier
Unser Deutschland
ca. 320 Seiten, 16 Seiten farbiger Bildteil
ca. € 19,95 [D] / € 20,60 [A] / sFr 34,90*
ISBN 978-3-570-01114-0
Erscheint im März 2009

Ein Senkrechtstarter und einer der beliebteste Politiker Deutschlands. Die Blitzkarriere Frank Walter Steinmeiers bis hin zum Kanzlerkandida ten der SPD ruft allgemein Staunen und Bewun derung hervor. Wer ist dieser neue Hoffnungsträ ger, der Deutschland regieren möchte? Er selbs gibt Auskunft.

»Ich will, dass wir das Modell Deutschland, mit dem Willy Brandt und Helmut Schmidt so erfolgreich regiert haben, für die Zukunft neu begründen.« *Frank-Walter Steinmeier* feste Auflehnung gegen Steuervögte«, schrieb Merz. Und, ceterum censeo: »Die Regierung soll eben sparen.« Auf seine Weise wies Merz seinen Konzernherren den Weg, wie sie in der Globalisierung aus der Schweiz ein maßgeschneidertes Steuerparadies machen konnten. Sie mussten im Kampf gegen »Steuervögte« nur auf die kleinen Kantone bauen, diese zu ihren Bastionen und Steueroasen fortentwickeln und dadurch die großen Kantone und Staaten in Zugzwang bringen.

Hans-Rudolf Merz machte nicht nur Worte, er handelte auch. Der Ausserrhoder wurde Verwaltungsratspräsident der kriselnden Kantonalbank, stellte ihre Lage als hoffnungslos dar und verkaufte sie 1996 an die UBS (damals SBG). So machte er seinen Kanton zum ersten ohne eigene Staatsbank – ein Manko, das heute selbst die Kantonsregierung beklagt. 2008 prüfte sie eine Neugründung. Sosehr den Ausserrhodern heute die Kantonalbank fehlt, so froh waren sie damals, sie loszuwerden. Dankbar wählten sie Merz 1997 zu ihrem Vertreter im Ständerat in Bern.

Dort attackierte der frischgebackene Politiker nach Schmidheiny-Muster sofort den amtierenden Finanzminister. Was sich jetzt an der Inszenierung geändert hatte, war nur die Rollenbesetzung. Ging einst Max Schmidheiny auf Nello Celio los, so jetzt Hans-Rudolf Merz auf Kaspar Villiger. Freilich wählte Merz für seine Offensive eigene Tonlagen. Im Gegensatz zu Max Schmidheiny vermied er verletzende Spitzen. Merz hütete sich vor Beschimpfungen. Er zog sanfte Anregungen vor. Er argumentierte nüchtern. Er achtete die anderen Politiker, mindestens zum Schein.

Im Stillen belächelte er viele von ihnen als Lobbyisten, als Vertreter von Sonderinteressen, die in Bern nur Steuergelder für ihre Klientel abholten. Witzig unterschied er einmal in einem Referat zwischen »fünf Lobby-Typen« – »Hofnarren«, »Pharisäern«, »Quallen«, »Suprematen« und »Alleswissern«.[6] Das unaufhörliche Gewimmel der Lobbyisten in den Berner Ratssälen und Wandelhallen, ein »wahres Panoptikum« von

Interessenvertretern, wie Merz fand, war für ihn kostentreibender Filz, weiter nichts. Seine Kritik war oft zutreffend. Doch war auch er selber Lobbyist. Er vertrat spiegelbildlich genau gegenteilige Sonderinteressen. Er kämpfte nicht für höhere, sondern für niedrigere Staatsausgaben. Und er forderte – anders als Liberale wie Kaspar Villiger – die Reduktion um jeden Preis und bei jeder Gelegenheit. Das von Merz vertretene Sonderinteresse wahrt das Allgemeinwohl nicht besser als die anderen Sonderinteressen. Das Gemeinwohl verlangt das Primat der Politik, einen handlungsfähigen Staat, eine übergeordnete Verantwortung. Merz' Neoliberalismus ist die Verallgemeinerung der Sonderinteressen der Steuervermeider.

Im Kampf für immer neue Steueroasen und -schlupflöcher im Inland fand der Ausserrhoder im Ständerat – der Kleinen Kammer, in der die kleinen Kantone ohnehin überrepräsentiert sind – viele starke Mitstreiter. Sein wichtigster Partner wurde der Zuger FDP-Ständerat Rolf Schweiger. Der kluge Kopf aus der berühmtesten Steueroase der Schweiz gründete mit Merz und anderen rechtsbürgerlichen Sparpolitikern in Bern eine eigene exklusive Gruppe, den »Arbeitskreis Währungspolitik«. Rolf Schweiger und seine Kollegen gewannen hinter den Berner Kulissen viel an Gewicht. Jedes Jahr leitet der Zuger eine Parlamentarierreise nach Übersee. Unter seiner Führung kümmern sich die Gewählten im Ausland um schweizerische Finanzinteressen. Sie sprechen in Ländern wie USA, China, Russland, Südafrika und Brasilien mit Politikern und Geschäftsleuten über Direktinvestitionen, Doppelbesteuerungs- und Währungsfragen.

Beim Besuch der amerikanischen Notenbank in Washington setzte sich der Zürcher SVP-Nationalrat Hans Kaufmann, ein alter Börsianer, ungeniert in den Sessel des früheren Notenbankpräsidenten Alan Greenspan. »Das«, so Kaufmann, »war doch immer mein Bubentraum!« Einmal im Leben, und sei es nur für einen Augenblick, wollte er den Platz des großen Lenkers der Weltwirtschaft und der steuerfreien Finanzmärkte einnehmen. Dass er in Greenspan auch den Urheber der späteren Weltfinanzkrise bewunderte, ahnte auch Kaufmann damals nicht.

Die Parlamentarier stimmen ihre Reisen sorgfältig mit der Bankenlobby ab. Nach Indien flog die Schweiger-Truppe im Sommer 2008 – wenige Monate nach Pierre Mirabaud, der in dieses Land im Februar im Rahmen des erstmaligen Besuchs einer Delegation der Schweizerischen Bankiervereinigung gereist war. Mirabaud und seine Kollegen trafen sich mit Vertretern von Indiens Regierung, Zentralbank, Börsen und Banken. Planmäßig klappern die Schweizer Banker alle Machtzentren der Welt ab – New York, Washington, Brüssel, Berlin, London, Paris, Peking, Hongkong, Singapur und Dubai. Sie wollen den Goodwill gegenüber der Schweizer Geldbranche weltweit mehren. Pech hatte Mirabaud allerdings, als er mit seinen Kollegen im November 2008, inmitten der Finanzkrise, nach Peking eilte. Er lud die Chinesen nachdrücklich ein, mehr Geld in Schweizer Banken zu investieren. Auch Staatsfonds wären, betonte der Eidgenosse, hochwillkommen. Die Vertreter des Einparteienstaats staunten und erwiderten vielsagend, auch ihre Banken seien zurzeit leider mit Wertberichtigungen beschäftigt.

Aussagen und Auftritte der Schweizer Banker und Regierungspolitiker in der Öffentlichkeit werden von einem zentralen Gremium der Bankiervereinigung gesteuert, dem »Leitenden Ausschuss Internationales Finanzzentrum Schweiz (LAIF)«. Dieses Gremium – das »Politbüro« der Banken – spricht sich laufend mit der Regierung in Bern ab und sorgt bei offiziellen Verhandlungen und Gesprächen in Bern, Brüssel, Berlin, Paris und Washington für gemeinsame Sprachregelungen und ein einheitliches Erscheinungsbild.[7] Finanzminister Hans-Rudolf Merz beherrscht den Kehrreim: «Das Bankkundengeheimnis ist nicht verhandelbar!«

Er und seine sechs Bundesratskollegen in Bern werden von Mirabaud systematisch bearbeitet. Die Führungsmannschaft der Bankiervereinigung erläuterte jedem Regierungsmitglied einzeln ihren »Masterplan Finanzplatz Schweiz«, eine Art Siebenjahresplan, der darauf abzielt, die Schweiz bis 2015 wieder hinter London und New York zum drittstärksten Finanzplatz der Welt zu machen.[8] Als letztem der Bundesräte setzte die Bankenlobby im Juni 2008 Verkehrs- und Umweltminister Moritz Leuenberger auseinander, was von ihm erwartet wird.

Der Sozialdemokrat aus Zürich hält zur Geldbranche gern Distanz – mehr als seine Genossin Micheline Calmy-Rey. Die Genfer Außenministerin sorgt dafür, dass die Botschafter im Ausland den Schweizer Bankern überall mit Rat und Tat beistehen. Die Bankiervereinigung spricht ihrer »Zusammenarbeit mit den diplomatischen Vertretungen« sogar »eine entscheidende Rolle« zu, wie es in ihrem Jahresbericht heißt: »Schon oft wurden wegweisende Gespräche im kleinen Kreis in der Residenz des Schweizer Botschafters geführt.« Scharf schießt Micheline Calmy-Rey zurück, wenn ausländische Genossen das Steuerparadies Schweiz attackieren. 2007 wies sie die Kritik französischer Sozialisten an der schweizerischen Pauschalbesteuerung reicher Ausländer rundweg als Einmischung zurück. 2008 bestellte sie, kaum hatte der deutsche Finanzminister Peer Steinbrück die Schweizer Steuerpraxis getadelt, den deutschen Botschafter sofort ins Außenministerium ein. Calmy-Rey schweigt konsequent über die negative Wirkung der Lockangebote, mit denen die Schweiz die Steuerflüchtigen ihrer Nachbarländer ködert und damit deren Sozialpolitik unterminiert. Kein Wunder, dass Pierre Mirabaud, der sie schon als Genfer Finanzdirektorin kennen und schätzen gelernt hat, über sie des Lobes voll ist. »Intelligent« sei sie, »schnell« und höchst »pragmatisch«. Die Genferin ist für ihn eine sichere Bank.

Die Schweizer Bankenlobby arbeitet erfolgreich, weil sie im Inland starken politischen Rückhalt genießt. Die chronische massive Steuerflucht aus dem Ausland verlieh der Schweiz im Laufe der Zeit ein anderes Gesicht. Die Steuervermeidungsindustrie breitete sich in allen Landesteilen aus: Banken und Nichtbanken, Anwälte und Wirtschaftsprüfer, Treuhand- und Beratungsfirmen. Es gab mehr Arbeitsplätze und niedrigere Steuern, andererseits aber auch explodierende Mieten und börsenabhängige Staatseinnahmen. In den Ratssälen wurde der wachsende Einfluss der Steuervermeider spürbar. Ihre Anliegen waren auf einmal mehrheitsfähig. Politiker beschlossen weniger Steuern hier, weniger Ausgaben da. Das erhöhte Gewicht der Steuervermeider im Bundeshaus schuf eine neue politische Lage. Und machte bei Villigers Rücktritt 2003 zum ersten Mal auch die Wahl eines Vertreters der reinen Thatcher-Lehre, eines Neoliberalen, zum Bundesrat möglich. Ihren Durchbruch schafften sie 2003 mit Merz' Wahl zum Bundesrat und Finanzminister. UBS-Chef Marcel Ospel forderte in einer Ansprache in Zürich 2003 öffentlich und ohne Umschweife die Wahl von Hans-Rudolf Merz und Christoph Blocher, dem rechtspopulistischen Wortführer der Schweizerischen Volkspartei (SVP), in den Bundesrat.[9] Er setzte die FDP-Fraktion hinter den Kulissen unter massiven Druck. Die FDP und die anderen bürgerlichen Parteien, die Merz zum Bundesrat wählten, zeigten sich gegenüber ihrem größten Sponsor erkenntlich. Sie werden von der UBS und anderen Konzernen mit sechsstelligen Beträgen unterstützt – das Nähere bleibt unter Verschluss. Die Schweiz ist eine der seltenen Demokratien auf der Welt, in denen die Parteienfinanzierung so intransparent bleibt. Transparency International stellt die Schweiz deshalb in eine Reihe mit Ländern wie den Bahamas, Belize, Grenada, St. Kitts und Nevis, St. Lucia, St. Vincent und Grenadinen, Samoa, Uruguay, Vanuatu und anderen Steueroasen, die ebenfalls keine Offenlegungspflicht kennen.

Das Manöver im Berner Bundeshaus freilich gelang, Merz und Blocher wurden 2003 in einem dramatischen Wahlkrimi in die Regierung gewählt. Die rechte Wende schien geglückt.

Im »Bernerhof«, dem Sitz des Eidgenössischen Finanzdepartements, verschärfte Merz, der neue Hausherr, sofort den

Steuerwettbewerb auf allen Stufen. Er stärkte dem erstbesten Kanton, der mit dem Grundsatz der Steuergerechtigkeit brach, den Rücken. Obwalden, einer der ärmsten Kantone, ergriff die Chance. Rita Fischer Hofstetter, Präsidentin der Obwaldner Wirtschaftsförderung, schlug 2004 vor: »Obwalden muss ein Steuerparadies für Gesellschaften und hohe Einkommen werden.« Hans Wallimann, kantonaler Finanzdirektor, übernahm die Idee. Er befürwortete »degressive« Steuertarife: Reichere sollen ihr Einkommen mit einem niedrigeren Prozentsatz versteuern als Ärmere. Dem stimmte das Obwaldner Volk zu. Damit setzte es sich über die Bundesverfassung hinweg, die verlangt, dass Steuerpflichtige nach ihrer »wirtschaftlichen Leistungsfähigkeit« zu besteuern sind.

Die Obwaldner warfen einen Grundsatz über Bord, der seit dem Ersten Weltkrieg im In- und Ausland unbestritten war: das Prinzip, höhere Einkommen auch prozentual stärker – nach »progressiven« Tarifen – zu besteuern. Der Obwaldner Volksentscheid verkehrte den Grundsatz in sein Gegenteil: je größer das Einkommen, desto geringer die prozentuale Belastung.

UBS-Chef Marcel Ospel war begeistert. Er wallfahrtete zu einem Podiumsgespräch nach Obwalden und lobte den Kanton für seinen »mutigen Entscheid«. Hans-Rudolf Merz erhob Obwaldens Entscheid zum leuchtenden Vorbild und betonte zudem: »Ich halte das neue Steuersystem des Kantons Obwalden für verfassungskompatibel.« In diesem Punkt täuschte sich der Finanzminister allerdings total. Das Bundesgericht erklärte Obwaldens degressive Steuern 2006 für verfassungswidrig. Doch ließen sich die Steueroasen-Pioniere dadurch nicht beirren. Obwalden änderte nur seine Taktik und führte eine andere, ähnlich radikale Neuerung ein: die Flat Rate Tax, niedrige lineare Tarife. Sein Beispiel macht Schule. Uri wechselt 2009 ebenfalls zur Flat Rate Tax, Thurgau 2010.

Da eine Oase, dort eine Oase. Ein weiteres Schlupfloch für Großverdiener heckte der Finanzminister gemeinsam mit Pierre

Mirabaud aus. Der Präsident der Bankiervereinigung schlug Merz vor, mit steuerlichen Anreizen mehr Hedgefonds in die Schweiz zu locken. Die meisten Hedgefonds, Anlagevehikel für Großanleger, sind in London und New York ansässig. Dort zahlen sie für ihre Gewinnanteile nur 15 bis 18 Prozent Steuern, in der Schweiz hingegen mehr als das Doppelte. Jetzt, so der Plan Mirabauds, sollte Merz für sie die Steuern halbieren. Dem Finanzminister leuchtete die Idee, diese Großverdiener – oft Einkommensmillionäre – mit Steuerrabatten in die Schweiz zu locken, sofort ein. Merz verstand: »Das wird den Standort Schweiz für Hedgefonds aufwerten.«

Freilich waren Hedgefonds und Steuerreduktionen für Manager auch in der Schweiz nie populär: zu ungerecht, zu riskant, zu intransparent. Merz und Mirabaud wollten deshalb die Neuerung am Parlament vorbei einführen. Sie wollten kein Nein der Gewählten riskieren. Mirabaud setzte die Mitarbeiter des Merz-Ministeriums direkt unter Druck, massiv. Er forderte sie auf, die Steuervergünstigung für Hedgefonds-Manager eigenmächtig einzuführen. Er scheiterte im ersten Anlauf. Urs Ursprung, Direktor der Steuerverwaltung, erwiderte ihm, diese Neuerung sei nur über eine Gesetzesänderung zulässig, also über das Parlament. Dreist machte Mirabaud daraufhin der Steuerverwaltung öffentlich Vorwürfe. Er tadelte sie via »Basler Zeitung«, sie »schiebe« ihre Verantwortung »an Regierung und Parlament ab«.[10] Und was tat jetzt Merz? Er desavouierte seine eigene Verwaltung und gab Mirabaud recht. Er wies Direktor Ursprung an, er müsse »einzig aufzeigen, dass Hedgefonds gestützt auf die geltenden Gesetze, schon jetzt« ihre Steuern über eine zwischengeschaltete Firma halbieren könnten. Und seinem politischen Vorgesetzten musste Ursprung natürlich gehorchen.

Allein die Art, wie Merz und Mirabaud das Parlament umgingen, hätte in jeder anderen Demokratie Anstoß erregt und Schlagzeilen gemacht. In der Schweiz wunderten sich Fachleute. Die SP machte Einwände. Christian Wanner, Solothurner

FDP-Regierungsrat und Präsident der Konferenz der kantonalen Finanzdirektoren, kritisierte die Idee: »Das ist inakzeptabel.« Die Zürcher FDP-Finanzdirektorin Ursula Gut-Winterberger beanstandete die Methoden: »Bei allem Verständnis für die Forderungen müssen eigentliche Änderungen der Rechtsordnung auf dem gesetzgeberischen Weg erfolgen.«[11] Doch die übrige Schweiz zuckte nur mit den Schultern.

Die Finanzmarktkrise zeigte allerdings deutlich genug: Merz hätte die Hedgefonds nicht begünstigen, sondern stärker regulieren müssen. Global haben sie so große Schuldenberge aufgebaut und bewegen so viel unkontrolliertes und unversteuertes Geld, dass sie zur Bedrohung für die reale Wirtschaft geworden sind. Die Hedgefonds gehörten 2008 zu den Ursachen für den Kollaps des Finanzsystems. Für 2009 schließen Kenner der Branche nicht aus, dass von den weltweit rund 10000 Hedgefonds etliche tausend eingehen.

Merz fuhr trotz alledem selbst in der Weltfinanzkrise fort, die Hedgefonds zu fördern – nicht nur mit Steuerprivilegien, auch mit weiteren Lockstoffen. Er hat für ihre Produkte im Herbst 2008 die Anlagerichtlinien für die Pensionskassen gelockert. Er erhöhte die Anlagen in Hedgefonds und anderen spekulativen Produkten auf 15 Prozent. Er senkte die sichereren Anlagen in Liegenschaften von 55 auf 30 Prozent. Das bedeutet für die Altersvorsorge der Bevölkerung mehr Risiken, mehr Spekulation und weniger Bonität.

Merz wollte die Finanzmarktkrise lange Zeit gar nicht wahrhaben. Dann betrachtete er sie als amerikanisches Problem. Dann unterschätzte er ihre Ausmaße und ihre Folgen für Europa und die Schweiz. Beharrlich setzte der Finanzminister auf die Steuervermeidungsindustrie. Er ließ sich von den bis einschließlich 2008 sprudelnden Steuereinnahmen blenden. Doch zeichnen sich auch in der Schweiz gewaltige Steuerausfälle ab. Erst Ende 2008 verlor Merz seine Illusionen und spürte die künftige Verschlechterung der Bundesfinanzen: »Es werden schwierige Jahre kommen.«

Der Finanzminister hat die Illusionen der Banker viel zu lange geteilt. Seine Ratgeber verscheuchten seine gelegentlichen Zweifel an der merkwürdigen Leichtigkeit des Geldverdienens. Sie blendeten die Erfahrungen mit den Blasen der Vergangenheit aus. Sie verstanden nicht, wie die Krise entstanden war, wie die Fäden sich verknüpften und was es mit den »innovativen« Finanzinstrumenten auf sich hat. Rückblickend meint Merz: »Die Fehlprognose war eine allgemeine. Bankenkommission, Nationalbank, Banken, Behörden – alle schätzten die Situation falsch ein.«[12]

Nein, nicht alle schätzten die Lage falsch ein. Es gab frühe Warner und Mahner, er hat nur nicht auf sie gehört. Im Januar 2007 warnte Jean-Pierre Roth, Präsident der Nationalbank, vor den Exzessen der Börse und der Gefahr, dass es zu größeren Marktkorrekturen kommen könnte. Dessen Vize Philipp Hildebrand ermahnte im Juni die Großbanken öffentlich, die damals noch in Milliardengewinnen schwelgten: »Die Wahrscheinlichkeit eines Unfall erhöht sich.« Der Finanzminister hörte nicht auf diese Fachleute, die sein Vorgänger Kaspar Villiger eingesetzt hatte. Er vertraute vielmehr auf Eugen Haltiner, Präsident der Eidgenössischen Bankenkommission (EBK), den er selbst in dieses Amt geholt hatte.

Haltiner, oberster Bankenaufseher der Schweiz, beruhigte im Sommer 2007, in jenen entscheidenden Monaten, in denen das größte Geldhaus des Landes in Schieflage geriet, noch die Gemüter. Haltiner gab im Herbst, als die UBS die ersten Milliardenabschreibungen meldete, Entwarnung. Noch im Winter versicherte er, die Bank sei »gut kapitalisiert«. Und: »Ich spreche bewusst nicht von einer Krise, eher von massiven Turbulenzen.« Allmählich fand selbst die Fachpresse sein Gebaren unerträglich. Die Zeitung »Finanz und Wirtschaft« ermahnte ihn im Februar 2008: »Wenn Haltiner seine Unabhängigkeit unter Beweis stellen will, darf er die UBS nicht länger in Schutz nehmen.« Dennoch verteidigte Merz seinen schönfärberischen Bankenaufseher durch dick und dünn. Im Parlament lobte er

Haltiner sogar als »einen Glücksfall«. Im Herbst 2008 musste die Bankenaufsicht unter Haltiner ihr Versagen jedoch selbst zugeben. Die EBK gestand in ihrem Bericht über die »Ursachen der Wertberichtigungen der UBS AG« ein: »Nicht nur die UBS hat die von ihr eingegangenen Risiken falsch eingeschätzt. Auch die Aufsichtsbehörden haben die drohende Gefahr nicht rechtzeitig erkannt.«[13]

Haltiner war betriebsblind, buchstäblich. Er hatte, ehe ihn Merz nach Bern holte, dreißig Jahre lang selbst für die UBS gearbeitet. 1996 waren Haltiner, damals Leiter von SBG (später: UBS) Schweiz, und Merz, damals Verwaltungsratspräsident der Kantonalbank, miteinander ins Geschäft gekommen. Haltiner kaufte Merz für die SBG die Kantonalbank ab. Im Gegenzug wurde Haltiner 2006 von Merz zum EBK-Chef ernannt. Jetzt sollte Haltiner seine alten Kollegen plötzlich für den Staat überwachen. Es ist schiefgegangen, gründlich.

Nachträglich weist der EBK-Bericht zwar genau nach, dass die UBS-Chefs ihre Anlagerisiken zu spät erkannten, ihre Pflichten verletzten und dadurch auch der Bank selbst immensen Schaden zufügten. Die EBK listet über Seiten hinweg die Fehlleistungen in der UBS-Führung auf. Und trotzdem verneinte die EBK ganz ausdrücklich Hinweise auf Straftaten – obwohl diese Beurteilung gar nicht in ihre Kompetenz als Aufsichtsbehörde fällt. Die seltsame Kompetenzüberschreitung Haltiners aber ist für die UBS, besonders für ihren ehemaligen Chef Marcel Ospel, Gold wert. Sie lieferte nämlich der zuständigen Zürcher Staatsanwaltschaft eine Begründung dafür, auf eine Strafuntersuchung gegen die UBS-Verantwortlichen zu verzichten. Die Staatsanwaltschaft sah vorerst keinen Anlass, gegen sie vorzugehen – obwohl es nach Auffassung von Strafrechtsprofessor Marcel Niggli von der Universität Freiburg (Schweiz) einen begründeten Verdacht gibt, dass die damaligen UBS-Chefs den Tatbestand der ungetreuen Geschäftsbesorgung erfüllt haben. Niggli kritisierte das Verhalten der Strafbehörden denn auch als »nicht wirklich verständlich«.[14]

In der Schweiz haben Staatsanwälte, die die Verfolgung von Verbrechern in weißen Kragen aufnehmen, von jeher einen schweren Stand. Der letzte Schweizer Strafverfolger, der mit dem Kampf gegen Steuerflucht und Wirtschaftskriminalität Ernst machte und auch vor großen Tieren keine Angst hatte, war Bernard Bertossa, Genfer Generalstaatsanwalt 1990 bis 2002. Er erschrak etwas, als er seinen Posten übernahm. Erst bei Amtsantritt ging ihm auf, welche Gefahr für den Rechtsstaat von Kapitalflucht und internationaler Korruption ausging: »Ich hatte das Ausmass des Übels gar nicht geahnt.« Die Augen öffneten ihm italienische Richter, die ihn im gefährlichen Einsatz gegen die Mafia um Rechtshilfe baten; hinzu kamen viele Gesuche aus Frankreich, Spanien und Belgien. Dem Melancholiker fiel es wie Schuppen von den Augen. Geldwäscherei und Bestechung gewannen an Boden. Die Korruption, sagte er, sei nicht nur Schmiermittel der Wirtschaft geworden. Sie drohe vielmehr auch vom Hilfs- zum Hauptmotor der Gesellschaft zu werden. Für ihn vergiftet die Korruption allmählich den ganzen Planeten. Und bei alledem spiele die Schweiz keine geringe Rolle. Der couragierte Genfer wollte mit der »Opferbereitschaft eines Priesters« arbeiten und sich »für das Gemeinwohl voll hingeben«.

Seine Einsicht: Steuerflucht und Geldwäscherei sind Formen von Rechtsbruch, die oft in Tateinheit und grenzüberschreitend begangen werden. Dabei nutzen Täter die Diskrepanz zwischen der globalisierten Wirtschaft, in der weltweiter Geldverkehr zum Alltag gehört, und den schwerfälligen und immer noch weitgehend an nationale Grenzen gebundenen Steuer- und Justizbehörden aus. Die Strafverfolgung kann deshalb nur dann effizient sein, wenn sie alle Formen von Kriminalität erfasst und sich auf internationaler Ebene koordiniert.

Der neue Generalstaatsanwalt machte Genf zum ersten und einzigen Schweizer Kanton, der bei Verdacht auf Geldwäscherei konsequent Ermittlungen aufnahm. Sein Personal stockte er von 50 auf 70 Mitarbeiter auf. Kettenraucher und Radfahrer, in sich gekehrt und schwermütig, geriet der Arbeitersohn aus der Calvin-Stadt zum einsamen – und am Ende resignierten – Vorkämpfer der Schweizer Justiz gegen die unsauberen Geschäfte der Geldbranche.

Eine Zeit lang lehrte er Potentaten und ihre Helfershelfer in aller Welt das Fürchten. Zu den größten Tieren, die Bertossa unter Beschuss genommen hat, zählten Augusto Pinochet (Chile), Benazir Bhutto (Pakistan), Sani Abacha (Ex-Militärdiktator von Nigeria), Pavlo Lazarenko (Ex-Ministerpräsident der Ukraine), Raúl Salinas (Bruder des Ex-Staatspräsidenten von Mexiko), Luís Roldán (Ex-Direktor der Guardia Civil, Spanien), Bettino Craxi (ehemaliger Ministerpräsident von Italien) und Pawel Borodin (Ex-Kreml-Verwalter unter Boris Jelzin, Russland). Nicht, dass er lauter Volltreffer gelandet hätte – manche seiner Verfahren versandeten oder endeten mit Kompromissen –, doch seine Offensive weckte politisches Bewusstsein und kam etlichen geprellten Staaten auch finanziell zugute. Bertossa: »Wir konnten Nigeria, Frankreich, Spanien, Italien, Argentinien und der Ukraine gegen 100 Millionen Franken zurückerstatten.« Sogar für die Genfer zahlte sich Bertossas Offensive aus: »Unser Kanton hat unseren Einsatz auch finanziell nicht zu bereuen. Allein in Drogenfällen beschlagnahmten wir über 70 Millionen Franken.«

Bertossa setzte Maßstäbe für Staatsanwaltschaften der anderen Kantone. Genauer: Sein mutiger Einsatz vermittelte einen Begriff von der Mutlosigkeit vieler Staatsanwälte im In- und Ausland. Bertossa griff kleinmütige, kraftlose Kollegen und deren politische Chefs zunehmend in aller Öffentlichkeit an. Den Zürcher Kollegen hielt er vor: »Wer nicht hinschaut, sieht auch nichts.« Die Bundesbehörden trieben ohnehin ein »scheinheiliges Spiel«. Bertossa ertrug die Ohnmacht der Justizbehörden im Kampf gegen die massive illegale Steuerflucht in Europa nicht länger. Deshalb trug er seinen Kampf in den politischen Raum.

Im »Genfer Appell« mit sechs europäischen Kollegen forderte er 1996 eine engere Zusammenarbeit der Politiker gegen Steuerdelinquenten. »Im Schatten des neuen offiziellen und respektablen Europas, das im Aufbau begriffen ist – Europarat, Römer Verträge, Schengen, Maastricht –, verbirgt sich ein schweigsameres, weniger ehrbares Europa. Dies ist das Europa der Steuerparadiese, das dank dem Fluchtkapital, dem es eine sichere Zuflucht bietet, schamlos aufblüht. Dies ist auch das Europa der Finanzplätze und Bankniederlassungen, wo das Geheimnis allzu oft ein Alibi und ein Deckmantel ist.«[15] Wollten die Justizbehörden überhaupt eine Chance haben, Rechtsbrecher in diesem Bereich zu belangen, müssten sie miteinander direkt und ohne Einmischung durch politische und diplomatische Behörden kooperieren dürfen. Konkret appellierten Bertossa und seine Kollegen an die Parlamente der Schweiz und der EU-Mitgliedsländer, ihre Rechtshilfeabkommen zu ändern und die Verfolgung von Steuerflucht zu erleichtern. Der Appell Bertossas und seiner Kollegen – nach seinen Worten »eine Art Hilferuf der Strafverfolgungsbehörden« – verhallte ungehört.

Seine Klage: »Es würde die internationale Gemeinschaft nichts kosten, festzustellen, was die Briefkastenfirmen in den Steueroasen von der Karibik bis nach Liechtenstein in Wirklichkeit sind. Man zieht es vor, zu schweigen, obwohl jedermann weiss, dass diese Gesellschaften noch und noch von Steuerhinterziehern und Geldwäschern benützt werden.« Ein solcher Kampf brauche »einen langen Atem; es wird eine ganze Generation brauchen, bis man das Ausmass der Gefahr erkennt und die nötigen Gegenmassnahmen ergreift«. Bertossa führte auf schwierigem Terrain einen fast aussichtslosen Kampf. Auf verlorenem Posten gegen die Ganoven in Nadelstreifen kämpfend, trat der Genfer 2002 von seinem Amt zurück, resigniert: »Auf die Dauer ist man es leid, sich nur mit dem Schlechten zu befassen.« So zog Bertossa sein bitteres Fazit: »Es gibt keinen politischen Willen, die Effizienz der Justiz auf internationaler Ebene zu erhöhen.« Dies sei »eine der Hauptursachen meines Pessimismus«. Sogar von seinen Genossen der Sozialdemokratischen Partei (SP) fühlte er sich im Stich gelassen. »Irregeleitet von ihrer alten Abneigung gegen Polizei und Richter«, steige auch die Linke gegen Steueroasen nicht auf die Barrikaden.

Die SP Schweiz hat ihren Kampf gegen das Bankgeheimnis aufgegeben. Sie erlitt ein Debakel, als sie 1977 eine Volksinitiative »gegen den Missbrauch des Bankgeheimnisses und der Bankenmacht« lancierte und 1984 zur Abstimmung brachte. Das Schweizer Volk verwarf die SP-Initiative mit 73 Prozent Neinstimmen. Rückblickend urteilt SP-Bundesrat Moritz Leuenberger illusionslos: »Die Bankeninitiative von 1977, die unter anderem den Schutz der Kleinsparer, die Entflechtung des Finanzsektors von der übrigen Wirtschaft, Eingriffsbefugnisse des Bundes und die Beschränkung des Bankgeheimnisses anstrebte, scheiterte auch an der Angst vieler Kleinsparer, ihr Sparbuch nicht mehr vor den Steuerbehörden verstecken zu können. Heimliche Träume, dereinst auch zu den ganz grossen Profiteuren zu gehören, haben vieles verhindert.« Die Niederlage brach der SP das Genick. Seitdem hat die Partei das Bankensystem und die Steuerflucht aus dem Ausland nicht mehr ernsthaft attackiert.

Ihre Kritik erschöpft sich in Deklamation. Die SP-Fraktion scheiterte, als sie im Parlament zum Beispiel 2005 die Abschaffung der Pauschalbesteuerung forderte. Voller Empörung rief ihre Genossin Susanne Leutenegger Oberholzer in den Saal: »Stopfen Sie dieses Steuerschlupfloch!« Sie hatte keine Chance. Ihre parlamentarische Initiative wurde von der bürgerlichen Ratsmehrheit verworfen. Der SP fehlt in dieser Sache die Durchschlagskraft, weil sie nicht einmal in den eigenen Reihen über den nötigen Konsens verfügt. Außenministerin Micheline Calmy-Rey schert konsequent aus.

Das Steuerparadies hat eine unerschütterliche politische Basis, weil es so tiefe historische Wurzeln besitzt. Seine geostrategische Sonderstellung ist seit dem Ersten Weltkrieg erhalten geblieben. Der kleine Neutrale zwischen expansiven Großmächten ist als Finanzplatz selbst zur expansiven Großmacht geworden. Seine Interessenlage, die sich durch die Kapitalflucht aus dem Ausland ergeben hat, konnte schon im Jahr 1920 von Albert Meyer, damals FDP-Nationalrat und NZZ-Chefredaktor, später Bundesrat und Nachfolger von Finanzminister Jean-Marie Musy, klar durchschaut und in einer Rede im Berner Bundeshaus analysiert werden: »Diese Depots der ausländischen Gelder bringen unserem Lande einige Vorteile. Wir haben keine Kohlenschätze, keine Rohprodukte, und unsere Industrie ist gross geworden durch den Kapitalreichtum des Landes. Dieser Kapitalreichtum kam nicht aus dem bescheidenen Wohlstande unseres Landes, sondern zum wesentlichen Teil vom Geld des Auslandes. Wir haben uns finanzwirtschaftlich ganz speziell eingerichtet auf diesen ausländischen Kapitalreichtum, auf dieses Geld, das vom Ausland bei uns aufbewahrt wird und das hier seine Erträgnisse dem Staate, der Industrie, der Landwirtschaft, kurz: der gesamten Produktion zur Verfügung stellt.«[16]

Die Schweiz hält ihre Stellung seit Albert Meyer scheinbar unerschütterlich und unverändert. Sie schlägt aus ihrer Position buchstäblich Kapital. Der Demokratie aber bekam das süße Gift des großen Geldes schlecht. Das Land wiederholt die Fehler der Vergangenheit auf auffallend ähnliche Weise. Konrad Hummler, Präsident der Schweizer Privatbankiers und Mitglied des Aufsichtsrats der Deutschen Börse AG, meint in der »Frankfurter Allgemeinen Sonntagszeitung«, ein Staatsbankrott in Deutschland nach dem katastrophalen Muster der frühen Zwanzigerjahre sei heute zwar »nicht wahrscheinlich, aber eine der realen Möglichkeiten, mit denen man jetzt rechnen muss«. Hummler sitzt auch im NZZ-Verwaltungsrat und warnt in der »NZZ am Sonntag« vor einer »nächsten, noch viel gravierenderen Krise« der Finanzmärkte – dem »Zusammenbruch der westlichen Staaten als überforderte ultimative Rettungsanker«. Ein andermal nennt er Bundeskanzlerin Angela Merkel

»eine machtorientierte Verwalterin eines sozialstaatlichen und finanzpolitischen Desasters«. Hummler schürt Ängste und gibt im gleichen Atemzug selbst zu: »Wir Schweizer Privatbankiers sind Profiteure der Krise. Viele Anleger auch aus Deutschland halten ihr Geld bei uns für sicherer als daheim.« Er beherrscht die Kunst der sich selbst erfüllenden Prophezeiung perfekt. Er arbeitet mit Denk- und Verhaltensmustern, wie sie dem Schweizer Finanzplatz schon früher Erfolg und der deutschen Demokratie den Untergang beschert haben.

Folgerichtig ist er auch Präsident des Vorstands der 1921 gegründeten »Schweizer Monatshefte« geworden, einer angesehenen bürgerlichen »Zeitschrift für Politik, Wirtschaft & Kultur« – so der Untertitel –, die sich freilich etwas gar ungeniert ihrer Vergangenheit rühmt: »Seit über 80 Jahren stehen die Schweizer Monatshefte für fundierte Analyse und Orientierungswissen auf hohem intellektuellen Niveau.« Ach ja? Vor gut 80 Jahren dienten sie als Plattform für Eduard Blochers alldeutsche und antisemitische Ausfälle und für zahllose andere Artikel und Autoren, die die deutsche Demokratie mit allen Mitteln verächtlich machten.

Man darf Konrad Hummler nicht missverstehen. Er ist ein liberalkonservativer, kultivierter Freigeist, der gern gegen den Strom schwimmt. Doch hat er die Lehren aus den Katastrophen des 20. Jahrhunderts noch nicht zur Gänze gezogen. Genauso wenig wie Christoph Blocher, Enkel jenes »Monatshefte«-Agitators. Der heutige Blocher, Wortführer der Schweizer Rechten seit einem Vierteljahrhundert, 2003 in die Regierung hinein- und 2007 wieder abgewählt, stellte sich mitten in seiner erfolglosen Kampagne für eine erneute Wahl zum Bundesrat Ende 2008 im Grandhotel »Dolder« in Zürich einem polemischen Rededuell mit Hans Eichel, dem deutschen Ex-Bundesfinanzminister, über das Schweizer Bankgeheimnis. Blocher warf Deutschland Diebstahl vor, Eichel bezichtigte die Schweiz der Hehlerei – scharfe Worte, doch alte Fronten.

Die Konstellation hatte symbolische Qualität. Die führenden Köpfe der Schweiz und ihres Finanzplatzes gehen ihrer wahren Geschichte wortreich aus dem Weg. Sie haben aus dem Schicksal der Demokratien im Europa der Zwischenkriegszeit genauso wenig gelernt wie aus dem Debakel der jüngsten Weltfinanzkrise. Die ideologischen Aufräumarbeiten haben noch gar nicht angefangen. Noch immer führen die Neoliberalen – durch die Erfahrung mit ihren Rezepten widerlegt – in schweizerischen Ratssälen, Fakultäten und Medien unverdrossen das große Wort.

Ihrer politischen Hauptfigur, Hans-Rudolf Merz, wird das ideologische Erbe zum Verhängnis. Der Finanzminister machte UBS-Chef Marcel Ospel 2008 anlässlich des alljährlichen Geheimtreffens der Schweizer Machtelite beim Nestlé-Konzern in Vevey hinter verschlossenen Türen heftige Vorwürfe: »Ihr habt die guten traditionellen Werte, die unser Bankenwesen vor 200 Jahren ohne jede staatliche Regulierung gross gemacht haben, mit Füssen getreten.« Merz wiederholte damit zwar nur Thesen, die Konrad Hummler, geschäftsführender Teilhaber der ältesten Bank der Schweiz, der 1741 gegründeten Wegelin & Co. in St. Gallen, hinter vorgehaltener Hand schon lange vertritt. Der UBS-Präsident verließ nach der Merz-Attacke erzürnt den Saal, ohne sich von seinem langjährigen politischen Günstling auch nur zu verabschieden, und trat einen Monat später als Chef der Bank zurück.

Hans-Rudolf Merz wiederholte, ohne es zu wissen, gespenstisch genau die Vorwürfe, die einer seiner Amtsvorgänger, Jean-Marie Musy, den damaligen Versagern an der Spitze der Großbanken machte. Schon 1933 mussten Regierung und Notenbank gemeinsam die damalige Schweizerische Volksbank mit einem umfangreichen staatlichen Hilfspaket retten. Finanzminister Musy warf der Volksbank wie anderen in Schieflage geratenen Geldhäusern vor, sie hätten ihre Auslandsgeschäfte nicht sorgfältig geführt und »die hierfür qualifizierten Direktoren« gar nicht besessen. Weil Merz die Lehren aus der

Vergangenheit nicht gezogen hat, ist er dazu verurteilt, Musys Fehler und nachträglichen Korrekturversuche zu wiederholen – mit geradezu gespenstischer Genauigkeit. Merz ist Musys Wiedergänger.

Schlusswort

Von der Geschichte eingeholt

Die Schweiz ist älter als ihre Banken. Die Banken sind älter ihr Bankgeheimnis. Nichts ließ in den alten Zeiten einen Aufstieg der Schweizer Geldhäuser zur Weltgeltung erahnen. Zum Erfolgsgeheimnis der Schweiz wurde erst ihre einzigartige Mixtur von Finanzplatz und Industriestandort, Demokratie und Neutralität. Ihre geostrategische Sonderstellung schützte die Schweiz und ihre Banken im 20. Jahrhundert vor den Katastrophen der Weltgeschichte. Der sichere Hafen für Schwarzgeld wurde zur Gefahr für die Stabilität anderer Länder. Die Insel des Friedens verwandelte sich in einen expansiven Bankenstaat. Im 21. Jahrhundert meldet sich die Geschichte unerbittlich bei der Schweiz zurück: Im Zuge der Finanzmarktkrise bringen die Banken auch das eigene Land in Gefahr.

Dass es so schnell so weit kommen würde, war noch, als wir im Sommer 2008 unser Buch in Angriff nahmen, ganz unwahrscheinlich. Unser Thema war die Steueroase Schweiz und ihre Folgen im Ausland. Durch die Eskalation der Finanzkrise veränderte sich unser Gegenstand schlagartig. Die realen Ungleichgewichte, denen wir nachgingen, lösten, während wir über sie schrieben, den Kollaps des globalen Finanzsystems aus. Unser Thema weitete sich in ungeahnte Dimensionen. Unsere Arbeit entwickelte sich zum Work in Progress. Die Systemkrise entfaltete sich zum Weltendrama.

Was wir uns als zwar historisch begründete, aber doch noch abstrakte Gefahr ausgemalt hatten, wurde laufend Wirklichkeit – es schien, als machte ein böser Dämon die Probe aufs Exempel. Dutzende von Banken gingen pleite. Die größten Wirtschaftsmächte erbebten. Erste Staaten gerieten unter die Räder. Ungarn kämpfte mit Wucherzinsen von 18 Prozent gegen den Staatsbankrott. Island und die Ukraine hängen am Tropf des IWF. Dutzende von Schwellenländern stehen vor den IWF-Schaltern Schlange. Die Schweiz blieb nicht verschont. Die UBS bat den Staat um Hilfe. Die Eidgenossen, mit ihren Geldhäusern zur Schicksalsgemeinschaft verbunden, hatten keine Wahl. Das Parlament musste der teuren Rekapitalisierung der UBS im Dezember 2008 zähneknirschend zustimmen.

Das Bankgeheimnis und der globale Steuerwettbewerb, die wir in unserem Buch anprangern, sind an der globalen Systemkrise gewiss nicht allein schuld. Aber sie sind wichtige Teile eines Puzzles. Sie sind Auslöser und Antreiber in einem sich selbst verstärkenden Rückkoppelungsmechanismus, der die Arbeitseinkommen geschwächt und die Kapitaleinkommen vergrößert und damit auch die Kapitalmärkte aufgebläht hat. Bis zum Platzen.

Ob die in der Geschichte einmalige, von den führenden Wirtschaftsmächten erstaunlich schnell orchestrierte globale Rettungsaktion den katastrophalen Schaden eindämmen kann, steht dahin. Klar ist bereits, wie enorm die Summen sind, die die gemeinsamen Anstrengungen der Regierungen kosten. Gemäß dem »Stability Report« der Bank of England[1] haben die Regierungen der Industrieländer bis Ende Oktober 2008 insgesamt 4473 Milliarden Pfund oder 5590 Milliarden Euro für die Rettung der Banken aufgewendet, davon

- 2927 Milliarden Pfund für die Garantie von Bankverpflichtungen
- 395 Milliarden Pfund neues Eigenkapital
- 397 Milliarden Pfund für den Kauf von faulen Krediten
- 754 Milliarden Pfund sonstige Maßnahmen, etwa Liquiditätsspritzen der Zentralbanken.

Meist handelt es sich bei diesen Summen zwar nicht um Ausgaben, sondern um Investitionen und vorübergehende Garantien. Wie hoch die effektiven Ausgaben und Verluste sind, wird sich erst in einigen Jahren zeigen. Dennoch mussten diese Summen erst einmal aufgebracht werden. Zudem handelt es sich hier erst um Teil eins der globalen Rettungsaktion.

Die Teile zwei und drei sind erst angelaufen. Bei Teil zwei geht es um Investitions- und Steuersparprogramme zur Stabilisierung der Konjunktur. Allein für Frankreich ist von 175 Milliarden Euro die Rede, für die USA von 170 bis 300 Milliarden Dollar.

Teil drei ist die Sanierung all jener nur beschränkt schuldenfähigen Schwellenländer, deren Währungen durch die Hilfsprogramme Schaden genommen haben: Island, Rumänien, Pakistan, Lettland, Russland usw. Der Fall Russland zeigt exemplarisch, wo die Gefahr liegt: in einer Kombination extrem reicher Oberschichten und quecksilbriger Finanzmärkte. Also genau das, wovon die globale Vermögensverwaltungsdrehscheibe Schweiz profitiert.

Vereinfacht gesagt, geschah im November 2008 in Russland dies: Die Regierung leiht den Banken Rubel. Statt damit die Wirtschaft mit Krediten zu versorgen, spekulieren die Banken – und ihre reichen Kunden – auf sinkenden Rubel. »Seit Beginn der Krise haben russische Geschäftsleute 50 Milliarden Dollar außer Landes gebracht – das meiste auf Devisenkonten«, schreibt der »Tages-Anzeiger« am 1. November 2008[2]. Als Folge davon sinkt der Kurs des Rubels. Dies verleitet weitere Vermögende zur Kapitalflucht, und so weiter.

Solche Entwicklungen sind brandgefährlich. Sie könnten das eben halbwegs stabilisierte Weltfinanzsystem gleichsam von der Rändern her zum Kollaps bringen. Die erste globale Rettungsaktion läuft praktisch auf einen weltweiten Finanz- und Risikoausgleich hinaus. Sinnvollerweise wird man sich nicht mit einer einmaligen Feuerwehrübung begnügen, sondern einen institutionellen Rahmen schaffen, der es in Zukunft erlauben wird, Gefahren schneller zu erkennen und Krisen rechtzeitig vorzubeugen.

Konkret wird es darum gehen, einerseits die enormen, durch Spekulation verstärkten Schwankungen der Rohstoffpreise einzudämmen. Hier ist die »Rohstoffbörse Schweiz« im Visier. Andererseits gilt es, regionale Ungleichgewichte wie etwa die anhaltenden Leistungsbilanzüberschüsse Chinas, Japans, Deutschlands und der Schweiz und entsprechende Defizite in den USA in den Griff zu kriegen. Will man das Problem an der Wurzel packen, kommt man nicht darum herum, die nationalen Lohnpolitiken zu koordinieren, sprich: alle Länder auf eine am Produktivitätsfortschritt orientierte Lohnpolitik zu verpflichten.

Das zwischenstaatliche Zusammenwirken wird den Steuerwettbewerb um die großen Vermögen und Einkommen automatisch reduzieren, weil die Konzentration der Vermögen und die Anhäufung spekulativer Finanzvermögen eingeschränkt werden. Dennoch werden die Krisenmanager auch den globalen Steuerwettbewerb so regulieren müssen, dass die reiche Oberschicht ebenfalls zur Kasse gebeten werden kann. Bei den enormen Mitteln, welche die Rettungsaktion verschlingt, führt daran kein Weg vorbei.

Zur Besteuerung der Reichen zwingen auch konjunkturpolitische Gründe. Will man die Nachfrage ankurbeln, muss man dafür sorgen, dass die Kaufkraft dorthin gelangt, wo die physische Nachfrage ist. Das geht nur, indem man die Einkommensunterschiede drastisch verringert. Zunächst mit den Mitteln der fiskalischen Umverteilung, mittel- und längerfristig mit einer neuen Lohnpolitik.

Aufgrund der Einsicht in solche ökonomischen Notwendigkeiten ist man bereits daran, die politischen Kräfteverhältnisse zu verändern. Dies zeigt der Druck, den die USA, Deutschland und Frankreich neuerdings wieder gemeinsam auf den Finanzplatz Schweiz ausüben. Bei dieser total veränderten Ausgangslage scheint klar, dass zumindest das Bankgeheimnis obsolet wird und allenfalls als toter Buchstabe überlebt – zur Gesichtswahrung der Schweizerischen Bankiervereinigung. Die USA haben vorgeführt, wie sich so etwas auch gegen den Willen von Steueroasen machen lässt.

Etwas anders liegen die Dinge beim Steuerwettbewerb. Dieser ist so lange sinnvoll, wie es darum geht, die öffentlichen Leistungen zu optimieren und auf die Bedürfnisse der Bürger abzustimmen. Er ist dann ökonomisch kontraproduktiv, wenn er nur darauf abzielt, reiche Steuerzahler anzulocken und Sozialhilfeempfänger in andere Länder, Kantone oder Gemeinden abzuschieben.

Die logische Konsequenz aus dieser Analyse liegt darin, die Besteuerung der hohen Einkommen und Vermögen politisch zu koordinieren. Einkommen, die zum Beispiel 500 000 Euro jährlich übersteigen, würden dann überall gleich besteuert. Auf ähnliche Weise muss auch die Sozialhilfe bzw. die Arbeitslosenversicherung zumindest zwischen Nachbarländern abgestimmt werden. Hier liegen Möglichkeiten eines deutsch-schweizerischen Kompromisses. Die Schweiz verzichtet darauf, deutsche Milliardäre anzulocken. Deutschland behandelt im Gegenzug seine Arbeitnehmer und Arbeitslosen so, dass sie nicht mehr das dringende Bedürfnis verspüren, in die Schweiz auszuwandern.

Wenn's ums Geld geht, zerstreiten sich jedoch Schweizer und Deutsche ganz schnell. Hier eskalieren ihre Interessengegensätze allzu leicht zu härtesten Konflikten. Das hat seine Gründe. Im Finanzmarktbereich fehlt eine internationale »Gesundheitspolizei«. Für die Geldbranche gibt es keine Weltorganisation, die minimale, aber verbindliche Normen setzt und durchsetzt – anders als bei Handel, Umwelt, Gesundheit, Telekommunikation, Arbeit, Veterinärmedizin, Ernährung und allen anderen Sektoren. Gerade westliche Demokratien aber müssten sich für die Schaffung einer Fachorganisation einsetzen, die auf den globalen Finanzmärkten minimale Regeln einführt, Krisen vorbeugt und Konflikte schlichtet.

Führende Globalisierungsökonomen und ihre Kritiker stimmen in dieser Sache bereits überein. Joseph E. Stiglitz, Professor der Ökonomie, Nobelpreisträger und Gegner der Neoliberalen, und Pascal Lamy, Generaldirektor der Welthandelsorganisation WTO, sprechen in diesem Punkt die gleiche Sprache.

Stiglitz: »Wenn wir auch in Zukunft eine Liberalisierung der weltweiten Finanzmärkte sicherstellen wollen, bei der Finanzprodukte problemlos Grenzen passieren können, müssen wir darauf achten, dass diese Produkte sicher sind, die verkaufenden Finanzinstitute hinter den von ihnen entwickelten Produkten stehen und dass sie selbst sicher und gesund sind.«

Lamy: »In der Handelspolitik wissen wir seit fünfzig Jahren, dass wir supranationale Institutionen benötigen, um verbindliche Regeln aufzustellen. Ein krankes Rind oder ein gefährliches Feuerzeug passiert keine Landesgrenze – ein giftiges Finanzprodukt aber schon. Wir brauchen auch für die Finanzmärkte zwingende Regeln, Aufsichtsorgane und Sanktionen.«

Diese Idee ist auf die Weltgemeinschaft und die globale Finanzkrise gemünzt, ist aber auch für die Schweiz und ihr Verhältnis zu anderen westlichen Demokratien von Belang. Die Schweiz mutet ihren Partnern keine kranken Rinder oder gefährlichen Feuerzeuge zu. Sie lässt ihre Finanzinstitute und Kantone aber grenzüberschreitend mit Sondertarifen für ausländische Briefkastenfirmen, Beihilfe zur Steuerhinterziehung und Pauschalsteuern für reiche Ausländer agieren.

Steueroasen nutzen nationalstaatliche Hoheitsrechte, die durch die Globalisierung von Wirtschaft und Gesellschaft längst überholt sind. Sie beuten für sich den Anachronismus einer politischen Ordnung aus, die letzten Endes auf den Dreißigjährigen Krieg und den Westfälischen Frieden 1648 zurückgeht. Das damals errichtete System der Nationalstaaten diente in den folgenden Jahrhunderten der Legitimation politischer Herrschaft, führte die Menschheit aber in den Weltkriegen des 20. Jahrhunderts bis an den Rand der Selbstzerstörung. Noch einmal WTO-Chef Pascal Lamy: »Die Debatte dreht sich seit der Gründung des Völkerbundes um die gleichen Grundsatzfragen: Wollen wir eine Weltinnenpolitik, eine internationale Governance? Wie organisieren wir sie? Wer handelt sie aus und sorgt für ihre Einhaltung?«

Die Staatengemeinschaft muss, um internationalen Steuerparadiesen das Handwerk zu legen, eine Rahmenordnung für die Finanzmärkte schaffen. Sie erreicht ihr Ziel nur, wenn sie alle Steueroasen gleichzeitig trockenlegt, nicht nur jene der Schweiz, sondern auch die Oasen in EU, Karibik und Fernost. Nein, die Schweiz ist längst nicht mehr der einzige »Schurke«. Dies macht die Sache für sie selbst jedoch nicht besser. Die Schweiz hätte selbst freilich allen Grund, an der globalen Neuordnung mitzuwirken. Sie erhielte eine Chance, ihre Rolle auf der Weltbühne neu zu bestimmen – und das unwürdige Doppelspiel ihrer Politiker zu beenden.

Finanzminister Hans-Rudolf Merz etwa griff in seinem Steuerstreit mit Deutschland zu rhetorischen Mitteln, die einem Schweizer Regierungsmitglied nicht besonders gut anstehen. Er berief sich für den Finanzplatz Schweiz auf die Bergpredigt, zitierte die Stelle aber unvollständig. Merz unterschlug die Folgerung: »Du Heuchler! Zieh zuerst den Balken aus deinem Auge, dann kannst du versuchen, den Splitter aus dem Auge deines Bruders herauszuziehen.« Die Bergpredigt nennt an der von Merz unvollständig zitierten Stelle jemanden, der, um von seiner größeren Schuld abzulenken, von den kleineren Fehlern der anderen redet, einen Heuchler. Dies sollte Merz, wenn er die Bergpredigt für das Schweizer Bankgeheimnis in Anspruch nehmen will, bedenken. Sein Vorwurf fällt auf ihn selbst zurück. Will er den Balken in seinem Auge deutlicher wahrnehmen, braucht er nur im »Wilhelm Tell« nachzuschlagen. Friedrich Schiller ließ den Schweizer Nationalhelden sagen: »Ein jeder wird besteuert nach Vermögen.« Der Schweizer Bundespräsident wäre gut beraten, den Vorschlag Tells doch einmal näher zu prüfen.

Anmerkungen

Vorwort

1 Urner (1976), S. 559; Rosmus, Daniela: Die Schweiz als Bühne – Staatsbesuche und politische Kultur 1848–1990. Zürich 1994, S. 74f.
2 Bonjour, Edgar: Geschichte der schweizerischen Neutralität. Bd. 2, Basel 1970, S. 100

Einleitung

1 Rainer Gemperle: »Das Steuerkartell zieht die Schlinge enger«
2 *Die Weltwoche*, 20. März 2008, Ausgabe Nr. 12, S. 36
3 *NZZ am Sonntag*, 2. März 2008
4 Jaeger, Franz (Hrsg.): Steuerwettbewerb. Die Schweiz im Visier der EU. Zürich 2008, S. 13

Kapitel 1

1 Gemäß Kapitel 18, Paragraf 3144 des US-Strafrechts können wichtige Zeugen (»Material Witness«) in einem Strafprozess für unbestimmte Zeit festgehalten werden.
2 Boris Becker im Interview mit der *SonntagsZeitung*, 5. Juni 2005
3 Leutenegger Oberholzer, Susanne: »Amtliches Bulletin der Bundesversammlung«, 6. Oktober 2005
4 Death and Taxes. The true toll of tax dodging. A Christian Aid Report, May 2008

Kapitel 2

1 Gautschi, Willi: »Hitlers Besuch in Zürich 1923«. In: *NZZ*, 29. Dezember 1978
2 Heß, Rudolf: Briefe 1908–1933. München 1987, S. 324
3 Blocher, Eduard: »Judentum und Christentum«. In: *Schweizerische Monatshefte für Politik und Kultur*, Dezember 1923
4 »Ueber die deutsche Schweiz«. In: *NZZ*, 10. August 1924
5 Locher, Kurt: Das schweizerisch-deutsche Doppelbesteuerungsabkommen. Basel 1972

6 Rappard, William E.: Die Politik der Schweiz im Völkerbund 1920–1925. Chur, Leipzig 1925, S. 53
7 »Botschaft des Bundesrates an die Bundesversammlung über die Genehmigung des zwischen der Schweiz und Deutschland geschlossenen Abkommens zur Vermeidung der Doppelbesteuerung auf dem Gebiete der direkten Steuern und der Erbschaftssteuern«. In: Bundesblatt Nr. 4, 27. Januar 1932, S. 50
8 Siegrist, Adolf: Staatsverträge zur Beseitigung der Doppelbesteuerung. Affoltern am Albis 1939; Laier, Wilhelm: Die Doppelbesteuerung auf dem Gebiet der direkten Steuern. Dissertation, Basel 1933
9 Bänziger, Hugo: »Vom Sparerschutz zum Gläubigerschutz – die Entstehung des Bankengesetzes im Jahre 1934«. In: Eidgenössische Bankenkommission (1985), S. 74
10 Bänziger, a.a.O., S. 76
11 Kaiser (1999), S. 77
12 Sebastiani (2004), S. 683
13 Hug (2000), S. 27
14 Perrenoud, Marc und Rodrigo Lopez: Aspects des relations financières franco-suisses (1936–1946). Hrsg. Unabhängige Expertenkommission Schweiz – Zweiter Weltkrieg. Zürich 2001, S. 54
15 de Tocqueville, Alexis: Der alte Staat und die Revolution. Hamburg 1969
16 Siehe Streitgespräch zum Schweizer Bankgeheimnis: »Die grösste Steueroase Europas«. In: *SonntagsBlick*, 24. August 2008
17 von Orsouw, Michael: Das vermeintliche Paradies – eine historische Analyse der Anziehungskraft der Zuger Steuergesetze. Zürich 1995, S. 43
18 SwissHoldings: Konzernstandort Schweiz im globalen Wettbewerb. Bern 2008, S. 59
19 Thönen, Simon: »Steuerflucht – Wir angeln uns einen Millionär«. In: *Beobachter,* 1. Oktober 2004
20 Ungefehr (1988), S. 279
21 Netzwerk Steuergerechtigkeit (2005), S. 23; Baker (2005), S. 36
22 Doggart und Schönwitz (2007)

Kapitel 3

1 Homepage der ICMA (International Capital Market Association, Präsident: Hans-Joerg Rudloff): »The international capital market in its current form began life in the early 1960s. The driving factor behind its growth and development was the tax regime introduced by the American government in 1963, aimed at discouraging foreign issuers from borrowing from US investors.«
2 Schweizerische Nationalbank: 75 Jahre SNB. Zürich 1982, S. 88
3 Locher, Kurt: Handbuch und Praxis der schweizerisch-amerikanischen Doppelbesteuerungsabkommen. Basel 1957, S. 44
4 Schaller, André: Schweizer Neutralität im West-Ost-Handel, das Hotz-Linder-Agreement vom 23. Juli 1951. Bern 1987, S. 65
5 Parma, Viktor: »Schweiz – EG und USA: Falsch gewichtet«. In: *Bilanz* 6/90
6 Kennedy: John F.: Der neue Kurs (Hrsg. Klaus Schoenthal). München 1984, S. 188

7 Bundesministerium der Finanzen: »Bericht über die Wettbewerbsverfälschungen, die sich aus Sitzverlagerungen und aus dem zwischenstaatlichen Steuergefälle ergeben können« (sog. Oasenbericht, 23. Juni 1964). Bonn 1964
8 »Steuerflucht – Milliarden wandern aus«. In: *Der Spiegel*, 4. Januar 1971
9 Denkschrift der Bundesregierung zum Doppelbesteuerungsabkommen 1971 vom 21. Februar 1972. Bonn 1972
10 Botschaft des Bundesrates an die Bundesversammlung betreffend Doppelbesteuerungsabkommen mit der Bundesrepublik Deutschland vom 20. Oktober 1971. Bern 1971

Kapitel 4

1 Galbraith, James J.: Review of the Predator State. How Conservatives abandoned the Free Market and why Liberals should too. New York/London/Toronto 2008
2 Borner, Silvio: »Ethik auf Abwegen«. In: *Die Weltwoche*, Nr. 22, 29. Mai 2008, S. 20
3 »First, the US should take the lead in promoting global co-operation in the international tax arena. There has been a race to the bottom in the taxation of corporate income as nations lower their rates to entice business to issue more debt and invest in their jurisdictions. Closely related is the problem of tax havens that seek to lure wealthy citizens with promises that they can avoid paying taxes altogether on large parts of their fortunes. It might be inevitable that globalization leads to some increases in inequality; it is not necessary that it also compromises the possibility of progressive taxation.« (Summers, Lawrence: »A strategy to promote healthy globalization«. In: *Financial Times*, 4. Mai 2008)
4 Rapport d'Information No. 946 de la Commission des Finance de L'Assemblée Nationale, Juni 2008. Zitiert nach *Alternatives Economiques*, 09/2008
5 KPMG's Corporate and Indirect Tax Survey, 2008
6 Taxing Wages 2007. Special Feature: Tax Reform und Tax Burden, OECD 2007, S. 24 ff. sowie 135 ff.

Kapitel 5

1 Siehe Groningen Growth and Development Center. http://www.conference-board.org/economics/database.cfm
2 Im Schnitt wird pro Arbeitsstunde ein Bruttoinlandsprodukt von 43 Euro geschaffen. 85 Milliarden Euro zusätzlicher Exportüberschuss geteilt durch 43 Euro ergibt 2 Milliarden Arbeitsstunden, 0,8 Milliarden Stunden mehr als die knapp 1,2 Milliarden Arbeitsstunden, die zwischen 2003 und 2007 neu dazugekommen sind.
3 »Le déficit commercial de la France n'a pas d'importance«. In: *Libération*, 7. Februar 2008, www.ofce.sciences-po.fr

Kapitel 6

1 http://www.gastrosocial.ch/PortalData/1/Resources/pdf/broschueren/140_geschaeftsbericht_2007_dtfr.pdf

Kapitel 7

1 Bei der Berechnung der Wertpapierdepots haben die Autoren vergessen, die Guthaben der schweizerischen Depotinhaber von der Gesamtsumme zu subtrahieren. Wir haben diesen Fehler korrigiert.
2 Carey, David, Kathryn Gordon und Philippe Thalmann: »Tax Reform in Switzerland«. In: *OECD Economic Department Working Paper* Nr. 222, 08/1999

Kapitel 8

1 Stöhlker, Klaus J.: »Die A-Schweiz hängt die B-Schweiz ab«. In: *Tages-Anzeiger*, 29. Juli 2008
2 »Die beste Visitenkarte«. In: *Tages-Anzeiger*, 23. August 2008
3 In Dürrenmatts Theaterstück »Der Besuch der alten Dame« tragen alle Verräter gelbe Schuhe.
4 Stöhlker, Klaus J.: »Gewinner und Verlierer in einer Schizo-Schweiz«. In: *Die Südostschweiz*, 6. Juli 2008, S. 19

Kapitel 9

1 »Wealth Management in Switzerland, Trends and Strategies«. In: *Swiss Banking*, Januar 2007
2 »Deutschland ist ein Unrechtsstaat«. In: *Die Weltwoche*, Nr. 12, 20. März 2008, S. 36
3 »Private Banking, Planspiele für den Abschied vom Bankgeheimnis«. In: *Cash*, Nr. 14, 1. April 2004, S. 6

Kapitel 10

1 Macroeconomic effects of banking secrecy when tax evasion is endogenous (mit Frode Brevik). Diskussionspapier Nr. 2006-10, Volkswirtschaftliche Abteilung, Universität St. Gallen.
2 »Can tax evasion tame Leviathan governments?« (mit Frode Brevik). In: *Public Choice* 136 (Juli 2008), S. 103–122
3 Boadway, Robin und Michael Keen: »Evasion and Time Consistency in the Taxation of Capital Income«. In: *International Economic Review*, Mai 1998, 39 (2), S. 461–476
4 Jaeger, Franz (Hrsg.): Steuerwettbewerb. Die Schweiz im Visier der EU. Zürich 2008
5 In: Friedrich-August von Hayek: Freiburger Studien. Tübingen 1969. Siehe auch www.hayek.de
6 Frey, Bruno S. und Alois Stutzer: Beyond Outcomes: Measuring Procedural Utility. IEW, Universität Zürich, Working Paper No. 76, 06/2004
7 Feld, Lars P. und Gebhard Kirchgässner: »Steuerwettbewerb oder Steuerharmonisierung? Theoretische und empirische Überlegungen am Beispiel der Schweiz«. In: *Neue Zürcher Zeitung* (Themen und Thesen der Wirtschaft), Nr. 22, 27. Januar 2001, S. 103
8 Merz, Friedrich: »Wie viel Steuerwettbewerb wollen wir? Ein Beitrag aus deutscher Sicht«. In: Jaeger, Franz (Hrsg.), a.a.O.

Kapitel 11

1 Villiger, Kaspar: »Amtliches Bulletin der Bundesversammlung«, 30. September 1998
2 »Bericht der Expertenkommission zur Prüfung des Systems der direkten Steuern auf Lücken, erstattet dem Eidgenössischen Finanzdepartement«. Bern 1998
3 Merz, Hans-Rudolf: »Amtliches Bulletin der Bundesversammlung«, 12. Dezember 2005
4 Hans-Rudolf Merz im Interview mit dem FDP-Parteiorgan *Der Freisinn*, Juni 1997
5 Merz, Hans-Rudolf: Der Landammann und weitere Erzählungen aus dem Appenzellerland. Herisau 1992, S. 9 ff.
6 Hans-Rudolf Merz in der Rede »Lobbyismus im Bundeshaus« bei der Generalversammlung des Bauunternehmens KIBAG (Zürich), 25. Mai 2000
7 Schweizerische Bankiervereinigung: Jahresbericht 2007/2008, S. 21 f.
8 Schweizerische Bankiervereinigung: Swiss Banking – Roadmap 2015
9 Marcel Ospel in der Rede »Wirtschaft und Politik – mit vereinten Kräften zu mehr Wachstum« bei der Veranstaltung der Zürcher Volkswirtschaftlichen Gesellschaft, 27. Oktober 2003 (78. Jahresbericht 2003/2004)
10 Pierre Mirabaud im Interview mit der *Basler Zeitung*, 30. Juni 2007
11 Ursula Gut-Winterberger in einer Rede bei der Veranstaltung »Finanzplatz Schweiz« der FDP des Kantons Zürich, 20. Mai 2008
12 Hans-Rudolf Merz im Interview mit der *SonntagsZeitung*, 9. November 2008
13 Bericht der Eidgenössischen Bankenkommission (EBK): »Subprime-Krise: Untersuchung der EBK zu den Ursachen der Wertberichtigungen der UBS AG«, 30. September 2008
14 »Kritik an Untätigkeit der Justiz im Fall UBS – Rechtsprofessoren fordern Strafverfahren gegen UBS-Chefs«. In: *NZZ am Sonntag*, 9. November 2008
15 Robert, Denis: La Justice ou le Chaos. Paris 1996, S. 328
16 Albert Meyer lt. stenografischem Bulletin der Bundesversammlung, 3. Februar 1920

Schlusswort

1 Bank of England: »Financial Stability Report«, Oktober 2008, S. 33
2 »Russland attackiert die eigene Währung«. In: *Tages-Anzeiger*, 1. November 2008

Literatur

Altermatt, Urs (Hrsg.): Die Schweizer Bundesräte. Ein biographisches Lexikon. Zürich 1991

Baker, Raymond W.: Capitalism's Achilles Heel. Dirty Money and How to Renew the Free-Market System. Hoboken, New Jersey, 2005

Doggart, Caroline und Daniel Schönwitz: Steuerparadiese und wie man sie nutzt. Stuttgart 2007 (5. Aufl.)

Eidgenössische Bankenkommission (Hrsg.): 50 Jahre eidgenössische Bankenaufsicht. Zürich 1985

Hug, Peter: »Steuerflucht und die Legende vom antinazistischen Ursprung des Bankgeheimnisses. Funktion und Risiko der moralischen Ueberhöhung des Finanzplatzes Schweiz«. In: Tanner, Jakob und Sigrid Weigel (Hrsg.): Gedächtnis, Geld und Gesetz. Vom Umgang mit der Vergangenheit des Zweiten Weltkrieges, Zürich 2002

Jaeger, Franz (Hrsg.): Steuerwettbewerb. Die Schweiz im Visier der EU. Zürich 2008

Jung, Joseph: Von der Schweizerischen Kreditanstalt zur Credit Suisse Group. Eine Bankengeschichte. Zürich 2000

Kaiser, Chantal: Bundesrat Jean-Marie Musy (1919–1934). Fribourg 1999

Netzwerk Steuergerechtigkeit: Tax us if you can. Wie sich Multis und Reiche der Besteuerung entziehen und was dagegen unternommen werden kann. Essex 2005

Palan, Ronen: The Offshore World. Sovereign Markets, Virtual Places, and Nomad Millionaires. Ithaca und London 2003

Sebastiani, Daniel: Jean-Marie Musy (1876–1952), un ancien conseiller fédéral entre rénovation nationale et régimes autoritaires. Thèse de doctorat. Fribourg 2004

Tax Justice Network: Closing the Floodgates. Collecting Tax to pay for Development. Commissioned by the Norwegian Ministry of Foreign Affairs. London 2007

Ungefehr, Friederike: Tourismus und Offshore-Banking auf den Bahamas. Internationale Dienstleistungen als dominanter Wirtschaftsfaktor in einem kleinen Entwicklungsland. Frankfurt am Main 1988

Urner, Klaus: Die Deutschen in der Schweiz. Frauenfeld, Stuttgart 1976

Personenregister

Orts- und Sachregister